AGE-FRIENDLY CITIES AND
COMMUNITIES
A global perspective

全龄化友好型
城市和社区 全球观

〔比〕蒂内·比费尔（Tine Buffel）
〔英〕索菲·汉德勒（Sophie Handler）　编　乔培培　译
〔英〕克里斯·菲利普森（Chris Phillipson）

中国财富出版社有限公司

图书在版编目（CIP）数据

全龄化友好型城市和社区：全球观/（比）蒂内·比费尔（Tine Buffel），（英）索菲·汉德勒（Sophie Handler），（英）克里斯·菲利普森（Chris Phillipson）编；乔培培译．—北京：中国财富出版社有限公司，2023.9

书名原文：Age-friendly cities and communities：A global perspective

ISBN 978-7-5047-7485-9

Ⅰ.①全… Ⅱ.①蒂… ②索… ③克… ④乔… Ⅲ.①人口老龄化—对策—研究—世界 Ⅳ.①C924.1

中国版本图书馆 CIP 数据核字（2021）第 142216 号

Ⓒ Policy Press 2018
First published in Great Britain in 2018 by Policy Press，
imprint of Bristol University Press
The simplified Chinese translation rights arranged through Rightol Media
（本书中文简体版权经由锐拓传媒取得 Email：copyright@rightol.com）
著作权合同登记号：01-2021-3317

策划编辑	李彩琴	责任编辑	张红燕　张　婷	版权编辑	刘　斐
责任印制	梁　凡	责任校对	孙丽丽	责任发行	董　倩

出版发行	中国财富出版社有限公司		
社　　址	北京市丰台区南四环西路 188 号 5 区 20 楼	邮政编码	100070
电　　话	010-52227588 转 2098（发行部）	010-52227588 转 321（总编室）	
	010-52227566（24 小时读者服务）	010-52227588 转 305（质检部）	
网　　址	http://www.cfpress.com.cn	排　版	宝蕾元
经　　销	新华书店	印　刷	宝蕾元仁浩（天津）印刷有限公司
书　　号	ISBN 978-7-5047-7485-9/C·0237		
开　　本	710mm×1000mm　1/16	版　次	2023 年 11 月第 1 版
印　　张	14.75	印　次	2023 年 11 月第 1 次印刷
字　　数	257 千字	定　价	68.00 元

版权所有·侵权必究·印装差错·负责调换

丛书编者序

克里斯·菲利普森（Chris Phillipson，英国曼彻斯特大学）
托尼·凯拉萨尼（Toni Calasanti，美国弗吉尼亚理工大学）
托马斯·沙夫（Thomas Scharf，英国纽卡斯尔大学）

随着人口结构的变化，全球老龄人口比例不断攀升，由此带来了许多新的问题，需要世界各地的学者、政策制定者及服务于老龄群体的工作者进行思考。"全球背景下的老龄化"（Ageing in a Global Context）是一套系列丛书，由波里希出版社（Policy Press）联合英国老年学学会（British Society of Gerontology）出版，旨在在这个快速发展的领域中，推动相关研究与政策讨论不断完善。丛书主要通过三种方式来实现上述目标。第一，通过出版书籍，重新思考老龄化研究中讨论的基本问题。福利国家制度（welfare states）的结构调整，以及人口结构变化的复杂性，都需要我们突破社会老年学的传统视角，去探索新的主题。第二，本系列丛书就如何应对全球化及相关进程对社会生活产生的影响进行回应。在某种程度上，全球化淡化了国家间的边界，也进而改变了老龄化研究曾经的框架。丛书中许多内容就这一部分的诸多问题进行了探讨，例如，跨国移民的影响，文化多样性，发展不平等的新形式，人际关系的变化，以及城乡老龄化的不同主题等。第三，丛书的关注重点之一，即探索老年学中的跨学科联系。有多个部分都对老龄化相关学科的边界及范围进行了批判性分析，开创了在21世纪环境下的新视角、新方法。

在此背景下，我们很高兴能将本书纳入该丛书之中。本书针对全球各地区老龄化社会中面临的重大问题进行了直接回应。全球化友好型城市和社区行动倡议在世界各地蓬勃发展，为思想上的百花齐放提供了肥沃的土壤，使我们能够批判性地思考，到底什么样的环境才是养老的好环境。本书的编者——蒂内·比费尔（Tine Buffel）、索菲·汉德勒（Sophie Handler）以及克里斯·菲利普森（Chris Phillipson）均是全龄化友好型新科学和政策讨论中的核心人物。在书中，他们成功地聚集了一批优秀的国际学者，通过多种角度来发掘全龄化友好型环境设计蕴含的潜力。而其中特别重要的一点，就是重视老年群体直接参与到其生活环境的改善过程中。本书可以说是致力于发展全龄化友好型社会的学者、政策制定者、从业人员的必读书目。

推荐语

曹卓君　和君咨询康养事业部·和伊养老合伙人

随着时代变迁和居住条件的提升，城市和社区的宜居程度成为城市发展的重要指标。本书从全球化、多领域、跨学科的视角对"全龄化友好型城市和社区"的建设与管理进行了深入的讨论，为提高老年群体生活质量提出了建设性的建议。关心老龄化发展的专家学者、康养领域从业者以及广大群众当将此书列入需要精读的范围，结合自身工作经验，常看常新，对老年友好社区的研究和实践的进步有着积极意义。

黄怒波　诗人、企业家、慈善家

夕阳无限好，人间重晚晴。让老年群体生活舒适、舒心，需要各方共同努力。伴随着我国创建"全国示范性老年友好型社区"工作的开展，本书的推出恰逢其时，它集合了欧洲、亚洲、澳大利亚各地全龄友好城市建设案例，读罢会让您收获独特的理解与感悟。

姜籽宇　北京盈加投资有限公司董事长

如何支持老人成为更好的自己；如何让社会充满包容之心，温暖所有的长者；如何使失能失智老人更好地安度晚年……不妨看看这本书，让它带给您想要的答案。

李坤　中国通用技术集团中机应急产业有限公司副总经理

本书以国际化的视角，通过全面、细致、系统地梳理分析全球多个国家、地区在城市改造与社区规划中实现全龄友好的行动方案，为全龄友好事业的实践者提供了开阔的视野与可取的经验，对在人口老龄化时代中有效构建满足老年人愿望与需求的环境具有重要意义。

屠其雷　北京社会管理职业学院（民政部培训中心）老年福祉学院院长，中国老年医学学会健康管理分会会长，中国康复辅助器具协会教育委员会秘书长

本书立足于全球视角，以多元视角深入分析全龄化友好型城市及社区的建设与发展，既有宏观的视野格局，又有深入的分析推理，尤其强调了老年人充分的社区参与、环境建设、社会赋权以及包容性策略等，这对于中国正在推进的老年友好型社区、老年友好型城市、老年友善医院、健康城市建设与发展而言，都有重要的借鉴意义。

张涛　中国社会科学院大学经济学院院长

在全球人口结构改变、老龄化加剧的背景下，本书应运而生，是全球为数不多的系统、全面、客观研究全龄友好社区的书籍，本书分析了不同国家和地区的全龄友好城市案例，涉及多学科、多领域的融合，对老年事业从业者有非常深刻的启发。

译者序

本书收录了不同国家和地区在创建全龄化友好型城市和社区（Age-Friendly Cities and Communities，AFCC）领域取得的成果、创新的本地化探索与实践和面临的问题与挑战。各个地方都有自己的特色，每个地方都有自己独特的文化属性、人口结构、政策法规和经济状况等，实在很难与其他地方做比较。但是，不管什么种族都同样面临生老病死的客观规律。从本书收录的实际案例中，各位读者可以了解到国外典型的全龄化友好型城市和社区为帮助老人更好地融入社区采取了哪些有温度的措施，这些措施值得我们借鉴。

全龄化友好型城市和社区在我看来就像儒家所推崇的和谐社会。每一位社会成员都具有不同的身份，在家里是子女、是家长、是伴侣；在公司是团队成员或者领导；在国家是公民；角色不同，立场不同。同时，这么多人生活在一个城市或者社区，自然会产生很多不同的需求。这时，就要遵循求同存异的原则，最大限度地为每一位社会成员谋求福利。如何做到这一点呢？在看到各个国家和地区的做法后，我认为，首先，要强调尊老敬老的传统美德，这是最接地气，最容易被民众所接受的。如孟子所说："老吾老以及人之老。"其次，社区基建设施要更加便民，并出台一些相关日常维护规定，以便保障相关设施可以起到最大的作用。最后，社会链接也是非常重要的一环。如何让长者找到归属感，找到自我存在的价值，或者找到兴趣小组是创建全龄化友好型城市和社区时最应该关注的。

本书分析了就业、收入、医疗、营养、住房、教育、环境及社会福利等因素对全龄化友好型城市和社区的影响。其中，医疗是我一直以来重点关注和从事的领域。在我国老龄化程度如此之高的背景下，如何合理分配紧张的医疗资源是一个棘手的难题。伴随着数字化技术的进步，医疗的数字化转型或许可以缓解医疗资源的紧张状况。比如，穿戴型设备可以便捷地获取各种生命体征数据，同传给医护人员，为患者更好地提供健康反馈；原来瘫痪在床的老人，现在可以配置上轻便小巧的碳合金外骨架，在春暖花开的社区公园里散步，医护监控机器人在身边随行，实时监控各项健康指标……相信未来会有更多更好的技术赋能全龄化友好型城市和社区的建设，这也是我和各位同人努力的方向和奋斗的目标。

乔培培

2023 年 6 月

CONTENTS 目录

001 | 第一部分 PART 1
全龄化友好型城市和社区：背景、理论及发展情况
Age-friendly cities and communities: background, theory and development

第1章 CHAPTER 1 | 导言 — 003

第2章 CHAPTER 2 | 全龄化友好型城市和社区的发展 — 010

第3章 CHAPTER 3 | 街区变化、社会不平等与全龄化友好型社区 — 024

第4章 CHAPTER 4 | 应对擦除、微视化及社会变化：21世纪的全龄化友好行动倡议和环境老年学 — 035

047 | 第二部分 PART 2
案例分析：欧洲、亚洲与澳大利亚
Case studies from Europe, Asia and Australia

第5章 CHAPTER 5 | 柏林的老龄人口与中产阶级化进程：城市老龄化政策与老龄残障群体生活体验 — 049

第 6 章 CHAPTER 6	布鲁塞尔：走"积极关怀型社区"之路	067
第 7 章 CHAPTER 7	探索香港的全龄化友好型发展： 一座老龄化亚洲城市的机会、行动倡议与挑战	083
第 8 章 CHAPTER 8	爱尔兰打造全龄化友好型郡： 各参与方对实施进程的看法	100
第 9 章 CHAPTER 9	澳大利亚的全龄化友好型城市	118

135	第三部分 PART 3	全龄化友好政策、 城市规划与变革宣言 Age – friendly policies, urban design and a manifesto for change

第 10 章 CHAPTER 10	曼彻斯特社区走过的路——从表象到积极养老： 规划一座全龄化友好型城市	137
第 11 章 CHAPTER 11	另类的全龄化友好行动倡议： 重新定义全龄化友好设计	151
第 12 章 CHAPTER 12	为城市制定全龄化友好政策： 战略、挑战与反思	167
第 13 章 CHAPTER 13	全龄化友好型社区：包容性的测试	183

| 第 14 章　CHAPTER 14 | 全球化友好型城市和社区：变革宣言 | 200 |

撰稿人简介　　　　　　　　　　　　　　　　　　　213
缩写表　　　　　　　　　　　　　　　　　　　　217
致谢　　　　　　　　　　　　　　　　　　　　　219

List of tables and figures
图表目录

表

表 6.1　焦点小组参与人员人数汇总 ················· 075
表 7.1　长者住房计划与特殊住房单元 ················· 090
表 9.1　澳大利亚全龄化友好发展情况：墨尔本、堪培拉、悉尼 ········· 124
表 10.1　老护城河项目中建立的三类关系之间的联系 ············· 139
表 11.1　从问题解决到另类全龄化友好型设计方式 ·············· 156
表 12.1　英国全国老龄化行动倡议 ······················ 170

图

图 2.1　2007 年世卫组织全球全龄化友好型城市指南研究主题 ·········· 013
图 6.1　人口结构预测：比利时三大区老龄人口 ················ 068
图 7.1　屯门不同族裔群体对多个全龄化友好领域评价的平均分 ········· 094
图 7.2　香港各地社会脆弱性指数 ························ 096
图 8.1　建设全龄化友好型城市的四阶段 ···················· 105
图 8.2　芬戈郡（深灰色区域）分别在爱尔兰和前都柏林郡
　　　（浅灰色区域）中的位置 ························ 107
图 10.1　"城市图像"中的老护城河"活动分级" ··············· 142
图 10.2　老护城河区域老年居民主要交通使用情况对比：正式分析推测
　　　（左图）与实际使用情况（右图） ··················· 143
图 10.3　地图标注了"门户"的位置，即"行车"与"主要"道路的
　　　交叉口处；小图展示了如何加设混凝土顶盖 ············· 143
图 13.1　NAVIOP 研究中参与者与他人共同居住情况 ·············· 190
图 13.2　演示公交"招手停" ·························· 195

第一部分

全龄化友好型城市和社区：背景、理论及发展情况

Age-friendly cities and communities: background, theory and development

PART 1

第 1 章
导 言

蒂内·比费尔

索菲·汉德勒

克里斯·菲利普森

本书编纂的主要目的在于对打造能够满足老年人愿望与需求的环境的潜力进行评估。通过理论与实证研究相结合的方式，从一系列多学科、跨学科的视角来探讨不同城市环境下的老龄化体验。城镇在全球化、城市改造以及经济紧缩的环境下发生着各样变化，而本书通过探索在此背景下的相关政策，对"全龄化友好型城市和社区"（Age–Friendly Cities and Communities, AF-CC）的发展也作出了批判性评价。同时，也透过多种国际视角提出了解决老龄化与城市化问题交错的新举措。同样重要的是，本书提出了旨在改善老年人生活质量的全龄化友好型发展战略，以及使老年人亲身参与制定全龄化友好政策与活动的方法。

对于所有参与建设和管理"全龄化友好型"社区的人来说，讨论环境的复杂性对老龄化的影响是十分必要的。本书与社会老年学、社会政策、住房、公共卫生、城市研究、社会学及地理学等领域的学者尤为相关。此外，本书的受众还包括在政策制定、城市规划、国际组织、服务行业等领域的工作人员、医护从业人员以及乐于改善城市生活质量的老年群体。本书尝试利用在研究、政策及（设计）实践过程中获得的深刻见地，对关于打造全龄化友好型社区的相关调查结果进行全新的整合与评估，旨在促进对理论及实践发展新领域的探讨与思考，并提出对当今全球"全龄化友好"运动的期望。

发展背景

发展"全龄化友好型城市和社区"已成为公共政策及老龄化工作领域中的一个重要部分（WHO, 2015）。这也反映出以下几个问题：第一，人口结构出现复杂变化，50 岁以上的不同群体拥有广泛需求；第二，意识到实体环境与社会环境对保证老年人生活质量的重要作用；第三，强调社区服务和邻里支持应作为医疗保健与社会护理服务的首要任务。

尽管"全龄化友好型"运动已有十多年历史，但涉及这一主题的研究文献仍然十分匮乏。学者们开展了各种研究，将案例分析及政策制定相结合（典型代表有 Caro 和 Fitzgerald，2016；Moulaert 和 Caron，2016）。许多社区在扶持老年人等群体的过程中都承受着压力，因此本书就在已有研究的基础上进一步拓展，并提出独特的解决方法。上述压力包括城市内部日益扩大的贫富差距（Burdett 和 Sudjic，2008；Harvey，2008）；农村人口涌入对城市环境造成的影响，以及传统支持来源的改变（Lloyd – Sherlock 等，2012）；经济全球化及"世界城市"的兴起所带来的影响（Phillipson，2010；Sassen，2012）；快速工业化或去工业化造成的城市分化（Hall，2013）；以及 2008 年全球金融危机后经济紧缩所产生的影响（Walsh 等，2015）。

诸如此类的发展现状在"全龄化友好"运动中所获取的关注是有限的（Buffel 和 Phillipson，2016）。虽然公共政策采取的主要形式倾向于所谓的"居家养老"（ageing in place）（Golant，2009），但事实证明，老年人的养老环境往往是恶劣的（Buffel 等，2013；Buffel，2015）。而本书以多种方式对这一主题进行了探索，其中包括对支撑"全龄化友好型社区"发展的理论假设进行检验，对在亚洲、澳大利亚、欧洲等截然不同的环境中开展的全龄化友好工作进行案例分析，以及对改善居民实体与社会环境的多种设计与政策干预展开评估。

本书目的与主要研究问题

基于以上背景，本书主要目的如下：第一，将理论与实证研究相结合，对比不同城市环境中老年人的生活体验；第二，批判性地解读全龄化友好型社区的发展，并评估用以解决老龄化与城市化问题交错的新举措；第三，提出用以改善老年群体生活质量的全龄化友好型发展策略与行动倡议；第四，提出能使老年人亲身参与制定全龄化友好政策与活动的方法。以上研究目的均可在本书探讨的如下问题中得以体现：

・不同城市是如何应对人口老龄化的？他们采取了什么样的全龄化友好型发展战略？哪些人或组织是参与主体？老年群体在多大程度上影响了战略的制定？

・老年群体日常在城市中的生活体验如何？他们是如何利用城市环境，并从中受益的？资源（如物质的、社会的和文化的资源）获取机会的差异，会在多大程度上影响他们的生活体验？

・空间发展的差异化日渐加剧，这对居住在城市和社区中的老年群体产生了怎样的影响？

・如何将城市打造为老年群体的宜居之所，并提高其生活质量？老年人是如何参与城市治理的？专业人员该如何帮助改善城市规划设计，以应对人口老龄化问题？哪些政策、项目和方法能够将城市建设为全龄化友好型社区？

全龄化友好型环境的发展理念囊括了人口稠密的城市和偏远的农村在内的全部空间形式。本书的重点对象是前者（主要受各位学者的工作内容影响），但所讨论的许多主题也将涉及其他社会空间类型，并有适当的文献参考。此外，本书具有丰富的跨学科视角，借鉴了包括建筑学、环境老年学、人文地理、社会学、社会政策和城市设计等多种学科。

本书起源

本书源于国际人口老龄化和城市化网络（INPAU）的贡献和讨论。INPAU是一个由大型研究团队、地方政府、非政府组织和慈善基金会等组成的全球性网络，致力于研究人口老龄化对城市环境产生的影响。其资金主要来源于英国经济和社会研究理事会国际伙伴关系与社交计划（UK Economic and Social Research Council International Partnership and Networking Scheme），亚、欧、美合作高校，曼彻斯特市议会（Manchester City Council）以及第三部门组织。INPAU会集了各学科同行与研究团队，对一些尤为特别的城市老龄人口支持措施进行实地走访，并通过论文汇报形式在会上交流。在非会议期间，INPAU在国际会议上组织召开大量专题研讨会，并为全龄化友好问题的相关研究提案提供支持。

本书后续章节均由各位撰稿人受委托完成，但由于撰稿人多为INPAU成员，因此，书中内容也依托并体现了 INPAU 的工作成果。在此背景下，本书的确能够真实反映过去近 5 年内的讨论内容，并探讨在理解人口老龄化与城市发展复杂性之间的关系的过程中出现的理论与实践难题。

本书结构

本书共分为三部分。第一部分共 4 章，结合有关 21 世纪社区生活本质变化的理论问题，仔细考察了全龄化友好政策的起源与具体实施情况。第 1 章提出了一个重要观点，即应将社会不平等及社会排斥相关问题视作 AFCC 发展讨论的基础部分之一。本章结束后，萨穆埃莱·雷米拉德·布瓦拉尔（Samuèle Rémillard – Boilard）在第 2 章中概述了推动 AFCC 发展的相关因素，特别是世界卫生组织（WHO，以下简称世卫组织）AFCC 模型产生的影响，并就全龄化友好政策与行动倡议实施相关的若干问题进行探讨。随后进一步将有关 AFCC 的讨论置于环境老年学理论论战的背景下，强调了在确定全龄化友好的有效干预措施中，这些观点及相关学科提供的信息所起到的重要作用。

在第 3 章，弗勒·托梅斯（Fleur Thomése）、蒂内·比费尔（Tine Buffel）以及克里斯·菲利普森（Chris Phillipson）将有关 AFCC 的讨论置于社会学的背景之下，探讨了"社区"与"全龄化友好"之间的联系。本章借鉴了社会学社区研究中的一系列理论，评估了社区在当前面临的压力，特别是那些受到社区不平等与全球化影响双重压力的社区。本章结尾处就 AFCC 社区层面的强化策略展开讨论，并为推动全龄化友好型发展的社会政策与战略制定了关键原则。

在此基础上，杰茜卡·凯利（Jessica A. Kelley）、戴尔·丹内弗（Dale Dannefer）和卢马·伊萨·艾·马萨维（Luma Issa Al Masarweh）在第 4 章中提出，应进一步认识、理解"宏观层面"的发展，如城市中产阶级化（gentrification）和跨国移民等对打造 AFCC 产生了怎样的影响。作者提出了限制全龄化友好行动倡议与环境老年学的学术领域发展成效两个关键性挑战：一个是微视化（microfication），或者说是由于倾向于关注影响日常生活的最直接因素，而忽略了在社会层面中能够决定生活体验的更广泛、更全面的因素；另一个是擦除（erasure），指在政策、研究或制度实践中完全无视某些群体的问题。作者提出，要提高上述领域的价值和效果，就必须消除这两种倾向所带来的限制性影响。

第二部分共包含5章，每一章都是从案例分析中总结出的实证研究成果，展现了面对中产阶级化、移民和其他相关社会变革形式所带来的压力，社区在制定全龄化友好政策时面临的挑战与机遇。在第5章，梅瑞狄斯·戴尔（Meredith Dale）、约瑟芬·霍伊辛格（Josefine Heusinger）和比吉特·沃尔特斯（Birgit Wolter）探究了德国柏林中产阶级化进程对城市老龄人口分布的影响，以及社会弱势社群中老龄化人群的日常生活体验。最后，本章概述了政治进程的发展情况，以及在此背景下，城市转型受经济利益控制，进而越来越无法满足经济愈加困难的老龄群体的需求，而使得两者间的冲突和矛盾加剧。

在第6章，安苏菲·斯迈特科伦（An-Sofie Smetcoren）、利斯贝特·德·唐德（Liesbeth De Donder）、达恩·迪庞（Daan Duppen）、尼科·德·威特（Nico De Witte）、奥利维娅·范梅切伦（Olivia Vanmechelen）和多米尼克·韦尔特（Dominique Verté）转而探讨全龄化友好型城市环境如何支持病弱的老年人居家养老。为解决这一问题，本章介绍了比利时布鲁塞尔针对弱势（disadvantaged）街区中的病弱老年人开展的"积极关爱社区"（Active Caring Community）项目及对其的评估结果。该项目旨在打造支持居家养老的社会环境。在这样的环境中，居民彼此相识，互帮互助，且有聚会场所，老年人及看护者也能够从积极投入的专业人士那里获得支持。作者在此强调该环境中社会层面的重要意义，并就一系列可能影响老年人身体健康状况的契机及制约因素展开讨论。

在第7章，大卫·菲利普斯（David R. Phillips）、胡令芳（Jean Woo）、弗朗西斯·张（Francis Cheung）、摩西·王（Moses Wong）和周珮馨（Pui Hing Chau）全面介绍了中国香港在全龄化友好方面采取的举措及相关进程。本章首先提出应借鉴亚太地区其他大都市（分别位于日本、韩国、泰国、新加坡和中国）在AFCC发展中的经验反馈。随后，回顾了中国香港地区采取的一系列行动倡议，并特别关注了那些和社会参与、住房及居住条件相关的部分。本章最后讨论了上述行动取得的积极成果和一些可能阻碍本地未来全龄化友好型社区落成的消极因素，其中包括贫困老年人口在高消费城市中的生存压力问题。

在第8章，伯纳德·麦克唐纳（Bernard McDonald）、托马斯·沙夫（Thomas Scharf）和基兰·沃尔什（Kieran Walsh）考察了爱尔兰芬加尔县（County Fingal）在实施全龄化友好方案中的各方互动情况。本章综合了地方、国家和国际参与方的观点，探讨各方势力的交互作用如何影响芬加尔地方项目的发展与影响范围。主要参与方的动机与行为对项目的发展和实施起到了重要作用；他们所持的态度、对问题的认知以及开展的活动，支持着老年人项目参与的过程，并贯穿始终。作者透过实证研究的结果，对上述两部分进行了分析。本章最后强调了为扩大全龄化友好型社区项目对老年人生活的潜在影响所需解决的关键问题。

第9章重点介绍了澳大利亚在实施全龄化友好举措时遇到的挑战和机遇。在这一章中，哈尔·肯迪格（Hal Kendig）、凯茜·龚（Cathy Gong）和丽萨·坎农（Lisa Cannon）回顾了澳大利亚人口老龄化的发展过程，包括日益多样化的人口组成，并考量了澳大利亚城市的宜居性，特别关注了弱势老年群体。本章回顾了AFCC的行动倡议，在地方和国家两个层面上，对比了澳大利亚的悉尼、墨尔本和堪培拉的情况。本章最后对与全龄化友好工作相关的困难与成果进行了批判性评价，并就如何发展与评估澳大利亚的AFCC举措提出了一些建议和方向。

第三部分分为5章，提出了一系列旨在改善老年人居住环境的设计规划和政策方案。在第10章，斯蒂芬·怀特（Stefan White）和马克·哈蒙德（Mark Hammond）探究了使用"能力"（capability）的方式来设计老年人宜居城市的意义，以及这种方式在提供直接关系到老年人生活体验的新途径、实体和社会环境方面的潜能。基于对英国曼彻斯特社区的研究与城市设计跨学科项目，本章研究了AFCC设计指南在特定的城市街区中的适用性进行研究，并探讨在发掘、共享老年居民生活体验的信息后，如何将其有效落实，成为以城市规划为重点的全龄化友好活动。

索菲·汉德勒（Sophie Handler）在第11章进一步发展了这种"设计"视角，提出了有创意的新形式，吸引建筑师、艺术家和设计师参与全龄化友好型城市实践相关的讨论之中。本章列举了当前全龄化友好型设计理念受限的原因，并描述了如何利用社会力量参与设计这一新兴领域，吸引新一代的设计师加入"全龄化友好"政策对话，为相关讨论与实践注入新鲜血液。本章认为，通过重新定义全龄化友好型设计，有可能扩大和振兴全龄化友好实践领域，使创造力十足的从业者能够参与进来，为制定全龄化友好相关政策注入新活力。

在第12章，保罗·麦加利（Paul McGarry）绘制了"全龄化友好型曼彻斯特"（Age-Friendly Manchester，AFM）项目的发展路线，并从更广泛的层面上探讨了自20世纪90年代末以来，英国政府的老龄政策和规划的发展路线。在此过程中，展示了在四个特殊时期由国家主导的老年群体相关活动。随后，作者继续思考，曼彻斯特全龄化友好举措的后续发展如何使得一批参与者，特别是地方政府机构，能够在没有国家支持的情况下制订老龄化方案。然而，志向高远的曼城并未就此止步，它将项目逐步扩展为城市—区域联合发展模式，而这在英国也尚属首次。本章展示了地方、区域一级在推动全龄化友好行动倡议发展的潜能，同时特别指出市政机关在经济紧缩时期所面临的压力。

在第 13 章，谢拉·皮斯（Sheila Peace）、珍妮·卡茨（Jeanne Katz）、卡罗琳·霍兰（Caroline Holland）以及丽贝卡·琼斯（Rebecca L. Jones）测试了全龄化友好措施对英国城乡失明老人的包容性。本章介绍了一项针对多个视障老年群体开展的深入研究，以期探讨在全龄化友好型城市和社区的发展中，此类人群的需求与愿望是否能够或即将得到满足。该研究将交通和建筑环境确定为两个影响视障老年人生活的重要因素，强调了设计包容性在促进社会包容性的过程中所起到的重要作用，包括辅助科技、无障碍街道设计等。

作者总结道，为了推进 AFCC 的政策落地，我们需要认识到老龄人口组成的多样性，以及让人们共同设计、共同打造生活空间的重要性。

最后，在第 14 章，蒂内·比费尔（Tine Buffel）、索菲·汉德勒（Sophie Handler）和克里斯·菲利普森（Chris Phillipson）在总结采用了本书各位作者的论点和角度后，提出了一个包含十个要点的"变革宣言"（Manifesto for Change）。本章认为，尽管世卫组织 AFCC 全球网络不断扩大，但在应对不平等加剧、经济紧缩对老龄人口政策影响等方面仍然存在挑战。基于这一背景，为了达到"打造能够满足人口老龄化过程中多样需求的环境"这一目标，制定行动框架就显得尤为重要。其宣言的目的在于增进全龄化友好领域的思想交锋；在参与方中推广新举措，参与方包括城市规划者、社区开发商、医疗保健与社会护理专业人士、政策制定者、非政府组织和志愿工作者，以及同样重要的，老年人自身。

第 2 章
全龄化友好型城市和社区的发展

萨穆埃莱·雷米拉德·布瓦拉尔

引言

社会中存在着的两股主导力量（人口老龄化和城市化），正在塑造着 21 世纪人们的社会经济生活。尽管程度不同，但世界各国都已出现了人口老龄化现象。60 岁及以上人群在北半球人口中所占比例已从 1950 年的 12% 上升到 2013 年的 23%，预计到 2050 年将高达 32%。而在南半球，老年人口比例在 1950—2013 年增长缓慢，仅从 6% 上升至 9%，但预计在未来几十年将加速增长，到 2050 年将达到 19%（UN，2014a）。同样重要的还有城市化的扩张。目前世界上超过一半的人口（54%）生活在城镇地区，预计到 2050 年，这一比例将提高到 2/3 左右（UN，2014b）。对于公共政策制定者来说，能否厘清人口老龄化与城市变化之间的关系，已成为一个主要问题。特别是当考虑到大多数人（包括各个年龄段）都生活在城市，并将在城市度过晚年时，研究两者的关系就格外重要。经济合作与发展组织（OECD，2015）在一份报告中指出：

制定应对老龄化问题的政策，须深入了解当地情况，包括社区的经济优势、历史文化等。老龄化趋势具有多种空间分布的特点，因此从城市角度处理老龄化问题是十分重要的。城市需要更多地关注本地环境，以理解老龄化及其影响。鉴于与地方社区长期合作的经验和对本地问题的深刻理解，城市一定有能力解决这个问题。

这一论述对各国关于老龄化及其对社区影响的相关政策提出了一个不小的挑战。世界卫生组织（以下简称世卫组织）通过发展"全龄化友好型城市和社区"（AFCC），从政策层面对其作出了回应。本章旨在概述推动 AFCC 发展的各类因素。共分为三部分：第一部分介绍全龄化友好运动的发展，重点阐述世卫组织 AFCC 模型所产生的影响，并对实施全龄化友好政策及行动倡议相关的关键问题进行评价。第二部分重点介绍环境老年学的研究成果，强调物质环境与社会环境对老年群体生活的重要性。第三部分将对 AFCC 相关举措得以成功实施的因素及剩余挑战进行进一步解读。

世卫组织全龄化友好型城市项目的发展历程

AFCC 运动的起源可追溯到 1982 年在维也纳举行的联合国第一次老龄问题世界大会（World Assembly on Ageing）。这次大会由联合国组织召开，是制定老龄化发展战略的一个重要里程碑。会上强调了国际社会对人口老龄化问题日益重视，并通过了第一份老龄化相关的国际文件——《维也纳老龄问题国际行动计划》（*Vienna International Plan of Action on Ageing*）。这就要求国际社会对世界人口迅速老龄化所产生的需求作出回应，并需要各国政府着手解决影响老年人福祉的多重问题（如就业、收入、医疗与营养、住房、教育、环境及社会福利）（UN，1983）。尽管这一文件在推动老龄化相关政策和方案的制订上向前迈出了一大步，但其发展方向仍根植于医学和流行病。卡拉什（Kalache，2016）对此解释道，"人们在从事老年人相关工作时，主要关注点几乎都是以疾病为导向的……这就传达了一个明确的信息，即老年人的'健康状况'是'疾病''衰退'和'残障'的同义词"。

第二个里程碑是 1986 年世卫组织发表的《渥太华宪章》（*Ottawa Charter for Health Promotion*）。《渥太华宪章》（以下简称《宪章》）从更具社会生态属性的角度探讨"健康"问题。1986 年，第一届健康促进国际会议（International Conference on Health Promotion）在加拿大渥太华召开。随后，《宪章》得以通过，并成为健康促进战略领域的关键性文件。基克布施（Kickbusch，2003）表示：

> 《渥太华宪章》……直接和间接地影响了许多国家的公共卫生讨论、卫生政策制定以及健康促进的实践……（它）促使各组织机构、学术界以及处在"疾病—健康"连续体中"健康"一端的各参与方重新定义和定位自己……

虽然《宪章》并非特别针对老年群体，但它的确推动了各国政府携手地方政府机关，在健康促进战略规划中精诚合作。《宪章》特别指出，健康促进需要各界（如政府、志愿组织、社区等）共同参与，并提出了实现这一目标的不同方案。第一届健康促进国际会议推动了 1986 年由世卫组织发起的健康城市（Healthy Cities）运动（Leeuw 等，2014）。在探索决定健康的社会因素、分析健康差异对城市生活机会的影响中，这一遍及南、北半球各个城市的健康城市运动的组织体系已逐渐发展成为举足轻重的焦点。同时，它所提出的一些举措已发展成为全龄化友好的核心举措：第一，从受众的角度出发，重新调整医疗与社会服务的方向；第二，加强社会行动；第三，打造能够支持终身发展的环境（WHO，1986，2015a）。

在第一次老龄问题世界大会召开的 20 年后，联合国大会召开并审议了《维也纳老龄问题国际行动计划》的成果。2002 年，第二次老龄问题世界大会在马德里举行。会议集中探讨了三个具体议题：老年人及其发展；老年人的健康与福祉；支持性配套环境的保障（UN，2002）。此次大会通过了两项重要政策，分别是《马德里老龄化问题国际行动计划》（*Madrid International Plan of Action on Ageing*）和《世界卫生组织积极养老政策框架》（*WHO Active Ageing Policy Framework*），二者均为 AFCC 项目的发展奠定了基础。《马德里老龄化问题国际行动计划》指出，创造支持性配套环境，是老龄化工作的重中之重。世卫组织（WHO，2002）认为全龄化友好型城市能够促进人们"积极养老"，"积极养老"指人们随着年龄增长，能够拥有健康、进行社会参与、获得社会保障，从而改善生活质量的过程。

全球全龄化友好型城市项目

2005 年，国际老年学与老年医学协会（International Association of Gerontology and Geriatrics，IAGG）在巴西里约热内卢举办了世界老年学与老年医学大会（World Congress of Gerontology and Geriatrics），并首次提出了全龄化友好型城市的项目设想。而这个想法最终确立的标志是世卫组织于 2006 年正式启动了全球全龄化友好型城市项目（Global Age-Friendly Cities Project），并在全球共 33 座城市开展相关的研究。此项研究的目的在于从老年人、看护者和本地服务工作者的角度，确定全龄化友好型城市的核心特征（WHO，2007a）。全球共有 1485 名老年人（60 岁及以上）、250 名看护者和 515 名服务工作者（来自公立和私立组织）参加了在不同城市组织的共计 158 个焦点小组（focus group，也称小组访谈）（Plouffe 和 Kalache，2010）。

所有焦点小组和社区评估均采用相同的研究规程（《温哥华规程》）（WHO，

2007b)。该规程建议,每个城市应至少建设5个焦点小组,其中4个由老年人组成,1个由非正式看护者代表老年残障人士组成。该规程鼓励研究人员招募来自不同背景的人员加入(如不同年龄、性别、自理程度、族裔等),但要掌握组队的两个主要标准:参与者的年龄和社会经济地位。规程建议,参与者首先应按各自年龄进行分组(60~74岁,75岁及以上);然后根据其社会经济地位(低或中)进行第二次划分,并最终形成4个组。在研究过程中,请老年参与者描述对各自城市的体验情况,并指出阻碍或推动全龄化友好型城市发展的城市特征。同时,研究人员还须同服务工作者和其他小组进行交谈,包括与市政或地区公共服务的专职人员、商界代表、志愿团体等进行交流。

焦点小组的研究结果显示,为提高城市的全龄化友好水平,需要从以下8个领域着手:住房、交通、尊重与社会包容性、社会参与、公民参与及就业、室外空间与建筑物、社区支持与医疗服务以及通信与信息(WHO,2007a)(见图2.1)。在核心特征清单中将进一步定义、详述每个领域的内容。以上研究结果发表在全球全龄化友好型城市指南中,也被称为世卫组织清单(WHO checklist)(WHO,2007a)。这份指南已经成为评估全球不同环境下城市及社区全龄化友好程度较常用的工具之一(Plouffe 等,2016)。

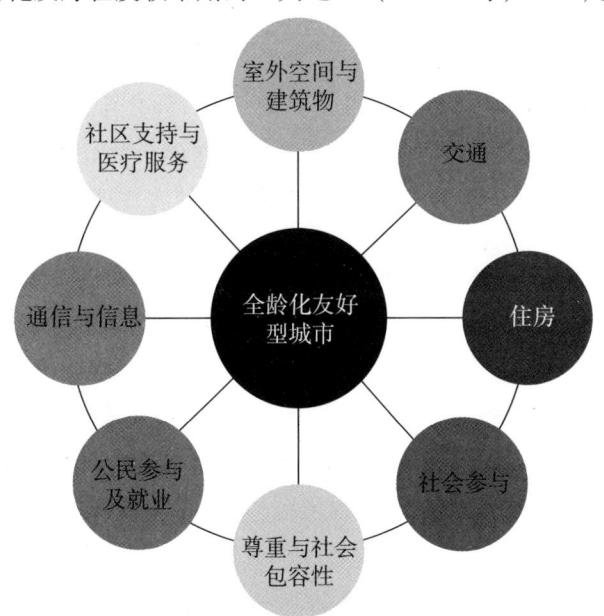

图 2.1 2007 年世卫组织全球全龄化友好型城市指南研究主题
资料来源:汉德勒(Handler,2014)。

全龄化友好型城市和社区全球网络

为推动实施全球全龄化友好型城市指南所提出的建议,世卫组织建立了全龄化友好型城市和社区全球网络(Global Network for Age-Friendly Cities and Communities,GNAFCC)。自 2010 年正式成立以来,GNAFCC 的成员数量迅速增加。截至 2017 年,已覆盖了全球 37 个国家(及地区)中 500 多个城市及社区。此外,还有 13 个相关附属项目,包括支持从区域或国家层面直接与地方社区合作的 AFCC 网络,以及通过知识创造与信息共享促进 AFCC 框架发展的相关组织。他们对 AFCC 的全球发展起到了重要作用。使用当地语言,结合当地政策背景,组织面对面交流活动,通过推广全龄化友好措施,为希望提高全龄化友好水平的城市及社区提供指导与支持,并成为推进国家与区域层面行动的催化剂(WHO,2017b)。

通过搭建交流与文件共享平台(官网:www.agefriendlyworld.com),GNAFCC 希望"促进全球各城市、各社区间交流经验,相互学习"(WHO,2017b)。一旦成员资格获批,各成员将有权通过官网分享经验,并介绍在各自地区成功开展的行动倡议。作为回报,GNAFCC 会在城市间、社区间建立联系通道,提供各成员研究工具、政策工具以及多种出版物的访问权限。

世卫组织行动的进一步升级方式体现在《老龄化与健康问题全球报告》(*World Report on Ageing and Health*)(WHO,2015a)中。报告列举了一系列南北半球的全龄化友好政策及干预措施,并强调全龄化友好环境在提高居民晚年身体机能方面的作用,主要通过以下两种方式得以实现:

(1)维持身体机能。可以通过降低风险(如降低污染水平或消除阻碍良好生活的障碍,如降低犯罪率),或通过提供一些服务来提升内在身体机能……

(2)扩张功能性能力。换句话说,补足人们在已有能力水平上所能做的与环境配套到位后(如提出适当的辅助技术或打造更为安全的社区)所能做的事之间的差距。

欧洲和北美地区的全龄化友好行动倡议

GNAFCC 得到了很多其他全龄化友好组织的支持,包括国际上的一些非政府组织（NGO），如国际老龄联合会①（International Federation on Ageing, IFA）等。北美地区中包括美国退休人员协会（American Association of Retired Persons, AARP）组织的"宜居社区"（Livable Communities）行动倡议，以及由"宜居社区"倡议支持并由全国区域老龄机构协会（National Association of Area Agencies on Ageing）赞助的类似活动。欧洲方面，"欧洲老龄平台"（Age Platform Europe）在全龄化友好活动中占据了领导地位。2012年，在"打造全龄化公平、可持续社会的目标"②的推动下，一项名为"2020实现全龄化友好型欧盟"（Towards an Age-Friendly European Union by 2020）的活动正式上线。紧接着，人们意识到，需要建立一个关系网络，将欧洲各地的参与者会集一处，方便彼此在知识信息与优质实践方面互通有无。这一工作最初是通过AFE-INNOVNET全龄化友好型环境创新专题网络（Thematic Network on Innovation for Age-Friendly Environments）（2014—2016年）推进的。这是一个由欧盟资助的组织，负责将欧洲的一些国家及城市组织在一起。该网络进一步推动了2015年"人口结构变化协定"的落地。这是一个覆盖欧盟的协会，其成员主要致力于"通过一些以证据为基础的方法支持实现积极健康养老，并以此方式全面化解欧洲人口结构面临的挑战。"③

全龄化友好政策及行动倡议的实施

由于对能够实施全龄化友好政策的背景要求十分宽泛，世卫组织鼓励各城市及社区根据自身需要，量身打造自己的模式，并建立、健全相应机制，以提高其全龄化友好水平，不过，地方参与者在实施相应举措时，仍应遵循一定准则。根据其中一些指导原则，本节探讨了实施过程中五大关键步骤：确定行动领域；发展伙伴关系并协同工作；让老年人参与决策；监测措施发展变化过程；对结果进行评估。详见瓦特的论述（Warth，2016）。

确定行动领域

确定行动领域是实施全龄化友好政策的关键一步。世卫组织鼓励城市及社区实施"循证"规划（Warth，2016），并建议每个城市首先对自身的全龄化友好水平开展基线评估（设置一个对照组）（WHO，2017c）。例如，在老年群体中建立焦点小组，或咨询相关组织机构和人员，这些都有助于城市确定行动领域及其优先顺序（Plouffe 等，2016）。同时，也提倡采用创新方法来收集知识，评估社区全龄化友好水平，其中就包括社区审查、街头采访，以及与老年群体合作研究等其他参与形式（De Donder 等，2013；Handler，2014；Buffel，2015）。鼓励城市在确定首要任务及目标后，编写一份行动计划，并及时监测活动的进展情况。

发展伙伴关系并协同工作

世卫组织还强调，在全龄化友好型城市的建设过程中，应重视协作思考、协同工作的重要性。比尔德和瓦特（Beard 和 Warth，2016）认为，"为确保干预措施的连贯性、平等性、持续性以及始终以老年群体为中心"，这些机制必不可少。另外，与来自不同级别、不同学术领域的参与方（包括公立和私立组织）建立伙伴关系，是 AFCC 成功发展的关键因素（Garon 等，2014；Buffel 等，2016）。在对比了加拿大魁北克省的两个案例后，Garon 等（2014）总结了设立多元化综合（及互补）指导委员会并与参与各方建立合作伙伴关系是如何促进一个自治市实施相关举措的。这种合作让该市"在其全龄化友好型城市行动倡议中取得了比依赖单一伙伴关系更好的成效"（Garon 等，2014）。在对比了英国曼彻斯特和比利时布鲁塞尔的全龄化友好举措后，同样强调了"协同作用"和建立多方伙伴关系的重要性。在对这两座城市的研究中，比费尔和同事于 2016 年发现，拥有多学科团队是推动全龄化友好行动倡议实施的又一项关键性因素。

让老年人参与决策

GNAFCC 鼓励成员吸纳老年群体参与全龄化友好发展项目的评估、规划和实施（Warth，2016）。近年来，为支持老年人积极参与，已采取了各类措施，包括征询老年居民意见（如发放调查问卷或组织焦点小组）、邀请老年人参与照片传声（影像发声）活动，以及参与工作组和指导委员会等（Novek 和 Menec，2014；Garon 等，2016；Plouffe 等，2016）。有一项在曼彻斯特进行的研究，在评估全龄化友好型街区特点的过程中邀请老年人担任研究合伙人，进而推广让老年人积极参与的理念（Buffel，2015；Buffel 等，2017）。由 18 位老年志愿者组成的团队在接受培训后，成为研究项目的合作研究员，同曼彻斯特南部的 3 组目标对象合作，对其社区的全龄化友好水平展开评估。

老年居民在计划、设计、实施的各阶段全程担任合作研究员。合作研究员对老年居民一共进行了 68 次深入访谈，其中许多人都经历过各种形式的社会排斥、健康问题、社会孤立及贫困（Buffel，2015）。这种让老年人成为主要参与者的尝试，是对全龄化友好运动的一项重要挑战。世卫组织在《老龄化与健康问题全球报告》（*World Report on Ageing and Health*）中评价了曼彻斯特研究中采用的联合打造（co-production）方法，指出：

> 在社区融入新模式的发展中，此项研究在方法上向前迈进了一步。干预措施（如在本项研究中所采用的）带来了极优的数据来源，体现了所有参与者融入社会的宝贵经验，代表了在经济紧缩时期为制定政策能够采取符合成本—效益原则的工作机制。

监测措施发展变化过程

全龄化友好政策鼓励各城市对其所采取的举措进行监测和定期检查。GNAFCC 邀请成员城市"在项目中采用一个持续的改进流程，包括事前评估、计划、执行、监测、综合评定等"（Warth，2016）。全龄化友好型城市项目进程中一个重要的维度是需要设计足够大的空间来反映项目取得的成果和遇到的困难。特别建议各城市对自身全龄化友好程度定期开展复评，以此"对老年群体生存情况进行知识补充"，并记录"其一段时间内的（不断变化的）需求"（Warth，2016）。因此，鼓励希望加入 GNAFCC 的城市及社区在为自己制订行动计划时，能够将眼光放长远，向前看 3 年（WHO，2017c）。

对结果进行评估

GNAFCC 鼓励成员持续评估、评定、改进其全龄化友好的发展方式，包括推动循证研究，制定衡量全龄化友好程度的指标（Public Health Agency of Canada，2015；WHO，2015b）。框架和指标有助于人们对全龄化友好水平的关键维度达成共识，并制定与之相关的目标。除此之外，指标还可用于衡量城市的全龄化友好基线水平，并对施加干预后出现的变化进行监测（WHO，2015b）。然而，考虑到参与该网络的城市及社区的多样性，若想建立一个通用的框架来评定全龄化友好政策的实施结果，可能有一定难度。

为促成这项工作，世卫组织（WHO，2015b）发布了《衡量城市全龄化友好水平：核心指标使用指南》（*Measuring the Age – Friendliness of Cities： A Guide to Using Core Indicators*）。该文件提出了一份"核心及补充指标"清单，以供各城市根据本地情况酌情选用。核心指标围绕着三个关键性原则：公平性（衡量各子群体间的不平等程度）；可及性（例如，衡量居民区的步行友好程度，公共空间及建筑出入的无障碍性，住房可负担性）；包容性（例如，衡量志愿者活动的参与度，有偿就业和社会文化活动参与情况，社会医疗服务到位程度，以及本地决策的参与度）。其他辅助指标，如参与终身学习、互联网接入和应急准备等，可将其作为社会包容性的一部分，当地可考虑采用，以便对全龄化友好程度进行更广泛的评估。世卫组织建议，这些指标并不是"一套需要严格遵循的强制性指导方针，而是根据需求，随时可调整的"。

发展全龄化友好型城市和社区：从政策到研究

尽管全龄化友好工作在诸多方面都已取得了成效，但项目研究和评定工作却相对受限。造成这种情况的重要原因在于，全龄化友好问题的解决与环境老年学领域的研究（Wahl 和 Oswald，2010），两者是平行进行的，且少有交集。然而，研究成果的应用对更好的理解全龄化友好模型的益处及潜力是极为重要的。环境老年学最初研究的是，与其他环境相比，有些实体环境能够更好地"满足"老年居民的需求与能力，那么两者差距有多大？而这一观点的出现主导着人们对个体与环境关系的理解，并将其发展成为"压力—能力模型"（press – competence model）（Lawton 和 Nahemow，1973；Lawton，1982）。它假设，个人行为是环境需求特征（环境压力）和个体处理环境需求的能力（个人能力）相匹配的产物。

个体—环境（P-E）模型在20世纪七八十年代曾是环境老年学的主导范式，并对后世一直保持着一定的影响力（Wahl 和 Lang，2010）（详见第4章和第5章）。而在20世纪80年代到90年代，新的方法出现，侧重于老龄化与环境关系中的体验维度（Rowles，1978；Rubinstein 和 Parmelee，1992）。由此带来的问题是，应当如何界定一些场所如家（住所）或居民区所包含的意义以及人们对其产生的依恋。与P-E模型不同，场所依恋相关研究人员希望探究老年人对其所处实体环境建立情感、认知及行为联系时的一系列过程（Peace 等，2007）。

环境老年学工作还提出，全球变化对社区产生的影响，逐渐削弱了由罗尔斯（Rowles，1978）提出的老年人在晚年保持身份认同感的策略（详见第3章）。这一现象显示了全龄化友好举措所面临的挑战，以及改善老年人生活环境质量的愿望。对此，戈朗（Golant，2014）提出，愿望是好，但随之也会带来一些问题，如"社区是否已具备了满足老龄人口需求、实现老龄人口目标的结构性能力，即资源与机遇……"。而对经济贫困的城市居民区来说，资源是格外有限的。由于当地服务及设施关停，犯罪问题层出不穷，住房条件差，人口流动性大等，这些居民区可能面临着各种环境压力。而这些问题都可能阻碍全龄化友好型社区的发展（Smith，2009；Buffel 等，2014）（详见第3章、第14章）。

环境老年学及其相关学科的成果应用十分重要，特别是能够帮助人们更好地了解哪些全龄化友好的干预措施是有用的。该项研究的重要性已在现有项目的进展过程中得到证实。

全龄化友好型城市和社区：研究结果

自2006年世卫组织项目首次启动以来，在AFCC的成功经验中，有哪些值得学习借鉴的方式、方法呢？同样，对于希望建立AFCC的新手，又存在哪些难关和挑战呢？本节结合相关研究和案例材料，对已有的实证进行了分析（Caro 和 Fitzgerald，2016；Moulaert 和 Garon，2016）。

全龄化友好模式的成功因素

菲茨杰拉德与卡罗（Fitzgerald 和 Caro，2016）在其编辑的《环球视野：全龄化友好型城市》（*International Perspectives on Age-friendly Cities*）一书的导言部分，总结了影响全龄化友好政策发展的各种先决条件，其中包括老年人口聚居数量大且呈增长趋势；社会及公民组织间形成了强大的网络；医疗及社会服务到位；住房选项多样化。其他利好因素还包括：第一，城市及社区能广泛调动各参与方，与公共部门、私人部门、第三部门及非政府组织建立伙伴关系（Garon 等，2014；Buffel 等，2016）。与此同时，需要匹配强有力的政治领导力，从地方及区域政府的层面，向全龄化友好政策提供支持（Neal 等，2014；Moulaert 和 Garon，2016）。尼尔和同事（Neal 等，2014）援引美国波特兰的例子并提出"高校与地方城市规划及其他政府部门之间已建立的合作关系"可成为城市发展全龄化友好型城市项目的一项优势。第二，城市及社区能够对全龄化友好发展模式形成自身的理解，这也常被认作世卫组织项目的一个特点。许多研究人员都主张应保持全龄化友好运动发展的灵活性，只有这样，才可适应各地的具体需求（Menec 等，2011；Liddle 等，2014；Plouffe 等，2016）。在全龄化友好方面的文献中，围绕"灵活性"这个概念延伸出了各种设想。例如，里德尔和同事（Liddle 等，2014）强调了在全龄化友好运动中"突破城市边界"的重要性，并对世卫组织"全龄化友好"的定义是否适用于"非城市"环境（如农村地区、退休团体、兴趣团体）提出质疑。梅内克和同事（Menec 等，2011）对世卫组织清单的灵活性也进行了讨论，提出全龄化友好模型动态发展的必要性，并认为其无须局限在世卫组织提出的八个维度上。正如他们所说，"维度数量少，会显得过于精简；而增加发展维度，将会使社区环境中本不被留意的一些部分受到关注"。（Menec 等，2011）。第三，老龄人口相关政策在多大程度上被纳入城市（再）发展与城市管理政策的一体化发展，是一个重要影响因素。社会政策可以通过多种方式促进老年人参与社区重建，特别是通过确保老年人能充分利用城市生活配备的不同资源的方式。而城市复兴政策也能够从老年群体的技能与经验以及他们对各自社区的依恋中大受裨益。然而，在类似项目实施的过程中，老年人往往成了"隐形人"。因此，社区和城市（再）发展中"老龄问题主流化"将为社会公共政策以及社区组织和老年人提供重大发展机遇，以确保各年龄层的需求都能够在城市政策中得以满足（Buffel 等，2016）。

全龄化友好举措实施过程中面临的挑战

在实施全龄化友好举措的过程中，也出现了一些挑战。

首先，AFCC 可能会受到经济紧缩背景下出台的公共政策的影响。以比利时布鲁塞尔为例，比费尔和同事（Buffel 等，2016）在研究中发现，尽管社区医疗保健和社会护理服务的需求不断增长，但由于公共支出减少，迫使地方政府下调对社会项目的投资额度。英国曼彻斯特也出现了类似情况。在削减预算后，很有可能会导致"公共服务，如图书馆、信息与咨询中心、老年人日托设施等减少"（Buffel 等，2016）。尽管在多项研究中均提出了经济方面的考量（Walsh，2015；Buffel 和 Phillipson，2016），然而，很少有研究项目探索经济紧缩背景下全龄化友好政策的发展变化。在未来几年内，为更好地了解如何确保全龄化友好型城市项目的持续性发展，对这一问题的深入探讨还是很有必要的。

其次，全龄化友好举措的"包容性"也可能存有一定问题。"积极养老"的提出，标志着老龄化愿景向着更加全面、更加积极的方向转变（WHO，2002）。然而，如此的发展趋势究竟会在多大程度上将老年人口中最弱势的群体边缘化，仍是令人十分担忧的问题。正如穆拉艾尔与帕里斯（Moulaert和Paris，2013）所说，对于因老龄而存在的一系列身心问题，如疾病、无力感、身体虚弱、情感脆弱等，在强调"积极养老"时，可能会反过来削弱或者否定其存在的意义（Cardona，2008）。在全球化、跨境移民、经济萎靡的大环境下，保证全龄化友好政策和行动倡议能够解决更广泛的老龄化问题显得尤为重要。菲利普森（Phillipson，2012）认为，这几大趋势的合力，会为新的排斥形式提供温床，并由此拉大老龄人口的内部差距。当一部分群体能够获取资源、保护自己免受不稳定因素影响时，其他群体可能会发现自己承受着更高的被排斥的风险。比费尔和菲利普森（Buffel和Phillipson，2016）也有相似的论述。

再次，在评价全龄化友好政策和行动倡议中已经遇到过一些问题。由于全龄化友好的发展模式具有灵活性，城市及社区已制定了一系列行动倡议来提高自身的全龄化友好型水平。在此情况下，瓦特（Warth，2016）曾表示，"正如没有一个通用方法来满足老年群体所有需求一样，打造全龄化友好环境也没有万能配方"。也正因如此，评估行动措施成功与否，就是一项复杂的工作。加龙和同事（Garon等，2016）建议，除了选择适用指标并对其结果进行监测，城市及社区还应对项目实施过程进行评定。为了理解观察结果的产生过程及原因，并据此对方案进行必要调整，就必须评定全龄化友好行动倡议推行背后的"机制"和"逻辑"（Garon等，2016）。

最后，有人可能会说，若AFCC政策不根植于各种控制社区生活的官僚机构和权力网络之中，是不太可能成功落地的。然而，需要采取一系列行动来实现这一目标。首要问题是要在全龄化友好问题的研究与政策之间建立一种更为密切、畅通的联系。针对全球化与经济力量改变了城市及社区和社会环境方面存在着许多分析结论，然而，在环境层面的相关研究中，非常优秀的著作并未把这些结论嵌入其中（Buffel和Phillipson，2016）。要对此进行补救，则需要将社会政策、城市社会学、老年学、设计和人文地理等学科紧密结合。

总结

随着 GNAFCC 的迅猛扩张，以及欧洲、北美地区相关网络的搭建，打造 AFCC 已成为公共政策的重要考量之一。此项运动在相对较短的时间内已取得了巨大进展，成为应对城市化和老龄化两大力量，相关当局制定了广泛的全球性政策，鼓励世界各地的城市及社区在当地发展适合自己的全龄化友好型城市项目。世卫组织与欧洲老龄平台等其他合作伙伴一道，为不同社区、城市和区域提供了互相支持、交流对话的全球网络。尤为重要的是，世卫组织从八大维度出发，制定了行动框架，并明确了老龄化与城市化的全球应对政策是"一揽子"措施（包括从住房、室外空间与建筑物到社会参与、尊重和社会包容性等方方面面），而绝不仅仅局限于医疗保健和社会护理。

尽管作为一项全球性运动，全龄化友好型城市项目取得了重大进展，但仍有一些重要问题有待解决。其中，亟须解决的问题是，在经济紧缩、预算削减的环境下，老年群体所需的很多服务都遭遇重创，而 GNAFCC 如何能够在这样的情况下继续发展。若这一问题无法在国际和国家层面上得到直接解决，全龄化友好型城市项目的可持续性则必须被打上一个问号（Buffel 和 Phillipson，2016）。

此外，围绕全龄化友好型城市行动倡议的包容性，还有一个更广泛的问题。虽然此项运动将老年人置于各种项目的中心，但运动本身并未能认识到养老体验的多样性。被边缘化的群体包括黑人和少数族裔、同性恋、双性恋、变性者和酷儿（queer）群体等（详见第 14 章）。更概括地讲，城市中许多经历过社会排斥的群体——典型的有移民、难民和极度贫困社区的居民，在全龄化友好运动中基本上都被忽视了。而考虑到全球化和经济萧条带来的压力，解决社会排斥问题对全龄化友好型城市项目的成功发展将是至关重要的。这一主题也贯穿本书的多个章节，其中第一部分的余下章节将对影响社区发展的经济、社会变化进行探究。

注释

①www. ifa – fiv. org/age – friendly（2017 年 1 月 23 日访问）。

②www. age – platform. eu/articles/towards – age – friendly – eu（2017 年 1 月 23 日访问）。

③www. age – platform. eu/special – briefing/covenant – demographic – change – officially – launched（2017 年 1 月 22 日访问）。

第3章
街区变化、社会不平等与全龄化友好型社区

弗勒·托梅斯

蒂内·比费尔

克里斯·菲利普森

引言

第 2 章回顾了全龄化友好型城市和社区（AFCC）的发展背景。AFCC 是 20 世纪 90 年代和 21 世纪初，为发展更有凝聚力的社区而采取的众多行动倡议之一（Vanderbeck 和 Worth，2015）。发展 AFCC，是为了促进医疗与社会护理领域中"居家养老"（ageing in place）的理念，强调了社区在支持老年人群体方面所起的作用。但是，AFCC 及其相关举措的发展也遇到了对社区生活影响颇深的新压力，而这些压力主要来自全球化和城市内部及城市间日益严重的社会不平等现象（Buffel 和 Phillipson，2016a）。因此，在许多城市街区（neighbourhood）备受社会分化煎熬之际，人们"重新发掘"了社区的优越性——为脆弱（vulnerable）群体提供支持（Wacquant，2008）。

本章的目的在于，将关于 AFCC 的探讨置于社会学的背景之下，并挖掘"社区"与"全龄化友好"之间的联系。对于后者，已经有很多著述，特别是在世界卫生组织发表了一份关于发展全龄化友好型城市的指南（见第 2 章）并于 2010 年建立了 AFCC 全球网络之后。然而，却很少有从社区层面谈论全龄化友好活动发展的论述。加德纳（Gardner，2011）指出，许多有关"居家养老"的研究重点都仍放在老年人留在自己家中度过晚年的愿望，以及能够获得帮助的最佳途径上（Wiles 等，2011）。但她认为，"老龄化有关的公共场所，特别是街区，一直以来受到的关注较少，而这些是代表老年人生活（和福祉）的关键场所"（Gardner，2011）。与此相关的问题包括全龄化友好运动将试图打造怎样的社区？在社会生活受到分化、不平等的影响下，诸如"社区""街区"这样的词语是否仍然有意义？在全球化和跨国移民的背景下，社

区的概念是如何发生改变的或在多大程度上发生了改变？如果发生了改变，那么又是如何影响社区支持"全龄化友好"理念发展的能力的呢？

为探究以上问题，本章将首先探讨在社会学和社区研究中，街区与周边环境（locality）的概念是如何发展的；然后，对社区目前面临的挑战，特别是街区不平等现象和全球化影响相关的挑战进行评估分析；最后，提出加强全龄化友好型城市社区方面的策略。

社区观念的转变

在英国和许多其他国家，"社区"这一主题一直是社会学传统研究中的核心要素（Nisbet，1953；Crow，2002）。社会学作为一门学科，其发展与城市化和工业化对社会生活影响的研究密不可分。孔特（Comte）、滕尼斯（Tönnies）、勒普莱（Le Play）、马克思（Marx）和迪尔凯姆（Durkheim）都通过不同方式对这一主题进行过探索（Crow和Allan，1994）。然而，尽管社区这一概念对社会学曾具有重要意义，但却很难为其下定义。贝尔和纽比（Bell和Newby，1971）在他们的经典教科书《社区研究》（Community Studies）中指出：

> 200多年来，社区的概念，一直是社会学家所关注的问题。然而，用社会学的语言去完整定义它，似乎仍是一件遥不可及的事。大多数社会学家在参与定义时，都带着自己对社区构成的看法……（而他们）也并非总能完全不受这个词所一贯带有的情感暗示的影响。每个人，包括社会学家，都想生活在社区里……（但）……这个专有名词经常让人们无法分别，社区是什么（实证描述），以及社会学家认为社区应该是什么（标准描述）。

尽管存在这些困难，但社区研究在很大程度上能帮助我们了解街区层面的生活动态，这对AFCC的发展具有重要意义。虽然许多研究人员对这一概念的定义持保留意见，克劳和艾伦（Crow和Allan，1994）认为，我们在日常生活中所做的很多事情都与紧密的社交关系如邻里关系、亲戚关系、朋友关系有关，这些社交关系网共同构成了传统意义上的"社区生活"。他们进一步阐述道，"社区"是一种概括性说法，用以形容超出个人住所范围，但相比于更大的社会范围，社区是熟悉感更强的、较为广泛的社活动范围。

20世纪50年代和60年代被视作（Crow，2002；Crow和Allan，1994）传统社区研究蓬勃发展的时期。当时的研究详细描述了社区生活的一致性，同样的生活模式通过基于家庭和街区开设的机构或开展的活动不断被复制。在英国，在社区研究所（Institute of Community Studies，ICS）的支持下，杨和威尔莫特以及汤森（Young和Willmott，1957；Townsend，1957；Willmott和Young，1960）开展了一系列研究，反映出了20世纪50年代人们的担忧——福利国家制度（welfare state）的发展，会怂恿人们将老年人等群体从家庭中剔除，令其自谋生路，并可能会削弱街区的凝聚力和向心力。ICS的研究结果着重探讨了在中部（内城区）和郊区，以家庭和街区为基础的关系继续蓬勃发展的程度（另见Gans，1962）。这一主题于20世纪70年代和80年代由费舍尔（Fischer）在美国展开了进一步的研究（Fischer，1982）。研究人员发现，与强调城市关系短暂性的观点恰好相反，亲密的社交关系可以在城市环境中的"亚文化团体"（指那些拥有不同于多数人的价值观的群体）中得以持续发展。

私人社区与社交关系网

20世纪80年代和90年代，韦尔曼（Wellman，1979）在加拿大多伦多进行的研究为"社区问题"的科学争论提供了新的动力。"私人社区"（personal communities）是指人们在家庭以外维系的重要私人社交关系的总和。而对"私人社区"的研究方法，主要是以地图的形式定位出个人的社交关系网。采用此方式的关键之一在于，同过去的社区研究相比，通过重视地理位置分布所探究出的个人社交关系结构，能更清楚地了解到社交融合的不同特征。韦尔曼（Wellman，1979）对来自多伦多市东约克的800名成人进行了研究，研究对象均居住在工人阶级上层或中产阶级下层的城区中。研究表明，初级关系往往会形成联系松散、距离分散的结构。这与早期社区研究中强调的本地的、联系紧密的支持关系形成对比。事实上，从研究结果中可以看到，很少有东约克居民依赖所处街区来维持密切的私人关系。该研究意味着，社区关系网已经从物理距离最近的关系中解放了出来。由于城市化、地域流动性及新型通信方式的发展，亲密的私人关系已经超越距离最近的街区，能够在不同距离和不同次元下进行（Wellman，1979）。

关系网分析法的局限性

尽管社交关系网分析似乎比之前的社区研究更进一步，但其局限性也显而易见（Milardo 和 Allan，2000；Blokland，2003；Allan 和 Phillippson，2008）。主要有两个问题：第一，由于数据是从核心个体（central individual）的直接关系网中收集的，关系网分析法似乎无法解释将社交网中每个个体彼此相连的集体模式（collective pattern）（Milardo 和 Allan，2000）。因此，人际关系被视为个体概念而不是集体概念，这与塑造社交关系网的环境因素（如宏观社会力量）相脱节，而这些因素是社交网络的纽带。第二，虽然与传统的社区研究相比，关系网分析法可以得到有关多种人际关系的更具代表性的数据，但其代价是无法更详细地了解这些关系中所涉及的紧密性（Allan 和 Phillippson，2008）。有时，网络分析的重点只在于某段关系的存在和（或）某人的知名程度。即便收集到的数据更详细，通常也主要用其进行背景描述，而缺乏对数据的深度挖掘。而这些数据所包含的细节，往往才是社会及社区关系的基础（Clark，2009）。

可以说，不同类型的社交网络对所有年龄层都非常重要。与此同时，街区内建立的人际关系对于了解日常生活的特点与质量仍有重大意义。私人社区在地理位置上也许呈现分散状态，并通过越来越频繁地使用各种形式的社交媒体来保持联系。但在晚年生活中，周边环境对资源获取常常起到关键作用，它是身份认同和有意义的人际关系的来源（Rowles 和 Bernard，2013）。通过关注人们对所在社区及过去社交网的依恋情感，仍能收获不少信息。社区关系在老年人日常生活中扮演怎样的角色，本章的下一节，将就相关研究结果展开讨论。

街区对老年人的意义

社会学研究已经发现了一些支持周边环境对晚年生活起重要作用的依据。首先，建筑环境对所有年龄段的生活质量都有着重要影响，但是对老年人、儿童和部分残障人士尤为重要。老年人对其周边环境依赖性更强，这是因为他们待在家中及周边的时间很长。根据霍尔加斯和同事（Horgas 等，1998）的研究，70 岁及以上的老年人 80% 的时间都在家中及周边区域度过。的确，街区拥有完善的设备、无障碍的公共空间和休息场所，以及便于行人步行的措施等，这些都在提升老年人的社会参与度、安全感和幸福感等方面发挥了重要作用（De Donder 等，2013；Buffel 等，2014）。

其次，在社会关系贫乏、生活拮据或身体行动不便的情况下，人们就很难获得周边范围以外的社会支持，那么在此时，街区关系就尤为重要（Völker 等，2007），并导致对周边环境稳定性和归属感产生强烈的需求。费舍尔（Fischer，1982）指出，"当距离成为关键的考量因素时，（人们）会首选周边环境中的人际关系。"对更为依赖周边环境的人来说，能否在附近会面、交流，则相对来说更重要一些。在荷兰，在老年人最重要的人际关系中，60%都位于所住街区内（Thomése 和 van Tilburg，2000）。比利时老龄化研究（Belgian Ageing Studies）也得出了类似的结果（Buffel 等，2012）。此外，另一项重要发现表明，那些经济资源较为匮乏、日常生活能力及参与活动数量都在逐渐下降的老年人，似乎更依赖他们的街区作为其社会联系的来源。此外，需要更多外界帮助的老年人不仅更频繁地向邻居求助，也确实从街区获得了更多的支持（Thomése 等，2003）。

再次，强调推动发展"居家养老"，也就突出了居民区在提供非正式支持中所产生的作用（详见第 6 章）。大量关于老年人的偏好及优先考虑事项的学术文献强化了这一举措（Means，2007）。对大多数老年人而言，即便有经济困难，或需要他人照料，也大多倾向于选择居家养老（Gilleard 等，2007；Buffel 等，2012）。此外，"居家养老"常常与"环境依恋"（attachment to place）联系起来，作为晚年生活的重要维度之一（Krause，2004；Oswald 等，2011）。吉里亚德和同事（Gilleard 等，2007）发现，晚年和居家养老，两者都会增加老年人的"环境依恋"。老年人在一个地区居住的时间越长，就越有可能对他们的街区建立强烈的感情和情感联结（Buffel 等，2014；Smetcoren，2015）。

最后，一个重要问题——关于街区结构的变化在多大程度上会激发对老年人的社会排斥与社会包容。这一主题反映了全球化对社区的影响，尤其是在那些受快速工业化变革影响的地区（Buffel 和 Phillipson，2016a）。这里所要表达的是，考虑到老年人在同一区域居住的时间，全球化对社区生活的影响可能对老年人尤为重要。全球化带来的重要变化（例如，新型老龄运动、跨国关系的出现等）引发了人们对老年人街区融合和街区归属感的思考。而全球化也可能导致老年群体中对社区与环境的体验存在更大差异。菲利普森（Phillipson，2007）指出，在这些变化过程中，有可能在"局内人"（the elected）和"局外人"（the excluded）之间，或者说是在能够选择与自己过往生活环境一致的居住地的人，和那些被迫在社区遭到拒绝或排斥的人之间，会产生新的社会分化。本章下一节将更详细地探讨这两者之间的差异，并特别侧重于贫困和不平等现象对社区生活的影响，以及与跨国移民相关的新型人际关系的出现。

全球变化的影响

社区不平等现象与空间隔离

由于存在两种有关全球化本质及其对社区影响的观点，导致对影响城市的社会因素进行的城市社会学研究也出现不同方向。第一个观点是德兰迪（Delanty，2010）所指出的"城市社区迁移与空间重整"，后由扎森（Sassen，1992）和其他学者提出"全球城市"（global cities）一词（另见 Buffel 和 Phillipson，2016a）。在这里，通过城市中产阶级化（gentrification）进程，即封闭式社区的兴起，以及经过全球化筛选出的"赢家"（如流动性强的专业人士）和"输家"（如临时工或低薪雇员）之间不平等现象的加剧，全球化被视作导致社区分裂和个体化的因素（Standing，2011；Hern，2016）。

在一项针对 11 个欧洲国家首都的研究中，塔玛鲁和同事（Tammaru 等，2016）发现，城市地区的空间隔离与社会不平等现象的加剧，与政府削减对脆弱群体的支持有关。这种空间隔离的出现，阻碍了社区向有保健医疗或社会护理需求的群体提供帮助。并不是所有地方社区都具备居家养老的理想环境（Menec 等，2011）。事实上，特别是在经济贫困的城市街区中，资源是十分有限的。这些地方可能存在本地服务及便利设施关停、住房条件差、社会两极分化等诸多问题，饱受着各种各样的环境压力（Rodwin 和 Gusmano，2006；Smith，2009；Buffel 和 Phillipson，2016a）。这些问题往往能在当地社会关系质量变差以及街道环境恶化中得到体现（Smith，2009）（详见第 4 章、第 5 章）。

全球变化产生的影响，以及由此带来的地域间的不平等现象，也凸显出了老年人在社区体验上的差异。比费尔和同事（Buffel 等，2013）就街区排斥性与包容性体验，对居住在比利时和英国一些贫困的内城区的老年人展开了调查。研究表明，各街区间的共同点多于不同点。例如，对于人口流动与经济、社会结构变化的感受，似乎已经转化为寻回"消失的社区"的愿望。这一说法在两国受访者中均被提到（另见 Blokland，2003）。这种看法在一定程度上反映出了老年群体对其周围环境的投入之大，以及面对所处街区受外力影响发生改变但自己却束手无策的沉重心情。

与此同时，老年人为应对社会排斥所做出的努力，也值得我们注意。拉格尔和同事（Lager 等，2013）在荷兰一个前工人阶级街区中，针对街区变化对老年人归属感的影响展开了研究。他们发现，老年人在街区内日常场所和邻里交往中保留了一种归属感。尽管城市的变化日新月异，但他们仍将一些工人阶级特有的习惯和行为方式保留至今，并形成了身份认知上的一种延续。拜恩斯（Byrnes，2011）在研究中展示了在美国密歇根州底特律市内城区中，一群贫穷的非白人居民擅自占用了一个年龄隔离型（age - segregated）新建住房的情况。拜恩斯表示，参与者在房内建立了一个特殊的空间，以此弥补这个每况愈下的内城区社区的缺陷。

居民区与跨国社区

关于全球化的第二种观点认为，全球化在修复社区生活中可能会发挥更大的建设性作用。尽管之前提到一些有关全球化削弱社区生活的案例，也有其他研究发现，在全球化背景下，人与环境之间形成了新的联系。其中一个重要领域就是移民社区内的跨国关系（Buffel，2015b）。而跨国社区本身就反映了两方面力量的同时作用：一方面，体现了全球经济的增长；另一方面，体现了内战与政治冲突导致不稳定性加剧，以及这两者对维系家庭与社区关系所产生的影响。跨国社区的发展表明，人们有必要重新思考许多全龄化友好问题，尤其是考虑到欧洲大陆的移民情况及其对地区发展的重要性（Kingsley，2016）。国际移民的迅猛发展已成为全球趋势，由此产生了一大批相关研究著作，对各民族在维系跨国社会、经济和文化交往中所开展的活动进行了详细阐述（Buffel，2015b；Torres，2015）。

（不同族裔的）老年人可能通过不同的移民身份，体验着不同的移民生活：在第二故乡生活的第一代移民（Burholt，2004）；居住在不同国家的家庭间不停往返的移民（Victor 等，2012；Lager 等，2013）；为应对青年人流失而留守的群体（Vullnetari 和 King，2008）；参与跨国关怀活动管理的一员（Baldassar，2007）；或者重返"第一个祖国"的"返乡移民"（return migrants）（Barrett 和 Mosca，2013；Percival，2013）。比费尔和菲利普森（Buffel 和 Phillipson，2011）在研究中，利用移民老年群体的活动记述，包括在曼彻斯特及摩洛哥生活的索马里和巴基斯坦裔老年人，以及生活在布鲁塞尔的土耳其裔老年人，重点了解了移民群体活动塑造社区的方式（另见 Buffel 和 Phillipson，2016b）。当人们讲述他们在社区生活中积累的回忆和体验时，"环境依恋"感仍是重要的一点。而在各种叙述中，有两个反复出现的主题：第一，与其文化社团距离近，为建立社交关系，搭建共同的社会纽带提供了机会；第二，民族礼仪习俗相近。老年移民者的跨国关系及行为，有助于将街区改造成一个"跨国社交空间"（Faist，2000）。例如，开放民族活动和公共场所，如茶馆，这些都反映了跨国交往范式；但同时，它们也是"新归属地的创造"的一部分（Ehrkamp，2005）。这种在街区创造、投入的过程，也揭示了身份认同的建立或重建是如何通过全球和地方社交关系的互相关联而得以实现的。

通过了解本章所谈到的社区生活变化，可以看到为建立全龄化友好型社区而采取新举措的必要性。周边环境对老年人的生活仍然很重要，但街区也因其空间发展差异，以及贫困、全球化及跨国移民的影响而发生了改变（详见第 4 章）。

鼓励老年人加入全龄化友好型社区

本章认为，尽管街区对于老年人生活依旧重要，但其本身已经发生了变化，而这些变化与全龄化友好相关的讨论有着很大的关系。老龄化环境可能受到了来自多方面的压力，包括社会排斥、空间不平等现象及跨国移民的相关问题，或地理及社会流动性带来的影响。但研究也就人们该如何看待社区内"全龄化友好"的发展提出了一种不同的方式。埃利亚斯和斯科特森（Elias 和 Scotson，1965）在书中曾说过，"很难想象出一个没有妇女和儿童的社区，但没有男人，似乎是可以的。"这反映了 20 世纪 50 年代和 60 年代初的社区研究方向。若放到今天，这句话可能会变成——"很难想象出一个没有老年人的社区"。我们今天看待社区和老年人的方式与过去的研究在本质上有着很大的不同。第一种社区研究主要将老年人视为被赡养人，由非正式看护者，主要是其儿女为其提供支持（Isaacs 等，1972）。后来的城市社会学研究倾向把老年人看作城市变化的"受害者"（Minton，2009）。然而现在出现了一种不同的观点，强调把老年人视为看护者、志愿者和社区活动者。于是，比费尔和同事（Buffel 等，2009）认为，要将老年人当作"环境构建"（placemaking）的参与者。比费尔（Buffel，2012）在怀特（Whyte，1943）的研究基础上，提出"'环境构建'的概念，不仅是社区的搭建与维护，而是指构建重要城市空间的全过程"（另见 Lager 等，2013）。

推动全龄化友好的政策方针

在制定政策方针时，应该警惕影响全龄化友好的不同倾向：一方面，地方和跨地区社区发展不平衡、发展多样性的背后存在着结构性动态变化；另一方面，有必要支持老年群体"夺取"并建设自己的社区。在此，我们将提出有助于成功建立全龄化友好型社区的一些方针政策。

第一，思考并尝试解决空间多样性相关问题对实现全龄化友好型城市十分重要。AFCC 框架的一个优势在于，它识别出了社区环境的多重领域，既包括社会环境，也包括建筑环境。但是，它的不足在于，它基本上是规范化的，且并没有认识到许多城市地区面临的压力。因此，AFCC 的发展必须着重强调理解社区及街区所面临的压力，特别是空间发展的差异及不平等现象，因为这决定了居家养老的生活质量。这就要求要对以下几个方面施加直接影响：由城市规划者制定的空间结构；全龄化友好政策和城市复兴进程一体化发展；全龄化友好领域的从业人员与城市（内城及郊区）发展主导者之间建立更密切的联系。

第二，政策制定应尽力减少社会排斥。几乎可以肯定的是，空间隔离将会加剧对弱势群体（如低收入群体、少数民族群体等）的排斥（Burns 等，2012）。社区与个体排斥之间的关系是复杂的。莱宁和同事（Lehning 等，2015）发现，在以老年人为样本的研究中，无论经济收入高低，只要当他察觉到自己所在社区存在问题，他对居家养老的预期就较低。其中，与高收入老年人相比，低收入老年人更有可能希望居家养老。这可能表示，尽管生存环境质量不佳，低收入群体也对此感到无能为力。这表明，针对社区问题，社会政策既要从群体层面也要从个体层面对其加以考虑。住房政策是能够发挥关键作用的一环，因为住房可负担性的高低对空间隔离有着极大的影响（Tammaru 等，2016）。健康水平及远距离出行能力（mobility）也可能影响晚年生活中被社会包容或排斥的程度。对患有慢性疾病，如长期体弱、患有痴呆症等的老年人来说，与远距离出行能力、安全性和步行方便程度等相关的问题都尤为重要。如今，这类主题已开始在 AFCC 文献中受到关注（如 Scharlach 和 Lehning，2016），但仍然无法时时做到与支持脆弱老年群体的必要资源在具体环境下相结合。

第三，将老年人视作社会环境的参与者是创建全龄化友好型社区的关键。社区从根本上来说是主观性的，加之，在贫困区域为自己争取更好环境有着特别重要的意义，因此，赋予老年居民权利，认可老年居民的作用，成为实现全龄化友好的首要任务。一项从关系和包容性角度提出的"行动彰显公民身份"（citizenship – as – practice）的观点（Buffel 等，2012）支持了上述方针。这意味着，要加大投资力度，让老年居民参与政策规划，尤其是那些有关社区内弱势或被孤立群体的政策。有证据显示，合作研究、合作调查能够有效鼓励这类群体积极参与（Buffel，2015a），此方法在医疗与福利服务的发展中也取得了进展（Voorberg 等，2015）。信息和通信技术也可被用于支持老年人参与到环境调查和设计中（López – de – Ipiña 等，2013；Righi 等，2015）。

第四，移民所带来的一系列问题表明，有必要对全龄化友好问题内容进行调整，以反映出迁入城市地区及城市周边群体的不同生活体验。例如，虽然年龄歧视依然是一项重要问题，但种族歧视、民族歧视问题需要在全龄化友好工作中得到更多的重视，应该更全面地了解其对人终身健康与福祉产生的影响。城市生活现在是"网络化"的，而不是按照传统"面对面"的方式进行的，这一观点也对全龄化友好举措有所影响。在绝大多数情况下，重视发展全龄化友好型社区本身也许是好的。但是克拉克（Clark，2009）指出，对于社会关系更加分散的周边环境，可能需要一种不同的方法，能够超越社区物理距离的范围，更多着眼于社会关系本身的持续发展。这也就表明，有必要从地方、国家和跨国层面，将全龄化友好型社区建设的交互过程纳入考量，发展一种突破地理界限和学科边界的举措（Buffel，2015b）。

总结

　　本章回顾了与"社区"概念相关的各种观点，着重关注了空间不平等现象和全球化对居家养老及 AFCC 产生的影响。社区，是一个立体概念。在不同的地理范围下，人与环境之间的关系也纷繁复杂。一方面，社区超越了地域的限制，并延伸到各个分散的（跨地区的和跨国的）网络和虚拟物品之中。另一方面，距离仍然是社区的一个重要维度。特别是对老年群体来说，本地环境配置已被视作社区支持居家养老的一个重要焦点。多样的"社区"含义，以及存在于街区和场所之间和内部的不平等现象可能意味着发展全龄化友好型社区需要将冲突的利益和关切的问题进行协调。在此背景下，有必要开发社区发展和参与的新模式，以处理各年龄组内部及之间出现的一系列问题。而这样一种模式面临着一定的挑战，即让经受过多种社会排斥的老年人加入进来，特别是那些经历过极度贫困、种族主义和其他类型的歧视的人。对于社会政策和社区发展来说，加强这些特定群体的"能动性"将发挥关键作用。在接受社区内部环境的变化以及对"社区"有着不同定义的同时，拓展机会，辅助这些群体积极融入社区环境建设。

第4章
应对擦除、微视化及社会变化：21世纪的全龄化友好行动倡议和环境老年学

杰茜卡·凯利

戴尔·丹内弗

卢马·伊萨·艾·马萨维

引言

本章从社会环境中相互作用的多个层面入手，致力于解决老年群体社区融入问题。这样的全龄化友好型城市运动已经席卷全球（WHO，2007）。许多正在世界各地进行的全龄化友好行动倡议都与不断深入的环境老年学及相关领域的学术研究并驾齐驱。尽管这两个领域并不总是相互借鉴学习，但在21世纪全球化、城市改造、中产阶级化及人口老龄化的背景下，我们能清楚地发现，二者不仅有着共同的关注点和目标，也有着相同的局限性。本章将细述全龄化友好行动倡议与环境老年学中的普遍范式（prevailing paradigms）所共同面临的两个关键挑战：微视化与擦除。之后，以全球老年人当前面临的两个问题为例，来说明社会在人口结构方面的快速变化，强调对影响老年群体福祉的各方力量进行统一、多层面考量的必要性。

环境老年学的发展

从学科初始阶段开始，环境老年学就一直在关注环境及相关条件该如何调整，才能优化老年人的身体、心理及社会功能，并使之维持在较高水平。例如，早期的一些研究，如勒温（Lewin）的"生活空间模型"（living space model）（1951）、劳顿和纳俄莫的"老龄生态理论"（ecological theory of aging）（Lawton 和 Nahemow，1973）以及劳顿（Lawton，1986）的"压力—能力模型"（press-competence model）等，都力求理解老年人与环境之间的相互作用。环境老年学的研究已从微观层面（如家、家庭）和更宽泛的社会组

织层面（如社区、城市，见 Wahl 等，2004），探究了老龄化对社会空间的影响及其与环境之间的复杂关系。与此同时，环境老年学的学者们也推动了社会与环境规划及政策议题的发展，希望以此改善老龄化过程的个人体验。他们尝试推广"居家养老"的理念，强调环境依恋与空间体验对老年群体产生的重要意义，并发展打造家庭环境的构想（Andrews 和 Phillips，2005）。此外，学者们还设法进一步了解环境相关的其他维度，并对外力塑造个体生活满意度的相关机制进行了详细说明。

因此，环境老年学无可争议的成为了一个不断发展的分支领域，也备受关注老年人权益发展的群体的青睐。然而，评价这类工作的影响力，不仅要看它作出了哪些贡献，还应看它的发展愿景及潜力。总的来说，环境老年学的研究目的包括以下内容：确定与环境相关的各方面发展维度；了解环境塑造个体老龄化过程的发展机制，以及如何在政策和实践中处理这些机制。但是，它所使用的主要方式并不完善，因为在应对 21 世纪快速的社会变革时，它的作用有限。同样，全龄化友好行动倡议若想找到阻碍社区实现优质养老的主要障碍，就必须意识到，个体无论何时都可能发生改变；同时，他们所处的环境也会在多个层面上发生变化。正如马哈茂德和基廷（Mahmood 和 Keating，2012）进一步阐述的那样，"人和环境，没有谁是静止不变的；在老龄化过程中的不同节点上，同一个社区中的同一个家，有时能推动获取物质资源或社会关系，有时则会起阻碍作用。"

作为讨论的切入点，我们发现，环境老年学和全龄化友好行动倡议都过度关注现实生活的微观层面，也就是日常的生活体验。我们承认，这些生活体验在影响生活质量方面发挥着重要作用，然而，就像更普遍的个体衰老过程一样，这些都不能脱离实现，若无法将其置于更广泛的背景环境下讨论，我们将无法对其有充分的理解。如果要了解环境机制在怎样的范围下能够影响老龄化和全龄化友好，那么我们不仅要注意老年群体在日常生活中遇到的条件、风险和机遇，还必须注意导致这些情况形成的直接因素。这些因素之间有些相关性大，有些则看上去毫不相关。总而言之，要了解个体结果背后的形成过程。宏观环境需要得到同微观环境一样的关注。

当然"宏观环境"这个词，从一开始就是环境老年学词汇中一个比较明确的部分，但其内涵往往被过分限制了，主要用来代指周边环境的基本特征，如街区本身。而这种对"宏观环境"局限的定义可以追溯到劳顿（Lawton

的巨作——其中有 30 页专门介绍宏观举措，却主要指街区（如 Lawton，1986）。然而，街区本身就不是独立存在的。其总体环境，特别是全龄化友好水平，会受到政治、经济和其他因素影响。这些因素虽然超越了街区的范围，但会通过移民、人口流动、就业机会及政策发展等因素，影响与日常生活息息相关的问题（如食物获取、安全、交通、通信等）。这些由外力带来的影响和变化，也会导致日常社会生活和对当地文化的体验发生改变。

尽管有呼吁称，应把从紧邻的家庭环境到宏观政策，统统整合到全龄化友好行动倡议当中（Fitzgerald 和 Caro，2014），但许多学者仍主要从环境老年学文献所拥护的个体层面的角度，开展对有关政策及实际需求的研究。他们对问题的确定、分析大都集中在个体层面，这在很大程度上是基于老龄化的假定目标而形成的（Scharlach，2016）。虽然这并不是不重要，但它的确没有充分把握住影响老年个体及老龄化社区的因素及变化的全范围。为此，本章我们着重讨论了两个具体问题，都是由于忽视了本地环境与宏观环境的动态变化之间的联系而导致的。第一个是微视化，也就是说科学家和决策者更倾向于关注老龄个体和与其最相近的环境，很少关注微观个体特征与宏观层面之间的交互作用。第二个是擦除。这是一种极端的社会排斥形式，即在政策、实践或科学领域中，完全"无视"某些群体。在下一节中，我们将就两个问题进行阐述。之后，我们会举出两个 21 世纪社会快速变化的例子——城市改造与中产阶级化和老年人跨国移民。从这两者中均可以看到全球环境老年学和全龄化友好行动倡议范例的滞后性。

挑战 1：微视化

哈格斯塔德和丹内弗（Hagestad 和 Dannefer，2001）认为，微视化指一种"重此轻彼"的倾向，即更加关注日常生活的直接方面（生活细节、面对面互动、人际关系等），而忽视了社会环境中操控日常体验的更广泛、更全面的因素。对于老年学中有关老龄化面临挑战的微视化角度，虽然在理论层面存在着不同声音（Hagestad 和 Dannefer，2001；Estes 和 Phillipson，2002），但不应被视为是在暗示社会现实中的微观层面不重要。相反，我们认为，要理解人类体验中细腻的微观世界时，需要从一开始就对如何看待、处理当地存在的各种干预因素进行深入分析，而不是后期。日常生活中，社会的每一层——

家庭、公寓楼、街道，都交织在一起。一个人在工作或其他日常活动中感受到的社会，同他（她）的家庭关系等是共存的。

在这里，我们举两个环境老年学中微视化的例子。第一个例子，在着手解决限制日常活动的远距离出行问题时，人们倾向于从设备层面寻求解决办法，如在呼叫按钮上加装拉绳、安装安全扶手等（Iezzoni，2003；Gooberman-Hill 和 Ebrahim，2007；Resnik 等，2009）。在这种讨论中，应该考问现实生活中范围更广的外力维度以及制度安排，是它们对老年人进行分类照顾（Holstein 和 Gubrium，2000；Abramson，2015）。因此，关注日常生活中重要的基本机制和动态变化，关注它们所带来的风险和机遇，对了解环境条件和个体状态形成的基本机制至关重要，与整个生命历程都息息相关（Dannefer 和 Kelley-Moore，2009；Browning 等，2016）。

第二个例子是关于为了能够住在条件理想的市内或城市周边地区而选择留在次优住房，如出租单间（single-room occupancy，SRO）的老年人（Crystal 和 Beck，1992）。虽然环境老年学的主流范式可能显示，这种安排与老年人、并发症患者（co-morbit adults）或残障人士的住房需求不匹配，但可能他们自己并不这样认为。对他们来说，与住所周边存在的障碍相比，接近熟悉的环境及资源更重要。《纽约时报》中的一篇专题报道（Nagourney，2016）针对美国老年流浪群体，详细记述了许多无家可归的老年人选择不稳定的居住方式，包括住在帐篷里，只为了住在与支持他们生存的社会服务和慈善机构距离较近的地方。

在上述两个例子中，住所周边环境并不能有效代表老年群体的生存环境。因此，这些研究结果清楚地告诉我们，仅仅通过观察某个人甚至某个家庭的特征来了解个体情况肯定是不完整的。当然，我们可以将个体和社区置于更广泛的社会现实（即经济、政治和文化）层面之中。本章后面将对这一问题进行讨论。

微视化除了有空间维度（聚焦于紧邻的实体环境），也有时间维度。时间维度指的是一种只关注当前状况的倾向，认为可以撇开个体当前境况的人物、历史条件，仅从当前所处地点本身就能够了解个体的需求与能力。它忽视了与居民生活体验及社区生活不可分割的文化力量，进而可能会限制、缩减终身创造性活动，并将老年学专家困于为优质养老提出的狭隘的方案之中。街区生活中时间维度的几个关键要素（都可能与全龄化友好相关），包括人员稳定性与流动性情况、伙伴更替与街区构成情况，以及某特定个人或家庭在同一街区居住时间（Kelley-Moore 和 Thorpe，2012；Woldoff，2011）。在一种情况下，这些因素的相关性非常明显，即伙伴更替过程中有新移民的到来。总的来说，移民，特别是老年移民，可能看起来并不起眼，但他们的生活经验，都不可避免地决定了自身对日常生活各方面的感受，而这些感受正是在陌生环境中找到存在的意义、建立完整归属感所必需的。

挑战 2：擦除

在全龄化友好行动倡议中过分地关注老年人微观情况进而衍生出的第二个问题就是擦除。文化擦除根植于排斥（exclusion），即在一段对话中关键声音和关键群体的缺失。擦除的概念用于形容在政策、研究或制度实践上完全无视某些群体的情况。它是社会排斥的一种形式，且深植于对一个社会的文化假定之中，以至于竟未发现有群体缺席。此处列举了一些最近其他领域的一些例子：公共卫生研究只关注行为上的研究，不重视对身份认知的研究，而导致少数群体被排除在外（Young 和 Meyer，2005）；相比于"黑人""白人"这样所谓"真正的"种族类别，墨西哥裔美国人在受到歧视时缺少法律保护（Haney-López，1998）；以白人房主为主实施的郊区开发方案占用了黑人社区重要的文化空间（Greason，2013）。

埃里克·克里纳伯格（Eric Klinenberg）在《热浪》（*Heat Wave*）一书中，讲述了城市中弱势老年群体被擦除的辛酸现实。1995 年，美国芝加哥出现了极端天气，导致 521 人死亡，其中 73% 都是 65 岁及以上老人，超过 90% 为独居老人。典型的遇难者类型为贫穷、年老的黑人，他们居住在城市暴力犯罪最严重的社区之中。更加不幸的是，其中 170 名遇难者的遗体未曾被家人或朋友认领。芝加哥市长组织对此灾难性事件进行调查研究，并最终将热浪确定为由于多个临界因素罕见地聚合在一起造成的"特殊气象事件"。而报告只关注了流行病学中的热暴露（即当人体处在高温刺激下的生理、心理反应），却几乎没有注意到遇难者的社会模型。面对报告完全没有提及如何防止这些弱势老年人死亡时，克里纳伯格（2002）总结道：

> 默默无声的隐形杀手杀死了默默无声的隐形公民。新闻人及其观众，

包括专门研究灾害的社会科学专家口中的一句"未作登记"（fail to register）不会就这样让"热浪也能如此致命的社会现状"跟着消失。

尽管在其他研究中曾出现过有关擦除的概念，如关键的种族问题（Gillborn，2005）和残障研究（Campbell，2008），但是据我们所知，在老年群体研究中很少提及此概念。耐人寻味的是，当就"投资青年一代"还是"支持老年公民"这一对矛盾进行讨论时，关于资源的争论都会引用"代际战争"或"贪婪的老头"这类说法（Peterson，2004；Williamson 和 Watts – Roy，2009）。而这些争论的背后隐藏的是这样一种观点：老年人被视为年轻人利益的对立面，甚至可能是主动破坏者。例如，在关于住房的讨论中，老年群体往往被看作是"稳坐"好地段，而年轻人只能被迫在次等区域租房（McKee，2012）。

然而，文化擦除才是社会排斥中更为极端的形式，因为主流文化根本无法看到这些社会群体。大量关于老年人社会排斥问题的著作，都基于社会普遍存在的年龄歧视——不平等对待并贬低老年人与高龄人（对比 Scharf 和 Keating，2012；Stuckelberger 等，2012）。这种现象的存在，将完全把老年群体从文化舞台上抹掉。因此，上文中克里纳伯格的研究结果之所以令人感到悲哀，就在于研究者和决策者竟都看不到遇难者身上如此明显的年龄特征，而正是因为如此，遇难者本可避免的死亡，成为一场特殊气象导致的意外。

总之，微视化和擦除的双重挑战出现在多个领域和生活体验中。将关注点限定在老年人生活环境的个体层面和微观层面，这将可能会阻碍与全龄化友好有关的、更大范围的因素发挥作用。21 世纪的发展趋势大体上就是不断加剧的全球化与城市化相互交错，并伴有人口老龄化问题。这也为我们提供了机会，分析老年人的紧邻环境应如何在社会变化和宏观层面上得到表达，以及若忽视对这些层面的考虑会以何种方式导致微视化和擦除。我们首先讨论城市改造和中产阶级化，之后转向探讨老年跨国移民的一些模式。

社会变化与宏观层面的新兴力量

城市改造和中产阶级化

在城市改造或城市中产阶级化问题中最重要的声音就是努力恢复"家庭

友好型"（family-friendly）城市。的确，许多城市改造的行动倡议都建立在这样一个假设的基础之上（Goodsell，2013）——对于过去衰败的城区，家庭化（familification），即优先考虑上班族与其家中儿童的住房与服务需求，是改善经济、稳定社会的良方。中产阶级化区域迎来了家庭的回归与安置，常常被标榜为社区成功解决社会无序、经济萧条等问题的指标（Goodsell，2013）。然而，在根植于家庭主义的城市改造进程中，老年群体却被狠狠地擦除了，因为这些老年人在家庭或社区的年龄结构中无足轻重。这样带来的结果就是，在制定支持中产阶级化的经济、政策行动倡议时，都围绕着有儿童的家庭及其需求进行，投入建设的相关社区设施包括学习、日托中心、游乐场等（DeSena，2012）。在中产阶级化改造的社区中出现了一种新趋势，即越来越多的住房资源被大学生占用或租用（Smith，2008）。这使得经常以房主身份出现的老年居民在面对社区新的社会变化时，往往被排除在外，甚至明显地不受欢迎。在此情况下，老年群体在城市改造的视野中就被擦除干净了（Hagestad 和 Uhlenberg，2007）。

除了将老年群体从充满活力的社区定义中剔除，在城市改造中对家庭的偏见也有效地将老年群体从社区生活中重要的文化、经济发展态势中抹去。研究表明，被迫迁居对老年群体产生的不良影响，远没有在自己的社区被擦除或被视作透明来得大（Burns 等，2011）。原因之一在于，城市中产阶级化会建立新的伙伴关系，并（或）更改社区组织和居民间的社会契约（Hankins，2007）。因此，久居一处的老年居民会在其他的伙伴关系愈加亲密的同时丧失了在自己社区中的影响力或权利。这些社区改造中的新进者可能进而会停止向老年居民习惯的或对其重要的活动及场所（如宾馆游戏厅、咖啡馆及其他传统的聚会场所）进行投资。因为这些老年居民不大会通过参加新活动（如有氧搏击操）或使用新场所（如体育馆）见朋友，曾经聚到一起的老年人更有可能就此分别待在各自家中（Burns 等，2012）。

城市改造中对家庭的偏见并不只是自由市场独有的现象。由国家主导的城市复兴计划也使用了相同的框架，通过城市改造中的政策及公共资金的分配，将贫穷的老年人从自己的社区中擦除。公共住房行动倡议，如宣传"人人有家，人人有机会"的"希望 IV"计划，以及"迁向机会"项目，就是两个在美国推行的大型政治经济活动，旨在将城市内的贫困分散开（Chaskin 和 Joseph，2013；Gennetian 等，2011）。尽管这些活动的初衷，是用容积率低的全新住房替换低收入者的集中型住房，但实施的结果却是许多老年居民被迫迁居，为年轻人腾出地方（Davidson 和 Lees，2010）。为了让儿童和上班族在这些社区中有容身之所，符合公共住房申请规定的老年人越来越多地聚集在资源缺乏的地区或被留在日渐破败的社区，住在容积率高的住宅楼内（Kelley-Moore 和 Thorpe，2012；Chaskin 等，2013）。

支持上述项目及其结果的观点认为，老年人需要无障碍通行条件更好的住房，因此应该将其聚在一个大型住宅楼内，而不是任其散落在城镇各处的公共住房社区中（Van Hoffman，1996）。对于这一明显的年龄隔离形式，另一种观点声称，居住在如此高密度的环境下，若是换了年轻人，将会引发更高水平的犯罪率和社会混乱现象（Newman，1972；Normoyle 和 Foley，1988）。在美国，联邦政府规定，每个家庭的每个居住人不低于50岁，才可申请老年公共住房，这就严格将部分时间或全时间照顾孙辈的人群排除在外。通过这些方式，公共住房政策自然地将老年或贫穷的"问题"看作个体问题，而不是社会结构问题。

总的来说，无论是来自自由市场的歧视，或是来自联邦或国家住房政策中的忽视，城市改造中对老年群体的擦除现象持续存在。这种助长年轻家庭排斥老年人的举措，与"街区集体效能有利于提高儿童幸福度"的社会学研究结果背道而驰。这些研究认为，代际闭合（intergenerational closure）或社区内家庭外部成人与儿童联系的程度，会帮助所有居民获得积极的生活体验（Coleman，1988；Sampson 等，1999）。"城中村"（urban village）的概念基于这样一种观点：在多样化社区的社会变化中，福利与社会控制的重要性要超越个人社交关系网的重要性（Campbell 和 Lee，1992）。其他研究进一步显示，随着社区人口逐渐处于同一年龄范围内，社会资本水平迅速下降（Marshall 等，2001）。

跨国移民趋势及老年移民者

微视化与擦除双重问题为全龄化友好举措带来第二个挑战领域是21世纪全球移民潮趋势上升（另见第3章）。伴随着人口老龄化，越来越多的老年人选择跨国移民，且增速很快（Treas，2008；Walsh 和 Näre，2016）。例如，在美国，生于国外的老年居民中1/8是60岁及以上的新移民（Treas，2008）。我们惊讶地发现，关于年龄与移民交互情况的讨论并未出现在城市环境与全龄化友好的各项研究中，导致人们缺乏对老年移民者的生活体验特征的详细了解（Becker，2003；Treas 和 Torres–Gil，2008）。我们认为这种学术上的缺失之所以存在，有以下两个原因：第一，研究者、政策制定者及社会服务机构倾向于将移民与定居视作"无关老龄"（ageless）的问题，而不考虑老年移民者的特殊需求或价值；第二，国家投资的社会福利体系将老年移民者从老年群体收入、医疗支持项目中完全擦除。下面我们对两者依次展开讨论。

首先，文化与媒体在描述老年移民者时，往往强调这部分移民者迁居的目的是与其事业有成的子孙在异国相聚（Carr 和 Tienda，2013），以及（或）定居在资源，特别是本族文化资源丰富的"族裔郊区"内（评论见 Jones，2008；有关圣盖博谷华裔郊区的讨论见 Li，1998；Zhou 等，2008）。然而，现实是骨感的。老年移民者往往生活在内城区，面对着住房质量差、生活必需品缺乏等问题（Becker，2003；Phillipson，2007；DeSena 和 Shortell，2012）。

新移民者社会地位与移民者老龄情况的碰撞，为社会服务机构和决策者既带来了挑战，也带来了机遇。一方面，老年移民者的一些特点与居民区或社区特征，可能会令其特别无助。比如，通常来说，移民者受教育程度较低，其收入水平也低于本土居民的贫困水平线（Buffel 等，2012）。许多老年移民都定居在贫困社区：资源有限，住房质量差，存在较多居住环境的不利因素（如空气污染、水污染等）。对于这部分人群来说，用以应对社区不良环境的个人资源十分有限，这进一步增加了出现不利结果的风险（Iceland，2009）。即便身处资源丰富的社区，家庭经济状况良好，新移民的老年人，特别是当生活在离本族活动与资源较远的郊区时，也很有可能被社会孤立并感到孤单（Treas 和 Mazumdar，2002；Ajrouch，2008）。

另一方面，一些环境中存在的特殊优势可能会被眼光局限于紧邻环境的政策制定者和专业人士所忽视。生于国外的老年居民住在族裔同质的社区中可能会从社会文化中受益，有益身心健康，即便这个社区中的社会场所等资源并不丰富（Markides 等，2013）。族裔同质性高的社区环境，在具备支持性、广泛性的社交关系网后能够变得更加丰富。这样的社区无论从语言上还是文化上，都能够推动紧密私人关系的建立，辅助开展工具性日常活动（Almeida 等，2009）。例如，相比于居住在移民人口密度低的社区，居住在墨西哥移民人口高密度区域的墨西哥裔老年移民，拥有更好的健康状况，其健康水平下降速度也更慢（Eschbach 等，2004）。因此，社区环境既可以发挥推动作用，也可能成为阻碍因素，取决于社交关系与交互活动是否获得了发展机会，这同样也是塑造社会安全感与环境安全感的重要途径。

在多数发达国家中，有这样一个人数不断增长的群体特别受关注，那就是长期移民者——他们在儿童或青年时期移民至某个国家，现在作为永久性居民实现了居家养老。从许多方面来讲，这部分移民者可能会享受侨居国的文化、经济优势，并在某些方面与本土老年居民境况类似（Angel 等，2012；Wilmoth，2012）。但是，在有些方面，这些长期居民彼此之间存在较大差异，且与本土老年居民仍有着不小的区别。比如，使用侨居国语言的流利程度就千差万别，这主要是受到地缘政治因素的影响，如历史上的殖民政策、难民接收政策等。举例来说，北非人移民至法国的语言障碍较小，同样的还有墨西哥人移民至美国（Silverstein 和 Attias – Donfut，2010）。与侨居国居民信奉的宗教是否一致也可能导致老年移民者受社会排斥，特别是那些居住在乡村地区的老年移民（Jones，2008）。无论来自哪国，去往哪国，也无论移民生活的境况如何，老年移民者大体上还是对代际关系投入更多，也更加依赖，这也是他们在新环境下生存的一个策略（Treas，2008；Silverstein 和 Attias – Donfut，2010；Wilmoth，2012）。

对年龄与移民的交互情况关注不足的另一个原因可能是福利国家制度忽视了老年移民者。这种情况的例子比比皆是。第一个例子，在美国，以就业为基础的养老金体系，如社会保障金，并不适用于有偿劳动时长为零或不足的老年移民者申领。第二个例子，1996 年颁布的福利改革法（Welfare Reform Law），为极低收入老年人提供财政支持，即补充型保障收入，但接受者仅限于拥有本国国籍的居民（Van Hook，2000）。如此下去的结果就是许多老年移民者都可能在很长时间内无法得到或仅得到极少的财政支持。第三个例子，在一些国家（如英国、美国），医疗保险和其他福利的申领资格对个人居留情况作出了严格规定，福利接受者须同意对返回原籍国（母国）的次数及停留时长的限制（Buffel 和 Phillipson，2011）。

福利国家制度想必并不是故意要将老年移民者拒之门外。实际上，这种政策上对某一群体的擦除现象很可能是由于全球化与跨国移民的发展速度远远超过了福利国家制度中的传统体系。在全球化加剧的时代，仍将"移民"

理解成"一次性搬迁"已不合时宜。移民更应该是一个过程，必然带来两个（或多个）环境间更多的联系，以及超过地理边界的社会关系的长期发展，最终形成一个跨国人口群体（Smith，2005；Schunck，2011）。无论是新移民者，还是久居者，许多移民者通过跨国活动或其他形式（如探亲、选举），参与侨居国和原籍国两者的社会、政治、经济领域。即便侨居国社区为移民群体提供了多种机会融入宗教、文化、社会等领域的融入机会，老年移民者仍会长期对侨居国和原籍国保持双重依恋。对全球性趋势的忽视，如跨国照护，限制了我们理解老年移民者的生活（Treas，2008；Walsh 和 Näre，2016）。

因此，若想调整福利国家制度体系，使老年移民者在其"新家"中能够被看见，那么就必须了解全球化与跨国社会关系的发展趋势。此外，即便老年移民者被明确纳入福利体系中，决策者和社会服务者也必须认识到，该群体成员可能存在的特殊情况或需求，如侨居国语言掌握水平不佳，或健康或身体机能相关的一些困难等。

福利国家制度与"参与社会"之间的交易需要居民高度参与，这可能会为老年居民，特别是拥有多重劣势的老年移民者带来更多不便（Van der Greft 和 Fortuijn，2017）。举例来说，相比于荷兰本土老年居民来说，摩洛哥裔和土耳其裔老年移民者在面对这种"参与要求"时劣势颇多，包括荷兰老年护理服务在去机构化并收回其他本地社区资源后，无法获得居家养老所需的支持的风险增加（Van der Greft 和 Fortuijn，2017）。若老年移民者居住在城市次等区域，基本舒适度、安全性得不到保障，住房质量差，这样不稳定的居住条件会使上述情况更为复杂（Scharf 等，2002；Becker，2003）。

可我们对老年移民者如何在环境不佳的社区中应对日常生活中的各类问题知之甚少，需要进一步探究，在老年移民群体在其所住环境中努力创造家的感觉时，为什么有的资源和扶持项目会起到推动作用，有的则对其有所阻碍。老年学应该要能够解决这些问题才行（Buffel 等，2013；Buffel，2015）。

总结

人口老龄化是人口结构的现实状况，不仅只存在于后工业社会，而是几乎覆盖了所有社会。尽管老龄化趋势必将贯穿整个 21 世纪，但个体的社会及实体环境仍继续以年龄歧视的错误设想为基础向前发展，将年轻人放在首位，对老年人的需求与权利不予重视。环境老年学和全龄化友好型城市运动都试图通过发现问题与需求，提出先进的新方法，认识到老年群体的特殊潜能和需求，进而努力改变、改善当前境况。在本章中，我们已经讨论过，尽管上述两个领域都取得了一定成绩，但倾向于重视微观层面问题，对我们这个充满年龄歧视色彩的社会与文化中的一些基本假定不予质疑，而这些都将继续限制目标的实现。在社会与文化相关的叙事作品中，常常忽视老年群体积极参与社会生活、继续成长的权益、能力、潜能，就将其描述为一群无关紧要、无用的人，或一群不被隔离起来就会被边缘化的人。而我们认为，环境老年学和全龄化友好型城市运动若采取系统化的问询措施来质疑这种定义，那么二者的价值和有效性将会有所提升。

本章我们提到了两个受到微视化与擦除限制性影响的对象：城市社区中的中产阶级化进程，以及有关老年移民者的移民趋势、政策和难题，以此为例，说明若在这些领域中对范围更广的宏观层面现实问题多加关注，将有利于环境老年学和全龄化友好型城市运动的发展。同时也阐述了这些领域的发展经常被过于传统的、以个人主义及年龄歧视为主的概念所阻碍，使其潜力无法充分发挥，不能充分为老年群体的需求而服务的现实情况。这些事例都表明，宏观及微观层面的各因素塑造了 21 世纪老年群体的日常生活体验，对两者清晰、主动的关注则会有更大收获。因此，我们建议采取批判性举措，这对加强对这些发展趋势的关注非常必要；同时提供概念性框架，让老年人的需求不再被忽视，让他们的声音也能够被听到。

第二部分

案例分析：欧洲、亚洲与澳大利亚

Case studies from Europe, Asia and Australia

PART 2

第 5 章
柏林的老龄人口与中产阶级化进程：城市老龄化政策与老龄残障群体生活体验

梅瑞狄斯·戴尔
约瑟芬·霍伊辛格
比吉特·沃尔特斯

引言

纵观德国全境，柏林可谓是一座年轻的城市，魅力四射的它就像是一块磁铁，吸引着来自本国、欧洲和全世界各地的人移居至此。然而，随着人口的不断增长，以及投资利好政策的落实，房市的压力也越来越大：房租大幅上涨，强制搬迁的信号明确，低收入人群迫于无奈迁至城郊的大型统建住房内。这一系列的变化也同样影响着老年群体，特别是收入不足以承担高额房租，或因疾病等身体原因需要更完善的住房配套设施的这部分人群。

本章首先将简要描绘自柏林墙倒塌后，柏林这座城市出现的中产阶级化进程，并研究中产阶级化同该市老龄人口分布之间的关系。随后，在第二部分将对该市就老龄化城市建设需要采取的政治、行政措施进行深入探究，看看有哪些直接针对老年群体的城市政策，并将研究焦点对准柏林中心的米特区（Mitte）。最后，第三部分将着重讨论米特区内的莫阿比特（Moabit）。该区原本是工薪阶层生活的传统区域，如今也正在经历着愈加深刻的中产阶级化改造。而居住在其中的很多老年居民都属于社会弱势群体，他们的自理能力差，需要长期接受护理。通过对该区的研究，我们得以深入了解其日常的生活体验。在结尾处，我们将总结在政治引导下的城市发展现状，被经济利益驱动的城市转型与经济愈加困难的老龄群体的需求之间，二者愈演愈烈的冲突与矛盾。

柏林：老龄人口与中产阶级化进程

相比之下，中产阶级化到达柏林的时间比较晚。霍尔姆（Holm，2010）

认为,"西柏林"出现中产阶级化的时间可追溯到20世纪80年代末;而"东柏林"则是在20世纪90年代"两德"统一并完成"迁都"后,才加入这一进程中。但自那时起,柏林这位后来者迅速赶上了国际趋势,并以"三步并两步"的速度向前发展。中产阶级化在不同阶段会将内城区所在社区或其他社区改造成为中产、中高产阶层的住宅区、休闲场所或其他设施(Smith,1987)。在今天的柏林地界上,可以说几乎所有建于1914年以前的住房,都处在中产阶级化改造的某个阶段,其中包括绝大部分五层高的廉租房,覆盖了各个市镇最中心的大部分区域。回想20世纪90年代早期,这些城区大多都曾是这座城市最落后的区域,有着公认的最糟糕、最破败的住房资源。因此当时,有门路的人都设法搬到郊区居住。和其他地方一样,中产阶级化区域的居民以年轻人居多。[①]在普伦茨劳贝格(Prenzlauer Berg)这样高度中产阶级化的地方,截至2012年,65岁及以上人口下降至4360人。若以这一比例测算全市情况,则老龄人口减少了近16000人。[②]此种现象主要集中在普伦茨劳贝格及其他经过改造的"东柏林"地区。这里的中产阶级化进程造成了80%的原住居民被迫搬迁(以东德为主)(Bernt等,2013)。

事实上,在20世纪90年代初,老年群体就已失去了中心城区大多数区域的主导地位。而这些区域大致与建于1914年前的廉租公寓分布情况相吻合,这里正是中产阶级化蓬勃发展的起始之地。在居住条件更好(通常配有电梯)且租金更贵的西南部地区,即夏洛滕堡-威摩尔斯多夫区(Charlottenburg-Wilmersdorf),老龄人口超过一半,而该区也是迄今为止中产阶级化程度最弱的地区。

20年后再仔细观察这些中心城区,会发现老龄人口数量超过平均水平的区域大致同战后公共住房的分布情况一致。除夏洛滕堡-威摩尔斯多夫区的大部分区域外,曾经"西柏林"的内城区如今也都是柏林老龄贫困人口密度最高的地方(Senatsverwaltung für Gesundheit, Umwelt und Verbraucherschutz, 2011)。

那么问题来了,在过去20年里,老年居民的流失是由于被迫搬迁,还是这部分老龄群体从一开始就没有被社会充分关注。通过查看1992—2012年的人口登记数据可以发现,在中产阶级化改造最强烈的中心区域,生于1933—1952年的人口数量明显减少。换句话说,有相当多的人原本能成为今天内城区老龄人口的一分子,但在中间的某个时刻却搬去了其他地方。[③]

无论是出于何种原因,研究当初搬离的人后来去了哪里,都将是很有意义的。可惜的是，正如其他学者所说（Holm，2013），获取这类信息是非常困难的（更不用说这个主题本身在中产阶级化研究中就比较冷门）。已知的信息是，经济适用房（affordable housing）在内城区越来越稀缺，因而，正如大卫·哈维（David Harvey，1973）所说，在住房市场分配的阶层分化的进程中，低收入家庭倾向于搬到柏林的郊区。而这部分地区便成了住房条件最差的区域，仅有几栋大型高层住宅楼。尽管为应对公共压力，政府近期出台了一些对策（租房条件放宽和禁止将居民楼改造为假日公寓），但最多也只是起到延缓作用，却不会逆转这一趋势。

从居住区的地理分布情况来看，可以说这座城市正处于一个"内外颠倒"的发展过程。从年龄分布和社会排斥的迹象来看，在未来的几十年中，柏林弱势老年群体将更多地集中在城市边缘，而不会（像现在一样）在城市中心居住。

但当我们将目光转向目前及近期情况时会发现，在中产阶级化进程开始得更早也更猛烈的"东柏林"，有证据（人口登记数据及专家报告）显示，居住在建于1914年以前且正在经历中产阶级化改造的房屋内的老年租户，正迁向附近的现代公共住房。霍尔姆（Holm，2006）阐述了20世纪90年代的公共财政支出及政府监管是如何阻碍"东柏林"迁居进程的。在21世纪初，这些措施因为市政预算大幅削减以及法院判决而失去效力。正如我们看到的，这些干预手段在今天已经大抵不见了。

莫阿比特的中产阶级化进程

尽管我们的研究对象莫阿比特并不是柏林中产阶级化进程中开展得最猛烈的区域，但其产生的影响不容小觑。莫阿比特位于内城区的西边，毗邻政府所在地。市内最大的火车站坐落于莫阿比特东段，而南边则拥有一个大型城市公园——蒂尔加滕公园（Tiergarten）。这块人口稠密的区域的社会结构多元，建筑风格迥异，已成为多种城市变革发展的"试验场"。在"两德"统一之前，莫阿比特与"东柏林"相隔一面柏林墙，因此，也可以说是在"西柏林"的边缘地带。由于该区的部分地方受多种社会问题影响，故而政府在此长期设立了咨询中心（如面向流浪人士的）。为解决社会问题，该区还设立了两个社区管理区域。

在过去的20年中，由于柏林墙倒塌，当地工厂关闭，该区对人口的吸引力大幅提升，加上该区中心拥有大量建于1914年以前的住房，目前莫阿比特已成为各种条件俱佳的居住地。伴随着中产阶级化发展及人口迁移的进程，该区在德国及国际房地产市场上也备受关注。这里主要的发展模式是买下整栋公寓楼（通常买家是有大型国际投资基金的背景），然后对其进行全面装潢改造，并以单个公寓的形式进行出售，通常用于"购房出租"（buy-to-let）④。尽管柏林对租金的行政管控相较于其他国家（如英国、美国等）来说能为市场提供更多保障，但来自合法的（租金上涨、现代化设施额外收费）及法律管辖范围外的压力仍限制了闲置房产的数量。

在 21 世纪初期，莫阿比特的城市住宅倾售一空。截至 2015 年，市场上仅有小部分的租用住房为政府所有。这一发展状况影响了许多低收入老年群体。他们已经在该区居住多年，虽收入微薄，但迄今为止都能支付日常生活的花销。

与整个柏林中部地区的情形一样，莫阿比特的租金在过去几年内大幅上涨。其中，2009—2015 年，莫阿比特东南部对新租户的平均租金上涨了 59%，达到了 10 欧元/平方米（Berliner Morgenpost，2016）。而在 2006 年被联邦行政法院撤销的有关改造措施的法律制约办法规定，新改造的房产租金不得超过 4.54 欧元/平方米。对福利接受者和低收入群体来说，无论是在莫阿比特还是整个中心城区，大部分的新租屋价格都超出了其经济承受范围。

受到公有住房私有化的影响，低收入群体的住房条件愈加糟糕。1990—2005 年，柏林出售了近一半的公有住房，存量房屋数量从 50 万套下降至 27 万套。其中，政府于 2004 年将 65700 套社会保障住房售予瑟伯罗斯（Cerberus）和高盛（Goldman Sachs），这是德国单笔最大的公有住房私有化交易（Held，2011）。最近，政府决定取消公有住房的私有化交易，结果虽保证了公有住房数量不再下降，但也未能有所增加。受现代化和城市改造影响的市内租户需要被重新安置，而社会保障住房私有化"伙同"城市住房市场中不断增加的租金压力，使这部分居民不能被城市重新安置。

中产阶级化早期阶段是在城市官方改造框架内进行的，并从 2001 年开始，加入用于安置租户的公共补贴（在市政预算危机导致费用锐减后停止）。在"东柏林"，这样的安排经常会使租户能够被重新安置到附近的社会保障住房中。如今，像莫阿比特等区域，不仅法定框架变得更宽松，就连附近的社会保障住房楼群——汉莎小区（Hansaviertel）和齐乐小区（Zille-Siedlung）都已于 21 世纪初被私有化。因此，城市住房部门官员从此无权插手。而对许多租户来说，当他们自己去寻找新住所时，租金都已超出了他们的支付能力。

所以，这一切对柏林的老年居民，特别是居住在受影响最大的区域的老年人来说，到底意味着什么？而柏林又对此做了怎样的政策上的回应呢？

柏林的老龄化政策

柏林的老龄化政策由该市的卫生和社会事务部（Department of Health and Social Affairs）负责，由它起草《柏林老龄化政策指导方针》，并于2013年正式发布（对2006版进行升级和替换）。指导方针旨在推动并协调市政府各部门活动，以促进全龄化友好型社会的发展。尽管柏林尚未加入世卫组织全龄化友好型城市和社区全球网络（GNAFCC），但其地方政策能够与世卫组织全龄化友好型城市准则对应起来。GNAFCC目前未在德国老年学发展或城市建设的讨论中发挥重要作用，也并未有任何一个德国城市或区域加入该网络。我们只能大致猜测，原因之一可能是无论在地方层面还是国家层面，在城市发展、基础设施建设、可及性、护理、社会参与等方方面面上，政府与行政的职责划分都过于分散。后面我们将对指导方针中与柏林居住条件和社会参与相关的部分内容进行探究。

政策文件：《柏林老龄化政策指导方针》

《柏林老龄化政策指导方针》共17章，包括有关住房、老龄贫困的指导方针。在住房方面，指导方针把柏林未来住房政策的关键任务描述为"调整住房存量，以满足社会适龄住房需求"。然而，对创立新型适龄住房、调整当前住房存量的相关措施来说，指导方针中这样的表述方式未免缺少让政策落地的确定性。市政府希望能够发挥其作用，使老年群体能够在"获取门槛不断降低"的住房内尽可能自主地生活。为此，应该对居住环境质量及其基础设施进行检查。指导方针建议加强宣传现有的房屋改造贷款项目，并参考2011年由城市发展部门（Department of Urban Development）发行的房屋改造技术信息手册，但市政府并未提出要自掏腰包以提供资金支持。在市政住房项目中，无障碍设施的法定数量应在可能的条件下予以增加，但政府并未做任何承诺。对自费进行房屋改造的租户，在搬离住所或过世后，私人房东应免去其恢复房屋初始状态的责任。以上均为"住房"标题下的条目，尽管发现了问题，却只有一些不成体系的解决办法。提出的行动建议大部分是有关他人的，而对老年人自己，只是希望他们能够改造自己的（租来的）家，如有需要可以借钱来做。而在关于老龄贫困的章节中，指导方针声称"城市要使低收入老年群体参与到社会、文化生活中"，但未提出任何具体措施。

指导方针就老年人的出行问题详细地列举出了更多的项目。柏林在努力打造无障碍公共空间及公共交通方面有着悠久历史。许多街道、广场、火车站、公交、有轨电车已基本实现无障碍化，下一步计划已提上日程，相关预算已经完成。柏林获得欧盟委员会2013年度无障碍城市称号（Access City Award）。虽然外围城区呼吁增加交通服务频次，并缩短车站与车站之间的距离，特别是对老年群体的移动出行需求给予关注，但相较之下，柏林的公共交通系统仍是不错的。指导方针并未对移动出行费用作任何说明，尽管居住在柏林的老年群体中，有11%的50~64岁的老年人和5.2%的超过65岁的老年人收入微薄，并低于城市设定的贫困风险收入线，即743欧元/月（Senatsverwaltung für Gesundheit und Soziales Berlin，2013）。今天一只脚已踏入贫困线的50~65岁的老年人很少会期待当自己到了申领养老金的年纪，其收入水平会有所改善。而上述两个年龄段之间贫困风险的差距之大，预示着未来柏林老年贫困人口数量将会增加。

从市政府各部门、柏林12个区以及城市老年人咨询委员会抽调代表，组成了一个工作小组，负责对指导方针的实施情况进行监督。咨询委员会是由各区委员会代表和市议会代表组成的。咨询委员会成员还参与指导方针的编写，并向相关部门筹措资金，以支持指导方针的制定工作。咨询委员会从城市层面代表了老年群体的利益，与此同时，12个区也从区的层面通过选举老年居民委员会代表发挥着类似的作用。市内60岁及以上居民，无论国籍，均可参与投票。然而，虽然参与老年居民委员会代表选举能够保证一定程度上的城市政治参与度，但老年人的角色仍是以意见征集对象为主，且参与方式属咨询性质，并没有实质性权利。

多代居代理网（Netzwerkagentur Generationenwohnen）是一个全市老年群体住房项目咨询机构，向对联合居住项目，包括分租公寓、共同居住、多代居住等形式感兴趣的个体或团体提出建议。⑤对需要长期居家护理服务的老年群体，全市33家护理协调中心为其提供关于家装改造、共同居住等方面的针对性建议。⑥一些护理协调中心积极地参与当地全龄化友好型城市建设，如为需要护理的人群联系各项服务提供者。没有相关条款说明老年人是否能够或如何参与护理协调中心各项任务、工作的制定。在某几个区设立了专家中心为老年人提供住房改造的建议。

米特区区域行动理念

除了一般性的老龄化政策指导方针，多数区都制定了自己的准则和理念。2006年，米特区发布了第一个老龄化政策；并于2014年批准了一份新的政策文件《在米特区共同养老》（Gemeinsam Älterwerden in Mitte），其中包含了住房领域政策（BA Mitte，2014）。纵然在米特区内约有3万人生活在相对富足的区域，但莫阿比特并不算繁荣。约有7.6万人居住在莫阿比特，其中近1/3的居民依靠着国家福利生活，均被划为贫困人口（BA Mitte，2013）。莫阿比特中65岁及以上居民约有1万人，其中近1/4有移民背景[7]；按收入评估结果，其中有11%的人接受最低养老金（每月约400欧元，外加房租）。

上文中提到的政策文件清晰地介绍了米特区的行动理念，开篇就指出该区在提供相关支持的能力上存在一定的欠缺，这是因为，"人口结构变化"及"地方委员会法定权力受限"的双重问题，导致了财政资金缩水。必须逐渐从项目拨款中为必要项目提供资金支持。这些都是行动理念中行动建议的一部分。当地各参与方，包括老年居民委员会，以及来自社区中心、慈善机构、志愿者组织的专业人员和其他服务人员，都加入进来。文件中专门有一章是"与目标团体开展合作"。地方部门除了牵头对老年居民展开调查，还对其进行社区走访，并从中听取老年人指出的问题，作为制定未来行动的参考信息。这些活动都是与当地团体，如莫阿比特老龄化圆桌会议（Round Table on Ageing in Moabit）等共同合作的。区政府承诺支持本区老年居民团体的工作，特别是与具有移民背景的老年群体相关的工作，但具体采取哪种机制仍未确定（BA Mitte，2014）。

因为对社会参与的重视，该行动理念强调，要从文化间性（inter-culturality）的角度来关注本区老龄人口异质性，并重视解决隔离和贫困问题。建议保证居民能够承担得起享受图书馆、艺术、文化的支出。通过引用多个老年居民调查的结果，指出人们对社会服务中心有着巨大需求，能够在此组织活动，建立并保持社交关系。然而现实情况是，近些年，米特区几乎所有的市政社会活动中心都接连关闭了，而有些还遭到了使用者的强烈抗议。在另一个区，老年使用者采取了直接行动，并阻止了关闭日间护理中心和将房产出售的计划。在日间护理中心关闭的几天前,在获得当地的大量支持后,使用者们做出了惊人举动——他们占领了整栋建筑,并在其中居住了112天,而关于他们的报道可谓是铺天盖地。最终,他们达成了目的(http://stillestrasse.de/,于2016年5月30日访问)。2013年,使用者在米特区舒尔大街(Schulstrasse)的老年社会中心组织了游行示威活动,反对其关停,遗憾的是,他们并未取得胜利。莫阿比特的社会活动中心也已经关停。

多个部门都表明已增加对无障碍性及出行能力问题的重视程度。米特区逐渐意识到,当前城区内还存在许多障碍物,且移动出行辅助服务不到位,民众,特别是最需要相关服务的居民,对城市已有的支持及建议服务也缺乏了解。文件中就上述问题的改善列举了多项建议措施,但未作出配套的具体计划,且资源也不够完备。不过,该区确实在多个组织中为当地服务网络的发展提供了支持。

经济适用房是一项确定的目标,以满足老年群体及患有功能性障碍人士的需求。同为确定目标的还有开展并持续提供本地服务,建设并养护基础设施,打造并保护可持续的居住环境。然而,通过引用前文提到的城市老龄化政策指导方针,米特区的政策文件强调,无法为各项行动提供所需的财政资金。文件还对本区内快速上涨的房租进行了批判性分析,因为这种现象与本区"重新打造一个社会、民族异质的多代共生的人口结构"的目标相矛盾(BA Mitte,2014)。

这些政策声明基本上只是一把无用的钝剑。2008年,莫阿比特一栋低收入退休人员居住的住宅楼被出售给一家国际房产公司,其中共有62套改造公寓,售出后,买家计划重新装修,并大幅度提高租金。但态度坚决的租户们(年龄在70岁至90多岁)担心自己无法继续承担住在这里的费用,对此提出了抗议,并吸引了各大媒体的关注,甚至连时任司法部部长的海科·马斯(Heiko Maas)都参与到与当地居民的讨论中。但这个问题本身仍然未得到解决。

本质上,米特区的行动理念相当于对该区老年群体的问题与需求进行了确切的描述,并反映出该区明显地有意识去探索"一座全龄化友好型城市究竟是怎样的"这一问题,并就问题局部提出了清晰的看法。但是,与组织网络和协调相关的具体措施则完全地被限制住了,虽有政治上的好意,但却缺少资金上的支持。老年群体的社会参与方面确有可取之处,但除了老年居民委员会这种组织机构,老年人的社会参与更像是一种随意或随机的行为,并且也需要项目资金的支持。因此，基于以上种种因素，老年移民者和（或）老年贫困者中较大一部分人，以及身体机能及移动出行能力受限的群体，基本上都处于被排斥的处境。

在下一部分，我们将看到两个居民区中老年群体的日常生活情况。在自己身体日渐衰弱，而经济收入又跟不上房租上涨的步伐的情况下，当目睹自己的居民区不断发生变化时，他们会做何感想？

应对莫阿比特的护理需求与低收入问题

这一部分将展示几项针对居民区进行的研究，并探究空间与社会基础设施同老年群体社会、经济及文化资源之间的交互关系。研究从向有护理需求的群体提供的支持，以及自主生活的潜能与障碍出发。[⑧]研究人员分别对莫阿比特、"民主德国时期"[⑨]位于柏林东郊的马尔察（Marzahn）以及位于勃兰登堡（Brandenburg）的一个小乡镇进行了定性的案例分析。

在莫阿比特，研究小组对 24 位老年人就其护理问题进行了结构化访谈，其中 7 位具有移民背景。访谈对象中，有 14 位高度依赖护理支持，而剩余 10 位则需要每周不少于 5 次的外界帮助。[⑩]研究的核心问题是，在社会空间同个体资源的交互作用的影响下，弱势老年群体是否或如何能够获得帮助并自主生活。研究团队还采访了来自当地各机构的专业人士和志愿者，包括护理服务机构、老年居民委员会、教堂和清真寺，以探究其如何评估老年人的生活境况，如何评估自身服务的内容与覆盖范围。

研究发现，尽管需要护理支持，但根据环境的具体情况，人们会采用不同的策略与资源，来维持自主生活状态。这三个核心要素分别是保持出行能力（尽管可能有行走功能障碍）、持续参与社会生活以及获取信息与支持。

出行能力

研究表明，许多有护理需求的老年人都希望尽可能地保持出行能力，如自主购物、维系社交关系等。而出行能力受限会威胁到其自主生活能力与身心健康，导致与他人隔绝，并带来孤独感。能否独立、自由地出行，是由空间、科技环境的各项条件决定的。莫阿比特的主要问题在于，建于 1914 年以前的住宅楼未配备电梯，人行道路面不平整，公共空间存在障碍物，以及乘坐公共交通工具时老年人会感觉上下车困难。受访者中很少有人了解出行服务，也就是那些能够时常陪伴老年人出行且仅收取少量月薪的相关服务。这些例子再次强调了出行能力受限不是个体身心缺陷问题，但却成了无法与空间及社会环境交互的障碍（Oliver, 1996; Putnam, 2002）。

社会参与

社会参与对绝大多数有护理需求的受访者来说都非常重要。只有那些病重到基本上只能卧床生活的老年人，才会对紧邻环境外的社会生活不那么感兴趣。直到2009年，莫阿比特社区中心才将老年群体确定为地方目标群体。仅有为数不多的社会文化服务极大地依靠志愿者、按单次活动收费的员工以及通过提供就业的方式在维持。而这样的模式无法向受众保证其活动的持续性，但这对弱势、孤立的老年人是尤其重要的。以下两个例子或许能够就这一点给予阐释。

第一个例子，在莫阿比特中心区域的一所教堂内，牧师多年来坚持在下午向老年人免费开放各种活动，如读书会及讨论等。在采访中，他表示这些活动已经越来越难以维持了，这是因为当地其他服务的缺失，导致越来越多的老年人带着忧虑和问题来到教堂，而这些问题常常是他和他的教堂所无法解决的，包括痴呆症等疾病。这些服务往往对老年女性更有吸引力，而对于研究中的老年男性来说，他们更怀念的是酒吧。在从前这里还是工人阶级聚集地的时候，几乎在每个街角都能找到酒吧。与房租上涨、被迫迁居一样，由中产阶级化带来的文化变革，也极大地扰乱了个人的生活方式。一位男士告诉我们，现在唯一能坐下来和朋友一起喝杯啤酒的地方只剩下超市门外的长椅了。调查采访发现，这里不仅服务数量少，而且仅有的服务也无法适应不同弱势老年群体的需要（如低收入老年群体、独居老年群体、土耳其裔或阿拉伯裔老年移民群体等）。与此同时，他们也很少留意那些出行能力不佳的老年人，以及有护理需求的老年人。只有那些有办法、有能力到场的人才有机会参与。

第二个例子，在莫阿比特，护理人员与咨询、社会、文化领域的工作人员之间缺乏合作，且过度依赖双方专家之间的沟通，这也进一步加剧了对协作与机会的忽视。而就在一些咨询与社会活动组织者对老年人因身体限制无法继续参与活动表示遗憾的同时，护理人员深深知道，许多有护理需求的老年人都存在着与人隔绝且倍感孤独的重大问题。但在多数情况下，双方都不会想到需要采取一些措施,即便想到了,也没有权力或是资源去实施这些办法。弱势老年群体既缺乏知识,也没有钱,只会发现其越来越难以克服这些组织或体系中的不足。

关系网与信息交换:社区的价值

研究小组还对马尔察进行了调查,马尔察位于柏林东部,拥有大面积"民主德国时期"的高层住宅。马尔察-海勒斯多夫区(Marzahn-Hellersdorf)在处理一些问题时,与米特区是有所区别的。比如,出于"民主德国时期"的传统,该区避免关停区内的社会活动中心,而这些活动中心是当地一家非常活跃的老年居民委员会能否存活的关键。这样无疑是维护了老年公民的权利,并将其需求告知社会。另一点是有关大型住房协会的。直到2010年前后,住房协会仍面临空房过多的问题,在城市改造后,该区的形象也大不如前。为应对这些问题,他们开始支持社区活动,并为其提供场所,甚至有时也派人员帮忙。区政府通过专职护理协调中心,积极参与改善、联结各项服务。与莫阿比特对比鲜明的是,在这里,老年人参与社会生活的机会都有良好的关系网予以支持,也就意味着,特别是对弱势老年群休来说,他们能够更好地获取信息,且更方便地获得支持服务和社会参与机会。当参与方知道其他人在组织什么活动后,就能够轻松地为居民提供这些活动机会的信息,并鼓励他们参与其中。经常与他人交谈的老年人能获得更多有用的信息。在对比柏林这两个区的情况后,我们可以看到,即便是在严格的法定框架下,地方政府实际上也拥有一定的自由发挥的空间。因此,应该更好地利用并改善已有的政治、组织环境。

获取帮助和护理的方式

一些需要被帮助和护理的人,由于其经济资源有限,很少有机会能够购买所需的支持性服务。在护理保险服务和福利国家制度以外,他们能依靠的就是社交关系网和邻里社区。在调查中,我们能明显感觉到,文化水平有限且(或)有严重语言障碍的这部分人群,更大程度地从非正式关系网中,如亲戚和邻居,而不是通过正式的护理咨询服务获得有关申领护理保险的信息。事实上,在莫阿比特接受采访的许多老年人对任何事情所掌握的资源都很有限。而他们只有经历了一些紧急事件,如住院后,才会了解到自己所能享有的服务有哪些。那些被护理者至少能够维护自己护理相关的权益。在莫阿比特，附近能让居民寻求帮助的低门槛机构很少。其中有一家面向土耳其女性的咨询中心，能够展现出这种长期服务的存在至少能帮助目标群体获取其所需信息。但这家咨询中心能运转的原因在于，为应对不断增长的需求，工作人员逐步掌握了有关护理问题的基本信息，因此能够为客户提供合理的参考。然而，正如前文所述，为了能够这样做，他们必须与本地的其他机构建立良好的关系网，并了解其所提供的服务。但就在此项研究正进行的时候（2009年），莫阿比特并没有人组织这样的关系网。在研究期间，研究小组曾在当地的一次会议中，将研究发现展示并分享给受访对象，竟由此推动了一些机构和活动家之间的非正式合作，并有了后来的莫阿比特老龄化圆桌会议。而这个组织一直活跃到今天，并成为我们接下来将介绍的研究项目的重要合作伙伴。

城区自主生活与社会参与

2015—2016年，老年学研究协会（Institut für Gerontologische Forschung）在莫阿比特开展了城区自主生活和参与（Self-Determined Living and Participation in the Quarter，SWuTiQ）项目。[11]该项目的目标是打造一个本地的概念性活动，推动有外部支持或护理需求的弱势老年群体（60岁及以上）独立生活，并积极参与社会活动。项目在该地区的三个主要合作伙伴是莫阿比特区社会事务部、社区中心以及一家面向有护理需求的群体及其家人的自助咨询中心。同时，这三个组织也是莫阿比特老龄化圆桌会议的成员，也因此能够辅助研究小组接触目标群体。研究团队同合作伙伴、其他参与方、当地关系网以及研究区域的老年群体一起，识别出了当地存在的问题及发展潜力，并共同寻找加强其自主生活与社会参与的出发点。

研究为解释性的定性研究，共分三个阶段进行。第一阶段，开展全面的社会、地理分析和大量的前期讨论，并与专家进行结构化访谈与研讨会。第二阶段，采访德裔、土耳其裔老年人并与其展开讨论。[12]第三阶段，整合前两阶段的研究结果，并与各参与方及当地老年群体以研讨会的框架模式进行交流讨论。

留在本地

莫阿比特的一个核心问题是高涨的房租与大量的住房需求并存。这会使得尽管房屋在重装后变得空间过大、价格太高或不适合自身需求，有些老年人却仍选择留在这样的"新家"中，因为搬到本地面积小一点、租金低一点的无障碍公寓中，要么是没机会，要么也很贵。有研究显示，老年人在搬迁后重建邻里关系和社交网络的速度很慢。特别是对社会弱势老年群体来说，他们正是通过邻里的帮助，改善了自身低收入、出行能力受限以及需要外界支持等负面状况，因此他们十分害怕被迫搬迁，并进而丧失有价值的非正式社交关系网（Wolter，2013）。土耳其裔老年移民者经常无法流利地使用德语，因此，住在与其文化、语言背景相近的社区是其维持日常生活的基本前提。特别是在与政府机构打交道时，如申领福利或其他服务，许多老年人都要依靠德语讲得更好的土耳其裔邻居。

为此，我们与城市发展部门的代表讨论了该区打造全龄化友好的生活条件的可能性。我们能明显看到，该区行政部门认为仅仅与住房部门交流都是很困难的。国际房产资本和私人房主在此地购买了越来越多的住房，而他们对多方联合并改善当地环境却并没有多大兴趣。正如一位专业人士所说：

"我们可以提出好的概念性项目并着手计划。我们有想法，但是谁来贯彻执行呢？这些项目是长期可行的吗？房产所有者是否期待从中获取更多的利润回报？所以，这是行不通的。我认为，如果想要在我们这里看到一些成效，那一定需要高层对发展体系做一定的调整。"（采访 Herr Linden，柏林市米特区区政府）

房产市场的发展，以及公共服务私有化，会影响当地通过多样化方式向需要帮助的老年群体提供支持。同柏林其他地方近些年的情况一样，这里的公共设施，如庇护住房（sheltered housing）和社会活动中心，都已经被关停或被私有化，"政府已经从老年公民的服务中撤出来了。已经没有公有设施了，全都私有化了。为老年群体提供服务，已经不再是当地政府部门的责任了"（采访 Herr Linden，柏林市米特区区政府）。该地区一家护理中心向有移民背景的老年群体提供精准服务，但由于商铺租金上涨，这家护理中心正计划将其办公场地搬到郊区地段。

对于那些社会弱势老年群体来说，尽管由于健康问题出行受到限制，但经常由于邻里的帮助，而得以继续在家中应对生活中的每日大小事宜。但由于没有足够的经济收入负担超市和餐厅的外送服务，我们的采访对象依靠的是他们的邻居们。"我的手没办法干活儿了，因此我的邻居们来帮助我，并为我做饭"（女性，土耳其裔）。有时，帮助也是相互的，比如以受助者会帮忙照看邻居的孩子作为回报。

但我们也听到了一些在接受邻居帮忙时所产生的矛盾情绪，以及由这种依靠行为产生的不满情绪：

"我楼下的邻居会时不时上来看看我怎么样，或者陪我去银行或去购物，有时我对此感到厌烦，但他在帮你，你能说什么呢？什么都不能说。"（女性，德裔）

社会融入的可能性与限制条件

莫阿比特还是一个有着活跃的参与文化和多样化的自助组织的地方。公民行动倡议不断发展，居民改善自己的社区环境，抵制中产阶级化和迁居。行动倡议则为50岁以上的群体和那些家人需要护理的群体提供支持与服务。莫阿比特有两个社区管理区域，旨在加强当地社区及社会组织的力量。社区管理部门发起项目并对其进行管理，重点支持社会的弱势居民，并调和各群体间的矛盾。社区管理系统包括发展委员会和拨款委员会。选举出的本地居民会参与到两个委员会中，在本地项目的规划发展和公共资金的使用方面发挥影响力。

在本次研究项目中，让我们尤其感兴趣的是，高龄老人或有护理需求的老年人以及土耳其裔老年居民是否参与以及在多大程度上参与了其所在地区的发展进程？而他们又是如何在现有组织框架下维护自身权益的呢？在与公民行动倡议和社区管理人员进行讨论、访谈后，我们更加清晰地看到，老年群体，无论有没有移民背景，都会充分利用机会进行社会参与，特别是年龄在55～70岁的所谓的"青年老人"，包括在这个年龄段的很大一部分土耳其裔老年人，会一同组织社区活动及自助活动。

然而，在我们的调查中尚未发现高龄老人或有护理需求的老年人参与社会活动的例子。一位专家证实，出行能力是社会参与的关键性前提条件："我认为，只要这部分人群能移动，能出行，那他们就可以很好地参与社会生活。"但只要出行受到了限制，参与社会生活就变得非常困难，甚至完全无望。出行受限不单单影响了参与决策制定的机会，也限制了全部的社会参与活动。即便没有出行问题，在当地人看来，老年群体实现社会参与的可能性与机会也不多，而究其根本，还是参与活动的先决条件不满足——"因为养老金很少，他们中的很多人只是单纯地付不起活动及出行费用。另外，语言障碍也是一个因素"（社工）。

庇护住房私有化，将公有社会活动中心交由志愿部门组织管理，这些情况使得该区在积极推动那些有支持需要的老年群体参与社会活动的时候，缺少场地、工作人员以及具体的对口负责人。在某种程度上，现在的相关服务是由教堂和清真寺提供的，但出于伊斯兰人的传统观念，这样的安排也在土耳其裔老年群体中造成了一些摩擦。非正式组织及聚会场所慢慢出现，这很可能是对失去社会活动中心作出的响应。比如，土耳其裔女性"霸占了"社区街道的公共长椅，将其作为定期喝咖啡会面的场地。但由于长椅只能在天气好的时候才能使用，因此，她们向社区管理部门申请为长椅加上顶棚。

在项目接近尾声时，团队成员召开了一个研讨会，将研究结果同土耳其裔及德裔弱势老年群体、专家和其他参与方分享、讨论。与此同时，团队也与当地参与方展开合作，并一同摸索参与型问题解决研讨会的使用方法。在研讨会中，当地老年群体同各方参与者一起，就地区发展问题进行讨论。在混合组中，德裔老年人和土耳其裔老年人，无论有无护理需求，都与专家们一起讨论有关联合住房安排、社会参与、信息获取等问题。对于老年人自己来说，统领一切的目标就是能继续住在自己的家中。与会者还希望能够设立自管社会活动中心，为大家聚餐提供场所；另外，也希望有指导顾问，提供有关地方支持与活动机会的信息。有关项目构想的讨论在工作组中正继续进行。自主性与独立性是至高无上的，即便是对有护理需求的人群来说，也依旧非常重要。能够继续住在自己熟悉的区域，住在自己的家中，是一个重要目标，并贯穿在日常生活的每一天。而这一点就目前看来，被城市发展进程严重破坏了。

总结

几十年以来，柏林的内城区，即莫阿比特所属地区，经历了城市中产阶级化进程，目睹了经济条件不佳的群体被迫迁居，而其中老年居民，尤其是社会弱势老年群体都受到了影响。学者针对迁居的过程对老年群体影响的调查并不充分。特别是考虑到中产阶级化进程对老年群体自主性、健康状况、社会参与及日常生活的影响，有必要展开进一步的研究。但尚不了解老年群体离开本地区后搬去了哪里，也不清楚迁居进程对城市的其他部分，特别是郊区地带，有着怎样的影响。

尽管市级、区级政策文件中都提出了影响资源有限的老年群体的诸多问题，也显示了政府部门等已在一定程度上意识到了城市变革给老年群体带来的不良后果，但是几乎没有证据表明，相关部门有计划对此采取严格的措施和解决办法。世卫组织的全龄化友好型城市行动倡议并未直接体现在该地区的政策中，也就并未对柏林起到明显的作用。地方各方力量都参与问题解决和识别中，并且其行动的意愿往往是好的。各参与方之间的关系网都支持老龄社会的零星的进步，特别是在服务信息共享的问题上。参与地方问题解决的各方之间展开了跨学科合作，进行了紧密的协调，增强了协同效果，并把社区发展放置在更宽广的基础上。

然而，地方预算和政治权力的种种限制都意味着地方政府只能采取局部、分散的方式、办法来提升弱势老年群体的社会地位。国际资本与房产市场资金充裕、实力雄厚，且其影响力也渗透到了地方一级，而它们的利益迄今为止基本没有受到市级政府的挑战，甚至长期以来政府都是持鼓励态度。这样一个不容忽视的对手被留给了公民团体。目前，各方的压力导致国家层面（限制房租涨幅）和城市层面（限制假日出租和单间公寓出售）推出了某些温和的限制措施。然而，这些是远远不够的。因为，房租上涨的速度即便是在被限制后，还可能会超过收入增长的速度。取而代之的，应该是防止将住房当作商品进行投机买卖。更严格的规范能够保证新建或翻新项目为社会提供更多的全龄化友好型住房，而这样的住房由于数量少因此价格通常十分高昂。

老年人希望在其所住地区看到的，并认为会让社区全龄化友好水平提升的几个方面，主要包括：平价的、无障碍进出的住所、商店和附近的诊所（医护服务）；社会活动中心和参与社会生活的机会；无障碍进出的、安全的公共空间。满足这些要求的地区，不仅全龄化友好，同时也为所有资源有限且（或）自身有诸多限制因素的群体能更轻松地应对每天的生活提供帮助。因此，目标不应该只是全龄化友好，而应该是打造一个综合型社区，在这里，没有人被忽视，且所有人都能获得有保障的生活条件，包括那些社会弱势群体。在此基础之上，让有护理需求的群体，特别是其中收入较低的群体能够自主生活，并积极参加社会活动，这代表了更进一步的挑战。而这就意味着，为塑造良好的居住环境，就要推动老年人，包括有受助和护理需求的人群，提高社会参与度和社会融入度。其中重要的先决条件包括：无障碍通行的公共空间，可使用的聚会场所，以及低门槛参与的组织及活动。此外，与仅仅提供服务相反，各参与方、政治家、行政部门等都希望老龄、衰弱、处于弱势地位的公民能积极地参与社会进程，这是加强社会包容性的重要基础。

推动地方一体化发展的关键性举措包括：跨领域合作，特别是城市发展与社会事务部门之间；为地方发展提供预算支持；居民参与。对那些容易被忽视的居民，包括社会弱势、高龄、有护理需求的群体，以及儿童和年轻人，应对其给予特别的鼓励，并鼓励其参与地区发展进程当中。然而最终，地方一体化发展只有在获得了全市层面政治、财政支持后才能取得长久的成功。指导方针也是一样，除需要切实的规划，概括出具体措施及执行期限外，更加需要资金支持和明确的责任分工。如果仅仅将问题和意图描述出来，并不能带来真正的改变。

注释

①年龄的问题，特别是在中产阶级化进程中老年居民的居所与角色的问题至今为止基本上都被忽视了。例如，《中产阶级化读本》（The Gentrification Reader）的索引中，有关"老年居民"的词条屈指可数（Lees 等，2010），但相比之下，关于阶层、性别、民族和性取向的清单数量庞大。尽管老年居民在中产阶级化进程中的主观体验已得到很多研究人员的关注（如 Petrovic，2007），但它们在中产阶级化进程中起到的结构性作用基本上未被提及（除了简短提到过一个迁居的群体）。

②若无其他说明，人口数据均按年龄分组取自 1992 年和 2012 年的柏林人口登记的小区域（LOR）数据（Amt für Statistik Berlin – Brandenburg, Einwohnerregisterstatistik，1992，2012）。

③此模型并未考虑搬离或入住城市的人口数量，也未考虑预期寿命内地理分布的差异。此处所指的迁居是净累计。

④译注——buy–to–let 是一种英国特色，指买房后不用于自住而用于出租的

房产投资形式。20世纪90年代，英国还为此推出了购房出租贷款（buy – to – let mortgage）。由此衍生的投资方式还有buy – to – leave，即买房空置，坐等房价上涨后卖出赚差价。

⑤更多信息请见Stattbau and Senatsverwaltung für Stadtentwicklung Berlin (2015)。

⑥护理协调中心的责任是，向需要长期护理的人群及其家属提出有关如何进行居家护理的建议，同时需要为服务的开发提供支持，包括改善后续的合作。这类工作真实推行的程度因地而异。这些组织由柏林市政府及法定医疗与护理承保人出资运营。

⑦"移民背景"的概念在德国广泛使用，其广义的定义为父母当中至少有一方是在德国以外其他国家出生的人。

⑧社区项目作为柏林研究团队就"多重疾病老年患者自主性"研究的一部分，在2008年至2011年由联邦教育与研究部（Federal Ministry of Education and Research）出资进行。由Institut für Gerontologische Forschung e. V. 和Wissenschaftszentrum für Sozialforschung 联合开展。

⑨译注——民主德国（英文缩写GDR），全称"德意志民主共和国"，俗称"东德"，指1949年10月至1990年10月存在于欧洲中部的社会主义国家，首都为柏林东部地区，即历史上的"东柏林"。

⑩关于莫阿比特研究的详细叙述，请见福克等人（Falk 等，2011）的研究。整个项目在昆普和豪辛格（Kümpers 和 Heusinger，2012）的研究中有完整叙述。

⑪SWuTiQ由全国法定医疗保险基金协会（GKV – Spitzenverband）出资，作为发展新型生活模型的一个试点项目。

⑫有些采访是街头采访（Carpiano，2009；Evans 和 Jones，2011）。

第 6 章
布鲁塞尔：走"积极关怀型社区"之路

安苏菲·斯迈特科伦

利斯贝特·德·唐德

达恩·迪庞

尼科·德·威特

奥利维娅·范梅切伦

多米尼克·韦尔特

引言

从环境老年学的理论中，我们能够了解到，改善老年群体的生活环境，对减轻残疾，最大限度上降低自主能力随年龄增长而衰退的现象，有着积极的作用（Wahl 和 Oswald，2010）。那些生活在城市环境中衰弱的（frail）[1] 老年人经常能体验到社会排斥，也就是凯丽·穆尔（Kelley - Moore）及同事所讲的"擦除"（见第 4 章）。这是一种社会排斥的极端形式，而衰弱的老年群体在城市中依旧是"透明人"。因此，发展城市社区，使其有更多机会维护并提升弱势及被排斥老年群体的生活质量，成为社会政策中更为紧要的事情。

以此为背景，本章主要解决以下问题：全龄化友好型城市环境如何能支持衰弱老年群体居家养老？为了回答这一问题，本章介绍了"积极关怀型社区"（active caring community）项目。这是位于比利时布鲁塞尔两个贫困社区的"关怀生活实验室"（care living lab），旨在为衰弱老年居民的居家养老提供支持。"关怀生活实验室"，顾名思义，就是打造一个实验环境，用以测试新技术、新服务、新产品。这种实验室受生活的启发，认识到在真实生活环境中，终端用户及利益相关各方均参与某一创新产物的开发、测试和评估过程。然而，要在城市贫困社区的复杂条件下，特别是在社会经济加速发展的条件下，才能进一步评估该方法的价值。

本章分为四部分。第一部分介绍了位于布鲁塞尔首都大区的布鲁塞尔市的人口结构及社会背景；第二部分描述了应用于在该市两个相邻贫困社区的

"关怀生活实验室"的概念；第三部分展示了定性研究的结果，强调了全龄化友好型社会环境是如何支持积极老龄化和居家养老的；最后对当地环境和机会进行批判性反思，并讨论其对抵消生活在城市贫困社区的老年人的衰弱情况起到了关键性作用。

关于布鲁塞尔的事实与数据

比利时的首都兼欧盟总部所在地布鲁塞尔复杂的政治体系

比利时是一个联邦国家，下分为三大区：弗拉芒大区（Flemish Region），瓦隆大区（Wallon Region）和布鲁塞尔首都大区（Brussels – Capital Region）。弗拉芒大区是荷兰语区，居民为弗兰德斯人（Flanders），该区的人口最为稠密，常住人口为641.07万；老龄人口最多，65岁及以上老龄人口占比19.1%。瓦隆大区位于南部，属法语区，其总人口为357.63万，其中17.3%为65岁及以上老龄人口。第三个大区，布鲁塞尔首都大区是本章重点的讨论对象，被称为最年轻的区，总人口为116.35万，其中13.3%为65岁及以上老龄人口（见图6.1）。该区有着相对年轻的年龄结构，这也将成为未来一段时间内的常态结构。在2000年，布鲁塞尔首都大区人口的平均年龄为39.1岁，并在2014年下降至37.4岁。

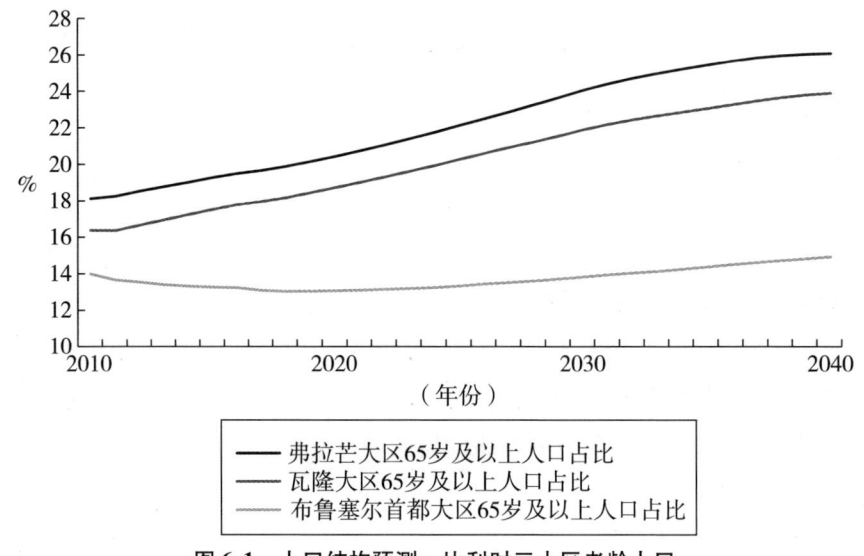

图6.1 人口结构预测：比利时三大区老龄人口

资料来源：FPBS（2016）。

该区老龄人口占比低是由于年轻人口比重相对较大。根据赫米亚（Hermia, 2015）的研究，一方面，城市郊区化进程造成了中年群体离开布鲁塞尔；另一方面，受到国际移民（以年轻人群为主）的影响，布鲁塞尔的出生率也不断上升。尽管相对数量显示，对布鲁塞尔来说，人口老龄化并不是一个问题，但绝对数量已清晰地表明，老龄人口在增长：2015年老龄人口为20.7259万，到2030年这一数字将上升至27.6529万，也就是15年时间里增长了25%（FPBS, 2016）。此外，老龄人口中80岁及以上人口占比1/3，布鲁塞尔也因此成为该年龄群在全国占比最高的地方。众所周知，比利时的政治结构复杂且不稳定。每一个大区、每一个文化区（分别代表比利时三种官方语言：法语、弗拉芒语②和德语）都有各自的政府，外加一个联邦政府（Deschouwer, 2012）。三大区能够在各自地理范围内的许多政策领域行使权力，如就业、住房、交通、城市规划等。三个文化区在与人相关的领域能够行使权力，如教育、文化、语言、福利等。联邦政府的权力范围很有限，但也十分重要，主要是在公共利益上行使权力，如司法、国防、社会保障等（Deschouwer, 2012）。在某些领域，如医疗保健，由联邦政府与地方文化区共同组织，造成了高度的权力分化（Eeckloo等，2011）。如此复杂的政治结构，在布鲁塞尔则更为明显。布鲁塞尔是一个官方双语区，也就是说，弗拉芒语和法语文化区都对此有管辖权。除此之外，布鲁塞尔首都大区又分成19个地方自治体，而每一个自治体都由各自的政府来处理地方层面的事务（Deschouwer, 2012）。总而言之，布鲁塞尔的政治权力被多个层级的多个政府及政府组织所分割，包括联邦政府、大区政府（如布鲁塞尔议会）、文化区或由语言决定的文化、政治组织以及地方政府组织（Delwit 和 Deschouwer, 2009）。

除了复杂的政治结构，布鲁塞尔首都大区中还存在一股额外的力量——欧盟，这使布鲁塞尔成为欧盟的政治首都。欧盟的总部设于布鲁塞尔，所有重要的政治会议也都在这里举行（Baeten, 2001; Deschouwer, 2012）。欧盟办公场所及各项活动的持续扩张为这座城市及其居民带来了一定的压力。例如，在过去几十年间，城市的国际化程度不断扩大，造成房产价格上升，房租上涨（Bernard, 2008）。而欧洲各办事机构的出现，刺激了房产行业以富有的欧盟官员（如外派专家）为目标对象，在高端社区展开新房产开发，并反过来导致更多的贫困地区加入中产阶级化改造。而这些趋势常常会损害更为弱势的居民的利益，并迫使他们离开自己熟悉的环境（Bernard, 2008）。另外，对移民者来说，布鲁塞尔首都大区从古到今就有着巨大的吸引力。如今，包括布鲁塞尔在内，欧洲的许多城市都面临着一个共同的挑战，那就是到达或即将到达退休年龄的移民人口数量与日俱增（Buffel，2015）。2013年，布鲁塞尔住房与护理专业中心（Vanmechelen等，2014）做过估算，本地65岁及以上人口中有27%为非比利时裔背景；相比之下，在弗拉芒大区，这一比例仅为4%。

布鲁塞尔的社会经济特征

布鲁塞尔首都大区医疗与社会观察年报（2015）描述了布鲁塞尔首都大区居民的弱势社会经济及医疗状况。报告指出，这一大区中贫困人口比重远远高于比利时另外两个大区。举例来说，在布鲁塞尔人口中，38.4%的人口面临贫困或社会排斥的风险，而这一数字远高于其他区域——瓦隆大区为26.3%，弗拉芒大区为15.3%。报告还指出该地区失业率严重上升（18.5%，比利时全国平均值为8.6%）；最低收入水平的居民占比最高；依赖最低收入保障的老龄人口比重不断上升（Brussels - Capital Health and Social Observatory，2015）。另外，2011年最新人口普查数据显示，布鲁塞尔首都大区业主自住住房占比仅有39%，远低于其他两个大区（接近65%）（FPBS，2014）。此外，布鲁塞尔的房产更老旧（有30%的房屋建于1919年以前）。许多住房缺少基本设施，最经常提到的问题有电力供应较差、供暖系统故障、一氧化碳中毒风险高以及房屋潮湿（Van Mieghem，2011）。

尽管这样，布鲁塞尔首都大区仍存在严重的社会分配不平等的问题（Grippa等，2015）。该区内的诸多自治体中，既有比利时人均收入最低的城市（圣若斯-滕-诺德，Sint - Joost - ten - Node：8509欧元），也有基本全部高于比利时平均收入水平的城市（瓦特尔马尔 - 布瓦福尔，Watermaal - Bosvoorde：19191欧元）（FPBS，2013）。而居住在内城区的居民，其社会经济地位尤其不稳定（Grippa等，2015）。

在布鲁塞尔市设立关怀生活实验室的必要性

生活实验室是一个主动结构（active structure），包括整套实验场景，用来测试新技术、新服务、新产品。这类实验室受益于这样一个事实：用户群体代表在其真实生活环境中参与了测试这些创新发展的过程。此前，研究人员进行过三个连续性研究，强调应对布鲁塞尔多样年龄群护理需求的创意项目与行动倡议的必要性。而生活实验室正是基于此研究结果建立起来的。

第一项研究于 2009 年在布鲁塞尔市展开，涉及比利时老龄化研究（Belgian Ageing Studies，BAS）。BAS 是一项量化研究项目，主要监测了 60 岁及以上居家老年人所面临的本地的挑战、机会和生活质量问题。该项目研究结果显示，与弗拉芒大区同龄人相比，布鲁塞尔市老年群体所面对的医疗保健情况更不稳定。相比于弗拉芒大区（6.48 小时/周），布鲁塞尔依赖护理的老年群体享受到的护理服务更少（2.81 小时/周）。虽然研究结果显示了布鲁塞尔老年群体所面临的诸多限制，但也同时指出了生活在该市所获得的机会，比如，老年人依赖并融入街区的程度要显著高于弗拉芒大区的平均水平（De Donder 等，2012）。

第二项研究涉及一项大型定性研究——布鲁塞尔护理需求：不同的视角（2012），该项目由布鲁塞尔住房与护理专业中心（Kenniscentrum Woonzorg Brussel）共同开展，并与 BAS 研究团队紧密合作。共有 32 个焦点小组、近 300 名相关人士（老年人、决策者、非正式护理人员以及服务人员等）参加此次研究。研究介绍了布鲁塞尔的住房与护理组织的优势与弱势。研究发现，社区服务在老年人意外防范（如摔倒）与社会活跃方面扮演着重要的角色。另外，非正式护理人员认为没有从正式护理人员那里得到充分的支持。布鲁塞尔的护理服务比较分散，且较高的费用成为许多使用者的负担（Vanmechelen 等，2012）。

第三项研究是布鲁塞尔程序研究（Programming Study of Brussel）。这个研究项目由布鲁塞尔内部的三个政府合力开展，旨在建立相关体系，让老年人能够尽可能地继续住在自己家中。研究对当前政策进行了评估，并基于当前各项差异和需求提出了一系列政策建议。研究关注了与老年人护理服务相关的多项问题。例如，有证据表明，在老龄人口获得护理服务方面存在不断加剧的不平等情况。这要归结于布鲁塞尔复杂的政治体系。而在这样的政治体系下，护理组织的责任被切分成多个部门，每个部门所提供的服务不同，那么价格、规则也都不同（例如，相较于法语文化区，弗拉芒语文化区的护理服务通常更贵）。而护理服务地理分布不均加剧了这种不平等。例如，有些地区拥有丰富的家庭护理服务，有些地区却短缺。另一个问题就是有着不同少数族裔背景的老年群体人口增加，而这部分群体往往缺少获取护理服务的途径（De Donder 等，2012）。

上述三个研究都提到了建立创新型生活实验室，解决布鲁塞尔老年群体所面临的困难（如经济条件脆弱，护理服务短缺）。与此同时，城市的有利条件（如社区凝聚力强大）说明了为老年人提供可靠、适合的护理服务的可能性。在这些研究及观察结果的基础上，积极关怀型的社区生活实验室应运而生。③

"积极关怀型社区"

弗拉芒语文化区的生活实验室

2013年9月，弗拉芒政府为一个名为"关怀生活实验室"的创意项目对外招标，以应对未来护理方面的挑战，诸如需求增大、人员短缺、预算限制等。建立实验室的主要目标是打造新的护理概念、服务、流程及产品，并在实践中对其进行测试。其中一个基本要求是将终端用户和各相关人员均纳入护理创意成果的开发、测试及评估中，需要与不同类型的护理、医疗人员建立广泛合作伙伴关系。

生活实验室指用于测试产品、服务和社会基础设施的真实的日常环境。生活实验室邀请了大量使用者，让他们在家中或工作中正常进行日常活动时，尝试并测试指定产品或服务。这使研究者能够从使用者处收集直接的反馈，并在自然环境下开展系统观察、监测与分析。通过这种方式，能评估一个好的想法或理念能否转化为成功的产品或服务（Bergvall – Kareborn 和 Stahlbrost，2009）。生活实验室的一个核心特征就是终端使用者（此处指老年群体）的密切参与。

"积极关怀型社区"是弗拉芒政府行动倡议的一部分，共有六个生活实验室，均由政府出资建立。每个实验室都包含若干单个项目，主题包括居家养老、老年人线上交流、有复杂护理需求的老年人的生活质量、护理的移动性以及社区护理。六个实验室各自持续运行三年。其中一个生活实验室设立在布鲁塞尔——"积极关怀型社区"项目（www.zorgproeftuinen.be/en）。

布鲁塞尔"积极关怀型社区"生活实验室

为开展"积极关怀型社区"项目，该实验室选出了布鲁塞尔的两个弱势街区④。第一个是亚赫特（Jacht），位于自治体埃特尔贝克市（Etterbeek），是布鲁塞尔首都大区一个中型城市，常住人口为46228人，位于布鲁塞尔市东南方向，邻近布鲁塞尔首都大区的中心。地处于布鲁塞尔的冠首（first crown，即位于大区中心的自治体），亚赫特展现了多个"贫困社区"的特质（Grippa等，2015），包括失业人数多以及少数族裔老年人占比高。此外，相比于布鲁塞尔的平均值来说（13.4%），该社区老年人口的占比较低（11.3%）。

第二个是布拉班特维克（Brabantwijk），即布鲁塞尔首都大区中较为贫困的地区之一，位于斯哈尔贝克（Schaarbeek）和圣若斯-滕-诺德（Sint-Joost-ten-Node），这两个自治体是比利时人均收入最低的地区（FPBS，2013）。布拉班特维克也代表了城市高度贫困的一系列特质（Grippa等，2015），包括失业率超过平均水平（36.7%，布鲁塞尔首都大区整体为22.7%）；领取福利的居民与低收入家庭占比较高；人口流动率高，人口密度大（Brussels Institute for Statistics and Analysis，2015）。另外，布拉班特维克少数族裔群体人数相当多，有40.6%的居民持非比利时国籍。布拉班特维克内还有火车站、廉价商店等，这些都间接带来了包括乱扔垃圾、破坏公物、非法倾倒废物、骚扰等一系列问题（LOGO Brussel，2008）。

在布鲁塞尔设立生活实验室的主要目标是探究能否创建或推动建设"积极关怀型社区"，并让衰弱的老年群体能居家养老（De Donder等，2014）。重点转移到一种社区组织的护理模式，支持并重视非正式护理，以加强老年群体的生活自主性。专业的家庭护理帮手或组织也被纳入其中，成为辅助、支持、补充性伙伴。以下是"积极关怀型社区"的定义：支持居家养老，居民在其中能够懂得互帮互助，有聚会见面的机会，居民与其非正式护理者也能够从热心的专业人士处获得关怀和支持。而这种"社会责任护理"指高质量护理，且对使用者和社会来说仍然负担得起。

在"积极关怀型社区"理念的主导下，实验室重点开展了三个项目：OPA项目（取自荷兰语三个单词首字母：Ouderen wonen PAssend，英文翻译为adapted housing for older adults，即老年群体住房改造）；非正式社区护理网络项目（Informal Neighbourhood Care Networks）；个案管理项目（Case Management）。这三个项目都包含世卫组织全龄化友好领域中的一项或多项，如住房、公民参与及就业、通信与信息、社区支持与医疗服务以及交通（WHO，2007）。

OPA项目：老年群体住房改造

通过老年志愿者的直接参与，OPA项目能判断老年人住房的适宜程度。

随着人口数量的增加，老年群体会对布鲁塞尔房产市场带来巨大的影响，会给当前和未来的住房政策带来诸多挑战（Pittini 和 Laino，2011）。鉴于布鲁塞尔住房质量较差（Van Mieghem，2011；Winters 和 Heylen，2014）以及大量老年人独自居家的情况，其当务之急是要让老年人知道自己有哪些住房选项。通过刺激主动行为也能增强老年人对住房的控制力。在这个项目中，老年志愿者使用专业清单，展开了家访活动，为房屋的适宜性及安全性提出了针对老年居民的建议。这些志愿者同老年居民一起，为老年人安全居家寻找可能的解决办法，并提出相应的建议。此项目主要目标是推动全龄化友好型住房的建设，但同时也涉及全龄化友好的其他领域，如社会参与、尊重与社会包容性、公民参与及就业以及通信与信息。

非正式社区护理网络项目

该项目从护理的广义范围，即身体、心理及社会支持出发，旨在建立一个工作模式，看到非正式护理网络的存在及价值，让非正式护理服务受到重视。此外，还希望创建非正式社区护理网络，并辅助、支持其发展。项目的另一个目标是确保无论是非正式还是正式的支持活动都要从老年群体的能力和社区及当地居民的力量出发。因此，该项目主要涉及的全龄化友好主题是公民参与（重视老年群体的力量）、社区支持与医疗服务以及社会参与（需要志愿者加入）。

个案管理项目

衰弱的老年群体在寻找所需护理服务、解决任何问题或疑虑时，非常需要个性化指导。衰弱的老年群体经常无法或很难在布鲁塞尔分散、复杂的医疗保健体系中找到适合的护理服务。然而，熟悉社区社会服务和文化区组织的个案管理员能够在这方面提供帮助。个案管理员还能够为老年人联系合适的非正式护理人员，如本地志愿者。该项目的主要目标是让提供护理及福利的社区服务更加扎实，融入多方合作，提高项目间一致性。除此之外，个案管理员在护理的道路上对老年群体进行引导，支持其自主生活，让老年人能保留对护理服务的控制权。该项目涉及大量的医疗服务、居家护理和社区服务，因此全龄化友好领域主要围绕社区支持与医疗服务这一主题（也涵盖了其他主题，如通信与交流）。

"积极关怀型社区"如何支持发展全龄化友好型社会

从环境老年学的角度来说，研究表明，改善社区的实体条件对居家养老起到了积极作用（Wahl 和 Oswald，2010）。然而，社区的社会条件也同样重要，但这一领域在全龄化友好相关文献中被提及次数较少（Buffel 等，2012；Steels，2015）。本章所展示的研究成果，在知识层面上弥补了这一缺口，强调了社会环境在为衰弱的老年群体打造全龄化友好型社区的进程中扮演的角色（另见第 3 章）。社会环境的概念是多维度的，涵盖了居家养老进程相关的各个方面，包括感受到的社区社会环境（Van Cauwenberg 等，2014）；社会参与（Buffel 等，2014a）和志愿行为（Dury 等，2016）；环境依恋（Buffel 等，2014b）以及社区凝聚力与安全性（De Donder 等，2013）。

基于以上背景，下面将重点关注研究问题的解决与后续跟进：全龄化友好型社区社会环境如何支持衰弱的老年群体居家养老？在这个进程中，社会环境里哪些维度最为关键？影响老年群体衰弱性的社会环境中的机会和限制有哪些？

布鲁塞尔两个社区（布拉班特维克与埃特尔贝克的亚赫特）中的"积极关怀型社区"项目共包含 11 个焦点小组，而研究结果正是从定性研究中得出（De Donder 等，2014）。3 个焦点小组由衰弱的老年人组成（人数是 33）；3 个由非正式护理人员组成（人数是 17）；3 个由活跃在文化区组织（如社会服务中心、社区中心、社会协会等）中的志愿者组成（人数是 15）；一个由活跃在两个社区的社会与医疗护理专业人员组成（人数是 12）；一个由生活实验室协调人员及其他工作人员组成（人数是 10）（见表 6.1）。所有参与者均由生活实验室工作人员招募。在 87 位焦点小组参与者中（女性 56 名，男性 31 名），有 21 位来自不同的少数族裔群体，包括希腊、土耳其、摩洛哥和伊朗。

表 6.1　　　　　　　焦点小组参与人员人数汇总　　　　　　单位：人

	布拉班特维克（Brabantwijk）	埃特尔贝克（Etterbeek）	共计
老年群体	20	13	33
非正式护理人员	12	5	17
志愿者	5	10	15
社区专业人士	12		12
生活实验室工作人员	10		10

走"全龄化友好型"社会环境发展道路以支持衰弱老年群体

研究结果显示，为创建全龄化友好型社会环境，支持衰弱的老年群体居家养老，需要考虑五个问题。第一，亲属支持网络的可用性下降；第二，邻里关系在支持网络中起到的重要作用；第三，保留已有的联结与关系网；第四，认识到社区支持中的多维关系；第五，需要超越护理与支持的范畴。这些问题都将在下文中进行讨论。

亲属支持网络可用性下降

许多关于老年群体社会支持和护理网络的出版文献，都将焦点放在了亲属支持方面（Keating 等，2003）。然而，随着同辈亲属的离世，或其他近亲搬离了老年人居住区域，这种亲属支持网络的可用性在晚年生活中将逐渐降低。限制这类社会支持可用性的因素，包括新生儿的出现、搬迁、同居、离婚或再婚等（Bengtson，2001）。焦点小组通过不同的方式对这些问题进行了讨论。一些参与者提到没有子嗣的影响，其他人则强调从后辈，特别是从居住得较远的孩子那里得到帮助。几位受访者解释，如果老年人想从孩子那里得到帮助，那么他们需要搬到离孩子更近的住所，但他们不愿意这样做。一些受访者强调，之所以老年人向孩子寻求帮助和支持十分困难，是因为他们不想依赖孩子们的帮助。一位来自布拉班特维克、刚刚退休的女士这样说道："我的孩子们？不，这是不可能的。他们也很忙，拼命地工作，已经承担了过多的东西，很难再要求他们做什么了。我一向是一个非常独立的人，我不想向他们索取。"

邻里关系在支持网络中起到重要作用

研究结果表明，我们应从更广义的社会背景下看待非正式支持及护理，将朋友、家族因素考虑进来，以及很重要的一部分，那就是邻里关系（Barrett 等，2014；另见第3章）。尽管有些老年人指出，他们每天与邻居打招呼，但其中的大部分人都不认识。有几位参与者明确指出，拥有数量不多但十分重要的几位近邻，对衰弱老年群体的护理支持具有重要意义。这样的邻里支持可以通过多种形式发挥作用，包括行动与情感上的（深度）支持，通过社会监控创造安全感（Van Dijk 等，2013）。邻里间的行动支持，可以是帮忙翻译邮件、采购生活用品、做饭等。在布拉班特维克，一位 62 岁的女士讲述了她的故事："进来看看我家，我保证，你肯定会笑出声的！每天我要喂饱 18 个人，都是我做的。18 个人，在我家。"邻里帮助与支持对于施与者来说，可能只是尽了一点心意，但对于接受者来说，常常是十分重要的。比如，一位 53 岁的女性参与者谈到了同住一个社区的朋友玛丽（Marie），她要全时间护理自己的丈夫。她向我们解释道，自己偶尔会去玛丽家帮忙照看她的丈夫，这样玛丽就可以出门了。

"她丈夫需要一直待在家中，有两名护士会轮流来家里照顾他。但有的时候我的朋友需要出门去买些东西，她就会打电话给我，然后我就去她家陪她丈夫待一会儿，直到她回来。我们住得很近，转角就到，他们的孩子住得就远了。"

"保留"已有关系网而不是一味地建立新的联结

正如前文所说，许多社区支持和非正式护理服务都很容易被政策和实践忽视，仿佛它们是透明的，或基本都是低调隐秘地进行（Barrett 等，2014）。因此，焦点小组中的专家们表示，应增进对邻里支持网络的了解，理解它们在支持老年群体居家养老，以及支持已有的对衰弱老年群体的护理帮助中所扮演的角色。一些参与者认为，在打造全龄化友好型社会环境时，焦点不应该放在建立新的支持关系网上，而是应该"保留"已有关系网，并支持其稳定地发展。一位专业人士进行了如下解释。

"事实上，社区邻里之间有许多闪光点都没被我们看到。而这些闪光点的创造者，往往是同样不被看到的一群人，或是经常受到偏见的群体。但即便如此，这里还是有许多好的事情进行着，我衷心希望这个'积极关怀型社区'项目能够让大家看到这些积极的事情。"

认识到社区支持中的多维关系

许多焦点小组参与者都关注了同一个问题——支持施与者（护理者）自身的衰弱。也就是说，支持衰弱老年人的邻居们可能他们自己也常常处于身心状态不佳的状态。关于这个问题的讨论，需要在定义"支持施与者"时才更加多元，才能理解邻里支持的本质，而不是简单地将居民一分为二成"支持施与者"和"支持接受者"。而且，尽管衰弱的老年人往往仅被看作护理与支持的接受者，但他们依旧表示自己也在帮助其他邻居，或表达了自己想要这样做的意愿。同样地，在由非正式护理人员组成的焦点小组中，几位参与者也强调了他们是具有对外界支持与护理的个人需求的。

需要超越护理与支持的范畴

在思考"积极关怀型社区"的概念时，也有几位参与者提到，有必要在打造这样的社区时，采取一种更为宽阔的视野，一种超越了护理与支持范畴的视野。他们强调，一个支持衰弱老年群体的社区，不应该只将其注意力放在帮助、护理、支持、互助上，还应该把其他维度的问题纳入考量，如环境依恋、社会融入、社区凝聚力与安全性等（De Donder 等，2013；Buffel 等，2014a）。一些人谈到了例如朋友、乐趣、闲谈、氛围的重要性，而另一些人则强调代际联系的重要性，也就是社区应该包容、鼓励年轻人和老年人之间的关系发展。"对抗给老年人贴上'衰弱'标签的刻板印象""抵制'反护理'情绪"，这些可能不仅要由社区成员发声，也需要从业者、政府机构的声音，而且这也是亟待解决的问题。因此，"积极关怀型社区"不应只是把关注的焦点放在护理上，也不应强迫任何人提供护理服务，毫无疑问，是它推动了一次文化转变，开始重视、欢迎、赞扬护理与护理行为。然而，政府机构常常未能认识到非正式护理与社区护理的价值和贡献。一位布拉班特维克的工作人员在面对这个问题时显得尤其兴奋。

> 如果一位领用了失业救济金的失业女性正在护理她的一位病重父母会怎样呢？当她去 RVA（管理失业人员的政府组织）时，她告诉工作人员："我是一位兼职护理人员"，那么他们的回复一定是："我们不管，你必须得找份工作。"人们在看护彼此时"受到了惩罚"和"我们可以随意推行非正式护理"，这两者完全矛盾。但你不能随便对别人说："你现在做的完全没用，你需要找一份正经工作"，这样会打击他人的自尊，这也太刻薄了。一方面，政府要求更多的公民参与到社区护理中；但另一方面，同样的政府对你说"你需要找一份正经工作。非正式护理这件事？这个你得自己解决。"

讨论

全龄化友好型社会环境能够为衰弱老年群体居家养老提供支持

此项研究的结果展示了多种能使最弱势老年群体在贫困的社区中好好养老的方式。尽管许多住在城市环境下的衰弱老年人经历了社会排斥（详见第3章），此项研究提出一系列与支持性社会环境相关的问题，能帮助老年人抵消甚至削减一些个人压力（另见第3章）。例如，虽然城市老年人经常会经历亲属支持网络可用性下降，但研究有了重大发现，即可以在支持关系网中加入几位重要的邻居。比起一味地创建新的支持网络与联结，关键问题在于，如何"保留"已有的网络和关系，并努力重视、发展、支持它们。

研究进一步指出，我们经常使用的"护理人员"与"被护理者"的说法是一种人为的划分。当认识到"护理人员"同"被护理者"需要一样多的关怀与支持，"被护理者"也常常向他人提供关怀，对社区中"护理"的理解，就向着"相互性关系"的方向转变了。与此同时，若想要充分发挥"积极关怀型社区"支持衰弱老年人居家养老的潜能，除护理与支持性措施以外的维度也应该被考虑进来。此项研究阐述了多项其他问题，如社区凝聚力和环境依恋的重要性，以及宣传"护理"的正面形象以及和老年人反护理情绪做斗争的重要意义。

正如本章所述，有些来自城市背景下的体系压力和障碍为创建、维护一个全龄化友好的"积极养护型社区"及其相关问题带来较大的影响。首先，由于布鲁塞尔复杂的政治结构，人们在需要护理服务时，想要找到并获得所需护理是一件十分困难的事情。而市面上的服务遵循着不同的规定，分属不同的文化区和不同的政府，通过不同的沟通渠道营运，并使用不同的资助方式，甚至不同的语言。运转良好的组织似乎只是与另一家组织平行存在，各自运营，而非彼此合作，因此限制了一体化护理方案的发展。所以，挑战在于，将所有居民能够获得的护理服务汇总起来，并建立一种模式，在社区层面，而非组织层面加强协作。

另外，上述项目依托的两个社区都存在人口年流动率高的情况，对"积极关怀型社区"模型的打造提出了特别的挑战。例如，布拉班特维克是一个典型的"入口式社区"（entry neighbourhood），由于房租便宜，新移民更倾向于先来此定居，然而，多数群体在获得了足够的资源后选择搬离此区域。社区中，人员构成的快速变化经常为社会关系网和常住居民的关系建立带来了不利影响（Buffel 等，2012），并在很大程度上限制了"积极关怀型社区"的潜力。第二个研究对象——埃特尔贝克，其特点是中产阶级化。中产阶级化进程也类似地对长期居住在此地区的老年居民带来挑战。他们觉得，多年来，自己几乎无法左右自己的街区如何变化发展，曾经属于当地特色的场所，如今已被高端酒吧、餐厅所取代（另见第 4 章、第 5 章）。这个社区中存在的一个特殊问题还尚未得到解答——如何能够将欧盟外派的专家和此地常住居民共同纳入这一"积极关怀型社区"？

　　此项研究强调了对当地护理网络持续投资的重要性，这对特别是社区变化频繁的弱势贫困城市社区来说尤为关键。一个"积极关怀型社区"并不是说开始就可以开始的，也不能指望它能够立即独立地维持运转。事实上，这个模式不应被压榨或误用，成为名正言顺地削减医疗保健预算的工具。恰恰相反，若这种护理模式真的能够节省社会开支，那么省下的钱应被重新投入社区的组织支持工作，如用以保护支持施与者负担不会过重，或支持已有行动倡议和关系网来加强"充满关怀"的全龄化友好型环境。

总结：批判性反馈

　　最后，本章总结了几点批判性意见，既有针对生活实验室定义的，也有关于项目中全龄化友好概念的。第一，生活实验室被欧洲生活实验室网络（European Network of Living Labs）定义为以使用者"共同创造"的系统性方式为基础，在真实生活场景中结合研究与创新方法，是以使用者为中心的、开放式的创新生态系统。生活实验室最初是为数字化服务设计的展示舞台，用来在（类似）家庭环境下测试新的科技设备（Bergvall – Kareborn 和 Stahlbrost，2009）。尽管定义听起来很有前景，但将生活实验室的概念应用在真实的（贫困）社区内还是有一些挑战。例如，研究人员就"共同创造"和"共同构建"的想法，就多次提出过疑问：共同创造的含义是什么？共同创造的含义和 20 世纪 90 年代末、21 世纪初很流行的"参与"的概念有何区别？我们又如何能够在贫困社区中增强衰弱老年群体的"共同创造"呢？从"积极关怀型社区"项目中，我们能发现，让衰弱或弱势群体参与是可行的，但是需要花费很多时间去建立必要的信任和关系网络。而在项目短暂紧凑的时间表中，并不一定总能有足够的时间去做这项工作。

第二，还可以对此项研究中如何落实全龄化友好型城市的理念，展开多次批判性观察。通过重点关注环境的"社会因素"而非"实体因素"，在全龄化友好领域中，之前未得到充分探究的问题逐渐被学者重视起来（Lui 等，2009；Scharlach 等，2013）。这包括减轻老龄化刻板印象和反护理情绪的需要；在"支持与护理"的定义中加入"相互性"概念的重要性；社区变化与人口流动对贫困城市社区的社会关系网产生的影响。比费尔和菲利普森（Buffel 和 Phillipson，2016）认为，全球力量所改变的，不只是城市的实体环境，更是其社会环境，而对全龄化友好型城市的研究，需要更紧密地结合关于全球力量影响的分析。此次研究成果对两位学者的观点提供支持。此外，我们还需要将全龄化友好的讨论同自主性、控制与权力等更加宽泛的问题重新联系起来，这对需要长期护理与协助的衰弱老年居民来说尤其重要。在这方面，从"权利"的角度去探讨全龄化友好相关问题是十分有价值的，这就超越了单纯关注识别老年群体需求的模式，而将焦点放在捍卫老年群体的"权利"上；将把对老年群体的描述从"被动的受益人"转向"权利的持有者"。

格兰特（Golant，2014）提出了最后一个与此研究相关的批判性问题——全龄化友好型社区有没有计划帮助健康的老年人过上更有意义的生活？还是只计划帮助最衰弱老年群体安全地居家养老？全龄化友好，广义上来说，可以对某个社区内居住的所有年龄群体产生深远影响，但它可能对那些没有办法改善自己的生活境况、更加依赖周边环境给予自己支持的人特别有益处，因此，这对"居家过好老年生活"的目标提供了前景和希望。总的来说，在打造全龄化友好型城市的过程中，老年群体（无论衰弱与否）和弱势社区中不利于老年人的环境条件将相互作用，而解决这两者之间动态的相互影响将成为关键问题。

致谢

作者希望在此向参与"积极关怀型社区"生活实验室的社区组织致以诚挚谢意（Emancipatie Via Arbeid vzw, Buurtwerk Chambery vzw, Aksent vzw,

vzw Maison BILOBA Huis，Kenniscentrum WoonzorgBrussel vzw）。我们还希望向所有比利时老龄化研究团队的研究人员致以谢意，感谢各位对定性研究数据收集工作的贡献（Dorien Brosens，Sarah Dury，Bram Fret，DeborahLambotte，Sofie Van Regenmortel，Emily Verte）。最后，感谢政府机构的科学与技术创新部门（Innovation by Science and Technology）为此次项目提供的资金支持。

注释

①衰弱是一个新兴的概念，通常指（临床上）表现出来的（Fried 等，2001）或累积的健康问题（Rockwood 等，1994）。然而老年群体和研究人员将"衰弱"理解为不只是身体问题，而是有更广泛的含义（Grenier，2007；De Witte 等，2013）。因此，本章从跨学科角度（生物物理、认知、心理学、社会与环境）使用"衰弱"这个概念。

②译注——弗拉芒语，指比利时荷兰语。

③在比利时是第二大城市的安特卫普（Antwerp）也平行设有一个生活实验室，该市也正在面对类似的大都市挑战。安特卫普的研究工作也十分有意义，只是在本章中将重点关注布鲁塞尔生活实验室的情况。

④为了对这些地区进行描述，我们使用了布鲁塞尔数据与分析研究所（Brussels Institute for Statistics and Analysis，2013）中的定义和指标对地区进行监测。我们选用了一个基于实体及自然边界划分的社区范围，因此不一定会符合自治体行政边界（其中一个区域，范围跨越多个自治体）。

第 7 章
探索香港的全龄化友好型发展：一座老龄化亚洲城市的机会、行动倡议与挑战

大卫·菲利普斯

胡令芳

弗朗西斯·张

摩西·王

周珮馨

引言

中国香港，全称中华人民共和国香港特别行政区（HKSAR），是一座面积小而人口众多的城市。2014 年人口总数约为 730 万，人口年龄中位数为 42.8 岁，65 岁老年人占比 14.7%；更为重要的是，80 岁以上老年人占比 4.4%（Census and Statistics Department，2015a）。在过去 30 年间，老年群体人口数量的占比显著提升。而就当中国香港人口结构开始老龄化时，中国香港又是世界上人口出生率较低的地区之一。未来 20 年间，中国香港将面临当地有史以来最快速的人口老龄化阶段。到 2024 年，65 岁及以上老年群体将占常住人口总数的 23%；而到 2034 年，这一比重将上升至 30%，年龄中位数将达到 50 岁。联合国预测，到 2050 年，中国香港将可能成为世界上第六"老"的地区，其年龄中位数将接近 53 岁（UNDESA，2015），比现在"老了"10 岁。因此，在现有老龄人口数量已经非常庞大，且未来这一群体所占比重还将显著上升的情况下，很显然，有关世卫组织（WHO，2007a）全龄化友好型城市和社区（AFCC）模型中所有领域的全龄化友好相关问题，以及部分地方增设 AFCC，都成为中国香港需考量的首要问题（Wong 等，2015，2017）。截至 2017 年 8 月，香港共有 10 个区开始投入 AFCC 建设，并获得世卫组织的承认，将其纳入 AFCC 社区清单。[①]中国香港还成为世卫组织神户健康发展中心 15 个全龄化友好指标试点的国家及地区之一（WHO，2015）。

中国香港是一座高度城市化但面积很小的城市。在仅有的 1100 平方千米

的土地上，约40%为自然保护公园，从地理的角度上来讲，这也就意味着人口集中在仅有25%左右的陆地面积上。因此，其总体人口密度位列全球最高的梯队——2014年达到6690人/平方千米。在九龙观塘区这样人口最稠密的区域，人口密度高达5.725万人/平方千米（Hong Kong Government，2015）。所以，香港居民大多数都居住在公共租赁（30.4%）、资助置业（15.5%）或私有（53.5%）的高层公寓中（Census and Statistics Department，2015b）。多种形式的公共与资助住房对于老年群体来说尤为重要，这一点将在后文记述。社会经济因素，如住房价格高、城市拥挤和环境因素，包括空气污染、噪声、城市规划等，都常常会影响老年群体的福祉和适应情况（Phillips等，2009；Chau等，2013a）（另见第2章）。

本章旨在介绍几个中国香港具体的社会及人口结构背景下出现的全龄化友好环境及问题。在了解了本地的大背景后，本章接下来将思考如何学习本地区其他大城市的经验反馈。本章主要内容的概要如下：首先，介绍中国香港采用了哪些AFCC行动倡议中的举措。其次，本章将重点关注有关社会包容性与社会参与的部分，以及对人口密度高的城市来说尤其重要的住房与居住行动倡议。尽管中国香港人口大部分都为中国国籍，但也有少部分群体因其不同的族裔背景而处于社会经济的弱势地位，对此，本章也对这一在老年群体中日益显著的问题提供一些新的见解。然后，介绍了有关警惕和重视在恶劣天气、紧急情况下老年群体所面临风险的相关行动倡议。最后，本章总结了一些积极成果以及会阻碍本地全龄化友好未来发展的消极因素，包括生活在富裕城市中的老龄贫困群体所面临的压力。

亚洲其他国家的AFCC经验

鉴于中国香港的人口结构和城市各项条件，中国香港可以向泛亚太地区哪些城市学习全龄化友好发展经验？未来十年中，又可能会遇到哪些机会和挑战呢？周研究员和他的同事（Chau等，2013b）将中国香港的情况放置在世界其他城市，如纽约和伦敦的环境下进行对比，这些国际都市也面临着相似的老龄化挑战。中国香港在某些方面的确表现优异，如平均预期寿命。中国香港是世界人口预期寿命较长的地区之一，领先于另外两座城市，除了伦敦在男性平均预期寿命（65岁）上稍稍领先。在已婚老年群体占比，和健康指标，如肥胖、胆固醇水平等都获得更高的分数。然而，中国香港老年群体在经济保障方面的境况更差，且贫困率也高于伦敦、纽约的同龄群体。此外，中国香港老年群体的平均受教育水平也远低于另外两个城市，这种代际效应随着时间的推进将会有所改变。《2013 年香港贫穷情况报告》（*Hong Kong Government*, 2014）指出，65 岁及以上人群在政策干预后贫困率依然比 65 岁以下人群的贫困率高出 3 倍之多。在 2013 年，即便在政策干预的情况下，仍有 30.5% 的老年人被认定为生活贫困，如此高的比重对于一个富裕的世界城市来说，是尴尬且危险的，也成为当地许多问题的源头。这表明，公共政策出手必须更大方。举例来说，截至 2017 年，中国香港仍尚未实现养老金全覆盖，这一直是激烈争论的一个焦点。尽管社会不断向政府施压，并要求为每个人提供基本养老金，但政府出于所持理念，站在可持续与长期发展的角度，一直对此予以拒绝。

正如其他国家的研究证据显示，资源十分重要。例如，近期有报告称泰国可能在成为全龄化友好型国家上存在严重挑战（Silver Group，2016）。泰国是所处地区内人口老龄化速度最快的国家之一，基本与韩国、新加坡持平，但这两者的经济发展及国家收入水平都比泰国更高。尽管泰国为改善弱势老年群体的社区医疗条件做了努力，但由于没有经济增长和全龄化友好的统筹规划方面的支持，对泰国来说，未来几十年将困难重重（Silver Group，2016；Straits Times，2016）。中国香港已经意识到向老年群体投入资源的重要性，但是老年贫困的问题仍然存在。

东南亚一些其他国家也开始解决 AFCC 中有关社会包容性和社会参与相关问题，这可能是许多亚洲国家问题较为突出的领域之一。家庭结构变化带来的社会经济影响是巨大的。现在，中国已意识到，随着家庭规模的缩小，家庭支持在减少，由此引申开来，社会包容性问题不断出现（Phillips 和 Feng，2015；Phillips，2018）。由于人口生育率低，包括中国香港在内，这个问题与亚洲其他城市高度相关，包括日本、韩国、新加坡等国家和地区的城市。中国所采取的政策是发展各种老年人协会，为老年群体参与社区事务提供平台，为互帮互助提供各类资源。这些协会在实践中，如在应对洪水、极端天气、地震等自然灾害时，有机会发挥更大价值。而事实上，世卫组织和其他机构所发现，亚太地区的老年人经常会不成比例地受到灾害和紧急事件的影响。众所周知的事件如 2004 年和 2011 年分别发生在东南亚和日本的特大海啸，2008年发生在中国四川的大地震以及2013年11月发生在菲律宾的强台风（McCracken和Phillips，2012）。各地组织了风险防范活动，如应急准备、预警系统及恢复项目等，让老年群体能够与大众分享有关当地社区资源的信息。老年群体了解传统的灾害应对机制，并且经历过此前的一些灾害事件。例如，印度尼西亚在2004年海啸过后成立了多个老年人协会；印度也在拉贾斯坦邦（Rajasthan）发生严重的洪涝后开展了相关行动倡议（Help Age International，2009）。

虽然大体上拥有与中国香港类似的人口结构，但日本老龄人口数量更多。日本为应对老龄化社会，提出了三个需要优先解决的问题：第一，扩大独立生活范围；第二，创造居家养老环境；第三，维系并加强人际联结（Akiyama，2015）。而要解决这三个问题，核心在于认识到全龄化友好型社区对老年人身心健康的重要性。而为了实现全龄化友好型社会环境，需要开展一系列项目，包括强调高效老龄化、增强社交联结、发展全龄化友好型住房及交通等；同时还有一项日本特色，那就是将先进的科技应用到社会规划中。两个地区——柏市（Kashiwa）和福井县（Fkui）被选为老年人未来社会试点，社区设计中包含了所有日常必需的设施及服务，可以说是触手可及。这些需要各界的协作，包括了政府、高校、产业、公民及社会经济行动倡议，如统一管理老年人灵活性就业机会，并支持积极养老和居家养老的住房与交通设计等。医疗保健、辅助生活等服务则按照出行能力的不同水平提供。通过对个人生活成果数据的测量，如身心健康、社交关系、幸福感水平和社会指标，包括税收水平、医疗护理支出及社会资本，发现已取得了显著的改善（Akiyama，2015）。像这种特别规划的老年社区，仍然只是个例。这种规划对空间的要求就意味着其不太可能适合中国香港。但不管怎样，日本的经验及行动倡议说明，老年群体不一定只能作为福利项目的用户，他们也可以发挥影响力，改变所居住的城市环境。此外，这种社会创新项目帮助老年人维系社会交往，保持移动出行能力，全社会都会因此受益（Sander等，2015）。

香港视角：全龄化友好型城市

中国香港老龄人口数量多，城市人口密度大，且住宅楼层高，再加上"亚洲世界城市"的自我定位，这些特征使香港为了提升城市整体的利益，需要加强 AFCC 概念和全龄化友好各个领域中许多方面的发展。实际上，香港采用并推广 AFCC 概念的时间相对较早（Wong 等，2015；Woo，2013）。在 2008 年世卫组织正式发布之后不久，AFCC 概念就受到来自非政府组织、政府机构、地方议会、学术与专业协会的关注和支持，甚至商界也前来助阵，或许是已经嗅到了"银发市场"的未来商机。早在 1997 年，世卫组织行动倡议颁布之前，香港就成立了老年人委员会（Elderly Commission），协助制定政策、协调规划，并监督、评估老年群体相关的政策和项目（Elderly Commission，2016）。

随着政府计划推行"居家养老"政策，香港建设全龄化友好型环境就显得更为重要。崔和同事（Chui 等，2009）指出，香港为此提出了一系列措施，如资金支持、发放补助等。可见，至少从 20 世纪 90 年代初期开始，居家养老已经作为优选政策被推行多年（Leung，1999；Phillips 和 Yeh，1999）。而该政策还与一个更早的行动——"关怀在社区"共同推进，此行动最早可追溯至 1973 年的香港政府工作报告。然而，批评家认为，从那以后连续几十年间，政府都只做嘴上功夫，并没有真正为社区的有效关怀提供充足的资源（Chow，1999）。这也使得发展资源配置充分的全龄化友好型环境从未被真正地重视。

尽管中国香港拥有许多全龄化友好政策，但同亚洲或国际上其他地区相比，其老年人机构化（居住于护理机构）的比例也相当高。例如，崔和同事（Chui 等，2009）就指出，2009 年，中国香港 65 岁及以上机构化老年人比例为 6.8%，同期对比来看，中国台湾为 2%，日本为 3%，新加坡为 2.3%，英国为 4.2%。香港机构化程度最高的老年群体居住在面积相对较小的护理机构中，由私人、公共或慈善机构管理。而且，主要居住性护理单元中，并没有去机构化的压力，而过去几年内，这种趋势在其他国家和地区已经出现了。

从政策的角度来说，在 2016 年香港特别行政区行政长官施政报告中曾将"打造全龄化友好型社会"作为特别关注对象（Hong Kong Government，2016）。这表明，至少这一倡议在一定程度上获得了政治意愿和支持，尽管这种意愿能否正式落地成形还存有疑问。关于很多 AFCC 相关服务与规划机制的实施与发展，香港的一个特别之处在于，它有许多行政等级，也有多种提供者和参与方。例如，香港地方政府及其下属部门负责对许多社会、福利、医疗及环境服务进行集中规划。行政部门的地区办公室及 18 个区议会在其所管辖地区的本地层面进行管控。而许多与医疗、社会福利、规划、住房及环境保护直接相关的部门全部在不同程度上彼此联络，协同工作。老年人医疗保健服务主要由公共领域，特别是通过医院管理局（法定机构）和卫生署提供。最近的一项研究对比了香港和台湾嘉义市的全龄化友好型城市发展情况，发现当地背景、知识及管理模式基本上决定了其制定 AFCC 政策以及政策的形式。政府的角色是十分重要的，同时，不同参与方的融入，包括非政府组织、高校、民间团体等也能够促进合力的形成，并进而实现一体化发展目标（Sun 等，2017）。

中国香港服务提供与地方 AFCC 行动倡议

在过去很多年里，中国香港的福利供应与服务中很大一部分是由慈善组织、非政府组织及其他非营利机构承担的，其中包括许多对于老年人及其家庭来说十分重要的服务，如日托护理、住宿、福利服务、家庭护理等。有些不同的是，尽管很多重复性花销由非营利机构自行解决，但其基础设施和部分营运资金由政府资助、监管。还有种类繁多的私营服务在售。此外，许多官方机构和非政府组织还同香港各高校在研究、服务提供和培训等方面开展合作，包括两家医学院，多家提供护士与社工培训的部门，以及其他在社会政策和相关领域中开展研究与教学工作的机构。

AFCC 最初的关注点，可以在召开 2008 年全龄化友好型香港筹划委员会这件事中得知。紧接着，在 2010 年，根据世卫组织制定的评价全龄化友好程度的八大领域对中国香港的全龄化友好型的不同水平进行了调查（利用焦点小组）。随后，筹划委员会在 2013 年根据常规或官方数据提出了一套指标（共 24 个，每个领域各 3 个），对中国香港全龄化友好水平进行了客观、科学的评估。而香港大量"全龄化友好相关"组织经常与世卫组织 AFCC 领域下某个具体方面直接相关，甚至会直接负责相关工作。此处有大量全龄化友好行动倡议，鉴于亚洲城市的背景，其中许多与教育、社会包容相关，也有许多重点关注在住房、基础设施和医疗服务等领域。

举例：鼓励社会参与及社会包容

长者学院（Elder Academy）是教育和社会包容及社会参与领域的行动倡

议之一，由劳工及福利局与安老事务委员会于2007年年初共同发起。该项目主要面向受教育程度不佳或未受过教育的老年群体，为其提供在学校与高校校内学习的机会。

项目结合了国际上"第三年龄大学"的理念，优化现有教育设施，成功推动老年人终身学习甚至初始学习；与此同时，鼓励社会参与，帮助老年人保持身心健康。通过将学校、高校学生融入进来，该项目还促进了公民教育的进步与代际和谐的发展。如今，约有125家长者学院分布在各个区内，加上7家第三方机构，共同为老年群体提供了多样化课程。在医疗基础设施方面，也兴起了一些优质行动倡议，其中就包括"全龄化友好型病房"。该项目主要针对因护理人员缺乏对患者需求的了解，导致大量住院老年人（其中1/3可能患有痴呆症）所接受的护理质量差这一问题。目前，已有两家医院在整修病房时采用了这一行动倡议（Chui，2015；Kwok，2015）。

住房

许多亚太地区城市的住房价格昂贵，特别是中国香港，因此本地住房相关行动倡议及老年人低价或补贴居住项目十分受关注。2015年，中国香港约有37%的60岁以上人口居住在公共租住房屋（以下简称"公屋"）内（Hong Kong Government，2015）。表7.1针对老年群体的公屋项目（公共部门是香港的主要"房东"）进行了汇总。特别需要指出的是，政府尝试推动多代居住模式，并鼓励年青一代与年老父母同住，或居住距离更近。这种共同居住模式在全球范围内，特别是亚太地区呈下降趋势，而由此造成亚太地区对未来老年人家庭护理可行性的担忧。这种下降情况也受到了另一种社会趋势的影响，即核心家庭。而由于缺少面积、价格合适的多代居住用房，特别是在昂贵的城市区域，核心家庭趋势正持续加剧。而这种公共部门行动倡议可能会使多代居住更容易，尽管这项政策的应用到目前为止较为有限。

中国香港房屋协会

在中国香港，有一家值得关注的本地组织——香港房屋协会（以下简称"房协"，HKHS），该组织对全龄化友好型住房设计及发展作出了卓越贡献（专栏7.1）。

表 7.1　　　　　　　　　　长者住房计划与特殊住房单元

可用计划（组织）	特点
优先配置公屋计划（香港房屋委员会）	
高龄单身人士优先配屋计划	供选择独居的长者申请
优先配置公屋计划（香港房屋委员会）	
共享颐年优先配屋计划	供两名及以上希望共住的长者联名申请
天伦乐优先配屋计划	适合选择与年长父母或受供养的年长亲属共住或就近入住的人士申请
为长者而设的特别住房（香港房屋委员会）	
长者住房	设有舍监服务，提供共用及休憩设施
小型独立单元	配有契合长者需求的设备，如防滑地砖和推杆式水龙头
为长者而设的特别住房（香港房屋协会）	
长者公寓	以优惠租金提供约 900 个长者居住单元给符合资格的长者

资料来源：香港房屋委员会（www.housingauthority.gov.hk/en/public-housing/meetingspecial-needs/senior）；香港房屋协会（www.hkhs.com/eng/business）。

这是一家非营利决策组织，最早可追溯到 1948 年，负责根据居家养老原则提供住房，注重居家安全、护理与支持、健康与福祉。香港房协特意推广通用设计型全龄化友好型住房，并借鉴其他国家的经验（HKHS，2016a）。尽管它在中国香港扩大化公共住房系统中占比相对较少（略高于 4%），但香港房协瞄准介于昂贵的私人住房和政府公屋之间的"缝隙市场"，并为此提供了可负担的住房资源。此外，香港房协还承担教育与发展的角色，"长者住房"就是其主要活动之一。香港房协也于 2013 年发布了居家养老计划。

专栏 7.1　香港房屋协会：全龄化友好型住房案例

香港房协"长者安居资源中心"于 2005 年推出了"全龄化友好型住房关

怀活动"（Age-friendly housing caring campaign），关注居家养老、全龄化友好型设计及"全龄化友好型之家"，演示家居安全设计及改造，将其作为样例进行展示，起到实现公共教育的作用，对老年人居家环境及护理服务提供优质的评估工具和积极的志愿者项目，为香港 AFCC 发展提供实践和概念焦点。"长者安居资源中心"（ERC）强调老年人环境需求、养老过程和生活方式（行为、习惯和偏好）之间的交互关系。ERC 就全龄化友好型住房进行了实验设计，目标用户为三种收入群体，设计由跨学科移动团队提供。低收入群体：与舍监同住，如有需要，由舍监负责联络现有的本地服务。中等收入群体：面积在 250~400 平方英尺（1 平方英尺≈0.093 平方米）的单间公寓或单人房宿舍，共计 500 套居住单元；配有俱乐部、诊所以及日托和社工护理设施。全龄化友好型设计特征，比如电梯设座椅；除护士呼叫器和紧急呼叫器外，房间内还配有无线发送器；每月体检。因为此项计划很受欢迎，所以采用等候者名单制度。高收入群体：将老年人定位为"客户"；申请人无须按经济情况调查结果支付租金；此类项目和其他香港房协低收入者项目不同，没有补助。唯一的资格标准就是，申请者须为香港永久居民且年龄在 60 岁及以上。

丹拿山邨（Tanner Hill）于 2015 年启动，是香港岛上一个新型的"高质量长者居屋"项目。该项目拥有 7 种类型共计 580 套公寓，租约方式包括可按揭租约，终身租约以及两年短期租约。配套设施包括促进身心健康的居民俱乐部及多功能休闲中心；中西医医疗诊所；一系列全龄化友好型设施以及一个餐厅。服务费用涵盖修理工服务、24 小时紧急系统与护士支持服务、多项出入安保服务等（HKHS，2016c）。初期市场对该计划热情高涨，但到 2016 年年初由于经济原因市场响应变慢（South China Morning Post，2016a）。9 月中旬该计划推出了 16% 的折扣，外加对管理费、服务费和税费的弃权声明，激发了市场的兴趣。一个月内共租出 248 套居住单元，而打折前仅成交 75 套。只剩下长期租约的单元仍有空缺（HKHS，2016c；South China Morning Post，2016b）。未来计划纳入"老年安居计划"（elderly safe-living scheme）。荃湾区的一栋住房内安装了远程监控设备以查看患有认知障碍的老年居民的行动情况，这也是该区成为世卫组织指定的全龄化友好型市区的原因之一。

资料来源：香港房屋协会（HKHS，2016b，2016c）。

社会项目

近些年，慈善界，包括慈善机构及非政府组织，为中国香港全龄化友好发展作出了突出贡献。关注重点往往在社会进步与教育方面，包括提高健康素养，改变固有态度，改善护理服务等，这些行动倡议有望持续下去。其中一个项目是香港赛马会流金颂（HKJC CADENZA）计划，旨在培养老年学学术领袖，通过一系列培训及公共教育项目，来改变大众对相关问题的思维模式和态度。鼓励组织间跨领域合作以及实施创新的老年服务项目，为这个快速老龄化的社会带来新型的老年护理服务模式，包括为即将步入老年的群体的需求作出规划（www.cadenza.hk）。

2015年，香港赛马会联合四所高校的老龄研究中心，包括香港中文大学、香港理工大学、香港大学和岭南大学，发起了一项全龄化友好型城市运动，并将这个概念推广至不同城区，在2015年，仅向18个区中的8个区进行推广，2017年覆盖了剩下10个区。首要任务是进行"环境扫描"，使用世卫组织清单作为检查工具，并设置焦点小组，识别需要改进的领域。区内会议由老年群体、区议员及地方政府官员共同参与召开，审核调查结果，并提出改进项目。项目类型按照2015年全球老龄观察指数（Global Age Watch Index 2015）和中国香港排名的情况决定。这是一项由国际助老会（Help Age International）发布的指标，用以对比90个国家中老年人生活福利状况。老龄观察指数分4个领域（收入保障、健康状况、能力和支持性环境），共计13个变量。对香港的情况进行计算统计后发现，香港在社会参与、收入保障和心理健康领域排名较低。

再举一例由非政府组织主导的AFCC行动倡议——香港仔街坊福利会（Aberdeen Kai Fong Welfare Association）发起的年龄相连（Age-link）项目。该项目将焦点放在社区教育、代际学习、代际志愿者发展以及文化传承等方面。老年人通过各类活动与各年龄段学生互动，包括与小学生一同编写故事和剧本；指导中学生，辅导其课后作业；而中学生则组织老年人出游，共同参观香港各地。其他项目还有全龄化友好型就业计划（Elder Friendly Employment Practice Project），由另一家非政府组织——香港耆康老人福利会（Hong Kong Society for the Aged）发起，关注老年人退休后继续灵活就业、保持社会参与并获得收入的愿望。行动倡议中设有招聘会，潜在的用人单位能够在此平台上发布招聘广告，开展现场招聘活动和线上工作匹配活动。

为了改善私营医疗服务的获取方式和可负担性，65 岁及以上居民可以报名登记"长者医疗券计划"。[②]自 2015 年起，该计划每年向每位医疗券使用者的电子健康账户发放 2000 港元（260 美元），以帮助解决部分医疗服务费用。参与计划的医疗机构需在卫生署报备，且其信息可以在电子健康系统上查看。此外，另有一项按经济情况调查结果设置了针对每周 3 次日托服务的医疗券计划，有多重共同支付方式可供选择。接下来的行动旨在为老年人提供每周 6 次日托护理及（或）居家护理服务，此部分正在启动中。

关于全龄化友好的当地研究与视角

尽管香港占地面积不大，但其 18 个区内的历史、地理、社会环境、城市设计等存在着巨大差异。在将沙田区和屯门新市镇进行对比研究后发现，除了两地间的差异，两地居民对全龄化友好特征的感受也显著不同，这在很大程度上由两地人口社会经济差异所决定（Wong 等，2015）。这表明，需要对社会心理等影响居民对当地环境态度和感受的因素进行详细的研究。这类对比研究目前已扩展至八个区，研究表明，这些区域的人们有共同担心的问题，包括住房、医疗、公民参与、就业及沟通等。如前文所述，根据 2015 年全球老龄观察指数和世卫组织全龄化友好指标，中国香港正在开发自己的全范围、全龄化友好指标（WHO，2015）。

香港新市镇全龄化友好型发展下的族裔差异

人们普遍认同老龄人口具有社会异质性，并且由于具备其他特征，显著影响了其态度和生活状态。正如比费尔和其同事（Buffel 等，2012）所指出的，因为老龄人口内部具有多样性，所以需要对全龄化友好型社区发展过程中的利益冲突及问题进行调和（Becker，2003；Biggs 和 Tinker，2007；Hanson 等，2012；Buffel 等，2014；另见第 2 章）。老龄人口族裔背景多样性就是其中一个因素。在中国香港地区，老龄人口在族裔上趋向同质，65 岁以上的人口中，华裔占 99%。然而，人口较少的少数族裔中出现的隔离政策引发了越来越多的关注，这其中大部分人为除华裔之外的亚裔背景，具体指印度人、巴基斯坦人、尼泊尔人。尽管这部分老年人的绝对人数相对较少，但是，从 2001—2011 年人口普查数据来看，60 岁及以上少数族裔老年人口也呈现持续上升趋势。由于他们的语言、文化、宗教背景不同，以及与居住在香港的同龄内地人相比处于更为不利的社会经济地位（CCPL，2015；Cheung，2015），他们中的许多人都面临着就业和获取教育机会的困难，而随之而来的就是贫穷、住房条件差及社交融合程度低等风险的加剧（CORE，2001；South China Morning Post，2013；CCPL，2015）。

这部分群体中许多人可能对基础设施和服务有着不同的需求和期望。研究人员对沙田区和屯门新市镇的对比研究进行了扩展（Wong 等，2015），对比了居住在屯门的两个族裔群体，分别是中国人和东南亚人。研究人员采访了 100 位 50 岁及以上的东南亚裔居民，并将采访结果与同区的本地样本比对。与东南亚裔居民相比，本地的中国内地居民对户外空间及建筑、交通、社会参与、通信与信息以及食品与购物等方面的评分更高。东南亚裔受访者对社区支持与医疗服务的满意度显著高于中国居民（见图 7.1）。

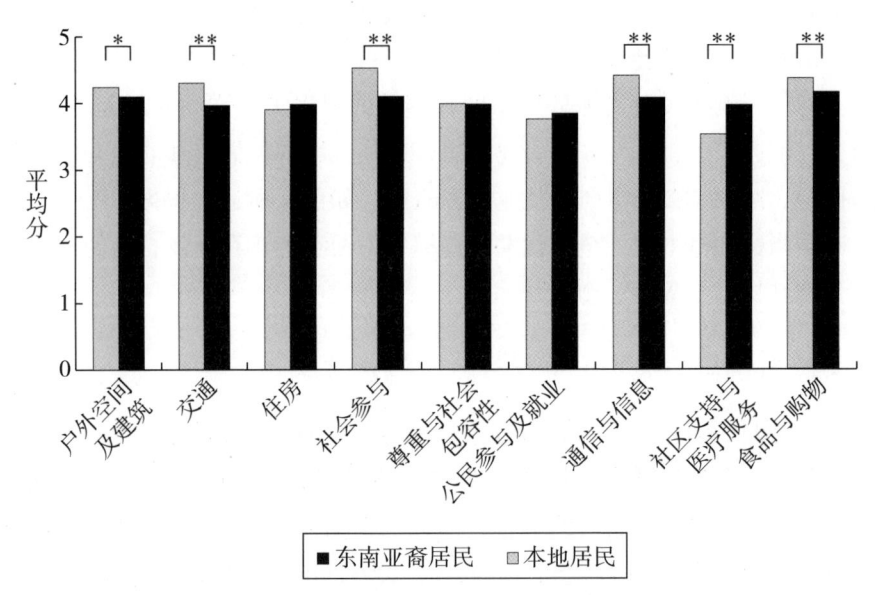

图 7.1 屯门不同族裔群体对多个全龄化友好领域评价的平均分

注：* $p<0.05$；** $p<0.01$。

这一对比结果就提供了一个值得关注的视角，即研究老年个体族裔背景的重要性，以及族裔因素与 AFCC 领域的评分之间，存在怎样的相关关系。在所使用的 9 项 AFCC 评分领域中（包括额外增加的香港特色领域，即食品与购物），其中 6 对的对比结果差异显著。除了社区支持与医疗服务，东南亚裔受访者对 5 项领域评分较低（户外空间及建筑、交通、社会参与、通信与信息以及食品与购物）。研究结果在一定程度上说明族裔差异可能是影响对 AFCC 各领域进行评分的一项重要因素。

尽管此项研究并未提供针对可能造成这些差异的相关机制的实证分析，但可以从中推测的是，文化、语言和社会特征扮演了重要角色。例如，东南亚裔受访者对社会参与和通信与信息领域评分尤其低，使研究团队思考，这一情况是否与屯门区（或基本上整个香港）的多数社会活动所使用的语言有关。中国香港多数社会活动在宣传和开展时主要使用繁体中文，偶尔使用英语和普通话（或简体中文），但极少会使用如乌尔都语或印地语。语言障碍可能会限制东南亚裔老年人选择并了解能够参加的活动或能够获得的服务，这也就解释了他们对这些领域评分低的原因。一些非政府组织，如长者安居服务协会，确实尝试过为少数族裔老年人提供有针对性的医疗卫生服务与协助，但服务水平取决于其实践经验及可用资源（CCPL，2015）。

我们的研究结果可能也同时反映了中国香港东南亚裔居民基础结构上的不利条件。如前文所述，中国香港的老年群体可能在某些方面会面临社会排斥。而由于中国文化倾向于维持民族同质性，所以对非中国文化群体的地位在总体上有所忽视，进而使具有少数族裔背景的老年居民（在其他排斥形式之外）则需要额外承受一种族裔排斥（Ku，2006）。由平等机会委员会（Equal Opportunities Commission，2009）开展的一项家庭调查显示，与其他族裔群体相比，中国受访者对东南亚裔群体的接受水平是最低的。尽管《种族歧视条例》于 2009 年开始生效，负面刻板印象和歧视在现代中国香港中并非罕见。克拉布特里和王（Crabtree 和 Wong，2012）表示，东南亚裔居民在中国香港经常会面临无法获取公共服务与资源的问题，这也就意味着对于当地对华裔老年人开放的资源及信息可能对少数族裔老年人来说并不可及。如果中国香港希望打造全方位综合的全龄化友好型城市，那么显然，这是一个需要解决的问题。同样重要的还有少数族裔居民的态度和愿望，并进行平衡考量。遗憾的是，目前针对少数族裔老年群体对 AFCC 的感受的研究非常有限，但已有在这方面展开更多研究的计划，包括深度访问和焦点小组。这些信息将有助于亚太地区族裔多样的城市发展全龄化友好水平更高的项目。

有关社会脆弱性的行动倡议

上文提到过,在紧急事件下老年人经常会面临更大的风险,在气候变化的影响下老年人也会更加脆弱(WHO,2008)。在香港本地,作为 AFCC 举措之一,老年人应急准备才刚刚起步。根据古斯马诺和其同事(Gusmano 等,2006)的研究,香港首个社会脆弱性指数(Social Vulnerability Index)已经制定完成,使用如机构化比例、贫困、老年人口独居比例、基本护理获得等指标,记录了老年群体在紧急事件和灾难发生时的脆弱程度(Chau 等,2014a)。将指数绘制在地图上(见图7.2),能够有效识别出身体或经济方面脆弱的老年人高度集聚的区域。这样能够提出高效的干预措施和社会政策,支持脆弱地区和有需要的群体。该地图完整记录了环境挑战的空间分布,展示了对社区和机构化人口来说,极端天气的影响和健康状况下降的风险,并揭示了香港医疗卫生服务不平等现象(Wong 等,2009;Chau 等,2011)。

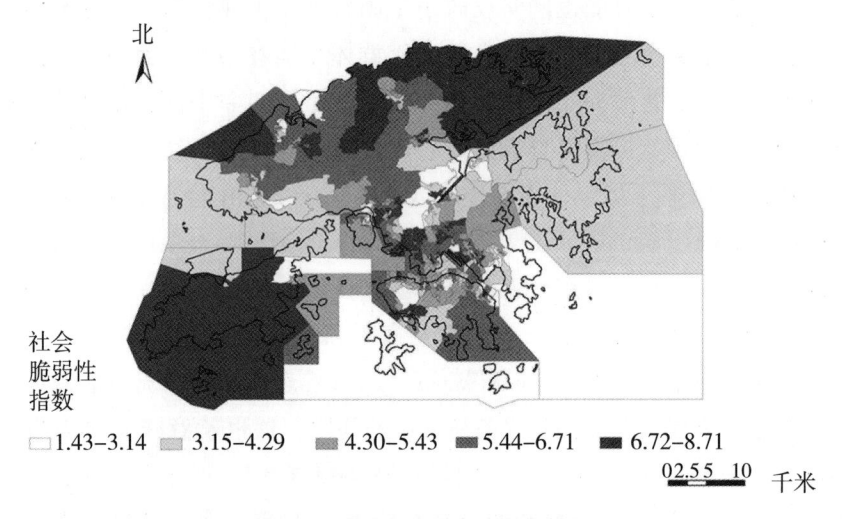

图7.2 香港各地社会脆弱性指数

注:社会脆弱性指数值分类是基于数据中数值的自然分组,使用自然断点分级法(Jenks Natural Breaks),使类内差异最小,类间差异最大。

资料来源:原始数据来自周和同事(Chau 等,2014a)的研究。地图由作者使用 ArcGIS 绘制而成。

考虑到老年群体在极端天气下所面临的额外风险,香港天文台在酷热天气即将到来时会向民众发出预警,虽然不仅仅面向老年群体,但有证据显示已对老年群体应对酷热天气起到辅助作用(Chau 等,2009)。类似地,在寒冷天气即将到来时天文台也会发出预警。这些代表了香港经历过的极端天气情况。老年群体在极端天气条件下发病率及死亡率方面的国际经验表明，在这个挑战日益严峻的时代，特别是针对老年群体的行动倡议，将会对降低老年人发病率大有裨益（McCracken 和 Phillips，2016）。

总结

就像其他任何一个地方一样，中国香港的老年群体也是异质的。所以，依然固执地强调一致性的 AFCC 政策将无法好好地服务于大众。但如前文提到的，一个让老年群体更加脆弱的重要的因素就是老年贫困。周和同事（Chau 等，2013b）在对比了中国香港和其他世界城市后，指出了这个问题，2015 年 10 月举行的扶贫委员会高峰会也重点关注了此问题（Commission on Poverty Hong Kong，2015）。特别是当已经认识到极其快速的人口老龄化是发展问题的关键时，这个富裕的社会为老年群体收入所投入的资源却并没有跟上。相对来说，老龄人口的经济状况每况愈下。尽管中国香港贫困人口总数从 2013 年的 133.6 万人略微下降至 2014 年的 132.5 万人；但老年贫困人口却从 2009 年的 36.65 万人上升至 2014 年的 43.64 万人，涨幅达 19%。大多数老年人没有工资收入，而储蓄和投资的收入又有限，因此，在当前使用的不完善的本地贫困线面前，他们很容易就被划为"贫困"人群。

除此之外，在成为全龄化友好型城市的路上，香港确实还有一些其他问题亟待解决。一是需要改变对老年群体的刻板印象，甚至要改变老年人时常出现的消极的自我认知，并为老年群体提供平等的发展机会。年龄歧视在社会中屡见不鲜，从基础护理到入院护理，再到临终护理都有不同程度的年龄歧视。医疗保健资源越来越有限，常常被认为与医疗保健各方面的优先排序有关。近期的研究显示，香港民众将"技术进步"排在医疗服务中的优先发展的最高位置，超过其他比如老年护理、临终护理等服务。英国有着类似的老龄化水平，但英国民众将临终护理排在了第二位（Mak 等，2011）。无论是医疗保健的优先发展顺序，还是大众对老年群体的态度，中国香港的本土观点都常常不利于对一个快速老龄化的社会提供支持。这也暗示了，若要成为一个全龄化友好型城市，需要用教育去改变年龄歧视者的态度。

此外，还应重视老年人的社会排斥现象（Phillips 和 Cheng，2012）。如今，许多年长的香港居民埋头苦干了一生，这就不可避免地限制了自己的社会和社交生活。在缺少紧密人际关系网的情况下，很多老年人在退休后，变得越来越"透明"。有些人确实参与了当地组织的社会活动，但这部分人一般只占很小的比重。老年群体普遍反映了其自身的孤独感，因此，鼓励老年人积极参与社会生活对建设和维持老年群体与社区之间的联结是十分关键的（另见第 3 章）。如前文所述，解决这一问题的方法之一是推行共同居住，鼓励家庭成员扶持家中年老的父母。

在多大程度上能够实现全龄化友好型城市还取决于政策改变时是否有更强的年龄意识。在这一点上，香港的法律及行政框架本身可能就是一个阻碍。例如，《死因判裁官条例》（Coroners Ordinance）目前尚不支持就地离世（dying in place），因为（比如）即便是由医院管理局老年综合评估团队提供的护理服务，老年人若在养老院死亡也需要报警。类似的还有《消防条例》（Fire Service Ordinance），它要求救护人员必须对救护对象实施抢救，即使老年人及其家人预先直接表示不希望这样做。决策者很少与老年群体共同探讨社会和医疗政策，其内容也很少获得老年群体的认可。此外，正如在沙田区和屯门区对比研究中他们对公民参与所表现出的消极态度所示，相比其他年龄群体来说，老年群体能够感受到公众、志愿组织、商业服务组织等很少向他们征询建议。很明显，政策与现实间的鸿沟阻碍了香港推行全龄化友好型发展的进程。

从积极方面来说，可能全龄化友好型发展进程中最明显的进步要属基础设施的完善。例如，在几乎所有形式的公共交通中，甚至在一些快餐店中都能看到爱心座椅。然而，在更加定性的 AFCC 领域中取得进步是不容易的，如尊重与社会包容性领域。所以，尽管设置了爱心座椅，但有需要的人无法使用专用设施也是常有的事，甚至当老年人就站在他们面前，霸占座椅的人也可能没有意识到他们需要起身让座。另一个例子是关于老年员工的就业问题。如今，类似退休年龄延期、灵活安排工作时间这样的措施都在帮助老年群体改善就业状况，但也有人认为这些政策阻碍了年轻人的就业与升职机会，特别是在经济衰退时期。当资源充足时，很快就能够改善基础设施；然而，要想改变大众的态度，就必须通过许多年潜移默化的培养才能看到效果。未来，需要更加努力培养对老年群体的尊重，减少针对年龄的刻板印象。对代际和谐的宣传可能要从幼儿园开始，并持续终身。一个成功的 AFCC 需要同时达到世卫组织框架下对八个领域的要求（见第 2 章）。

无论是政府还是地方，中国香港确实在 AFCC 运动中展现出了饱满的热情，并取得了一定的实际成果。亚太地区包含了世界上老龄化速度最快的区域，拥有许多全球最大的城市及最高的城市化水平；而中国香港可能是亚太地区全龄化友好政策与理念方面最先进的地区之一。然而，官方的乐观态度和类似 2016 年施政报告的宣传，与地方真正的全龄化友好水平之间还是存在差异。不管怎样，中国香港全境，包括官方机构、慈善组织、非政府组织、社区甚至家庭都参与到了全龄化友好型社会的建设中，这预示着中国香港特别行政区未来的发展会有好的前景。

注释

①见 www.jcafc.hk/en/afc-concept/who-global-network。
②见 www.hcv.gov.hk/eng/pub_background.htm。

第8章
爱尔兰打造全龄化友好型郡：各参与方对实施进程的看法

伯纳德·麦克唐纳

托马斯·沙夫

基兰·沃尔什

引言

爱尔兰全龄化友好型城市与郡（Ireland's Age – Friendly Cities and Counties, AFCC）项目于2010年发起，是世卫组织急速发展的全龄化友好型城市和社区全球网络（Global Network for Age – Friendly Cities and Communities, GNAFCC）中12个国家级或州一级的项目之一（Age – Friendly World, 2016）。目前，该项目正在全国31个地方政府管辖区域实施。抛开爱尔兰项目的规模不谈，其发展背景有多个鲜明特点。该项目是在一次全球经济危机中发起的。由于此前本地经济就已有所衰退，与其他许多国家相比，这次金融危机对爱尔兰的打击更为猛烈，导致爱尔兰不得不接受欧洲"三驾马车"（Troika，包括欧盟、欧洲央行、国际货币基金组织）的出资援助，成为被救助国。受此影响，在AFCC项目发展的同期，国家就制订了经济紧缩计划，并大幅削减了公共医疗和社会服务资金，包括老年群体的相关服务。

该项目的管理结构也十分特别。其他国家主要是由研究中心、非政府组织或地方政府担任领导角色的；而爱尔兰的全国项目则主要由一个独立的智囊团——"优质养老网络"（Ageing Well Network）支持。而"优质养老网络"则是由一家名为大西洋慈善（The Atlantic Philanthropies）的非长期国际慈善公司出资建立的。此外，尽管爱尔兰呈现人口老龄化趋势，但与其他高收入国家相比，其人口结构仍较为年轻。综上所述，爱尔兰项目的覆盖范围，参与项目实施的国际及本国经济势力，以及影响项目发展的组织及人口结构因素等交织在一起，为检验其全龄化友好行动倡议的发展和实施提供了独特的背景。

世卫组织 AFCC 的关键特征，越来越成为相关科学讨论的焦点（见第 2 章）。研究人员对行动倡议所采用的多种方式方法、这些方法背后的理念和逻辑、面对的挑战以及最后取得的成果均展开了调查（Scharlach，2009；Fitzgerald 和 Caro，2014；Moulaert 和 Garon，2016）。然而，当前研究对"社区变化进程及实施过程"的关注相对较少。研究人员更多地讨论了老年群体在全龄化友好型城市项目中扮演的角色，但对行动倡议的背景特征只进行了粗略描述，对许多项目所处的政治、组织、行政系统的研究不足，特别是很少从主要参与者的角度去分析全龄化友好型城市项目的影响。因此，本章将尝试改变这种情况，从主要参与者的角度来审视爱尔兰芬戈郡的全龄化友好型城市项目的实施与动态进程。通过整合地方、国家、国际上主要参与者的观点，去探究各方力量的相互作用是如何影响芬戈郡地方项目的发展与成效的。

本章首先对爱尔兰 AFCC 项目发展的社会及经济背景进行概述。其次，回顾项目起源与发展进程，并对芬戈郡的"全龄化友好型郡"（AFC）相关行动倡议的发展及实施进行介绍。再次，利用持续研究项目的研究结果，来讨论在实施进程中的两个关键性问题：一个是在项目发展、实施过程中影响力大的关键参与者持怎样的理念、动机及采取何种行动；另一个是这些参与者对让更多的老年人加入该项目持怎样的态度、理念。最后，本章总结强调了需要解决哪些关键问题，才能加强爱尔兰 AFCC 项目对老年群体生活的影响。

背景：爱尔兰人口结构、经济及政治概况

人口结构

与爱尔兰 AFCC 项目发展相关的人口结构特征共有两个。第一，爱尔兰是一个相对"年轻化"的国家。第二，爱尔兰城市人口总数超过其农村人口的时间并不长，而城市居民中近一半人口都居住在小城镇，而非大城市。2011 年全国人口共计 458.8252 万人，其中 65 岁及以上人口数量超过 50 万人，占比 12%（Central Statistics Office，2012）。预计该年龄组占总人口的比例将于 2026 年上升至 17%，到 2050 年将会达到 26%（Central Statistics Office，2013）。

2011 年，284 万人居住在城市地区，约占总人口的 62%。其中，150 万

城市居民居住在五大城市中：都柏林（Dublin）、科克（Cork）、利默里克（Limerick）、戈尔韦（Galway）和沃特福德（Waterford）。而剩余的约130万人都居住在人口规模在1500人到39000人不等的城镇中。这就表示，46%的城市居民，或者说人口总量的31%，是居住在城镇而不是大城市中的。很显然，爱尔兰AFCC项目在规划设计时，既要考虑大城市的环境，如都柏林；同时也要考虑到类似于利特里姆郡（County Leitrim）这样的地方（该地区近90%的人口居住在乡村环境中）。

对老年群体实施紧缩措施的影响

爱尔兰开始引进AFCC项目时，恰逢这头"凯尔特之虎"①威风大减。2008年国内经济不景气，全球金融危机四起，而爱尔兰也因此陷入了经济紧缩。这可以算作一次全国生存危机，可见这并不是提出新国家项目的最佳时机。尽管在有着"凯尔特之虎"之称的1995—2008年，爱尔兰的老年群体总体经济地位有了显著提升，面临贫困风险的老年人口比例由2004年的27.1%下降到了2011年的9.7%，但经济危机仍对老年群体产生了影响（Connolly，2015）。看似惊人的进步背后，有证据显示，许多老年人仍处在贫困和匮乏之中。这些情况有时被官方数据和各种间接影响的复杂关系所掩盖。受到影响的老年群体，包括独居的、健康状况差的以及难以联系到的老年人，如老年流浪者（Boyle和Larragy，2010；Walsh和Harvey，2012；Scharf，2015a）。

经济危机对老年群体有着直接或间接的负面影响。这一点可以通过解读经济紧缩计划的细节来进一步解释。尽管保留了国家养老金，但多种老年人的辅助福利被削减，如油耗、电话使用等相关福利。医疗系统的紧缩措施包括了重新对医疗卡持卡人（持卡人能够享有免费医疗护理）进行经济情况调查，并且对持卡人征收处方药费。自2009年起，公共医疗预算共削减了20多亿，而公立医院医疗服务的等候时间也大大增加。社区护理的预算也严重缩减，包括了家庭支持计划和家务帮手分配，而这两个项目对保障老年人的居家和在社区正常生活是十分关键的。除了上述紧缩措施，政府还征收了新的税费、场地费和水费，对于老年人，特别是那些最为脆弱的老年群体来说，这无疑是雪上加霜（Age Action，2014）。

经济萧条对老年群体还产生了间接的负面影响。比如，年轻人的外迁率高，不利于"留守老人"的生活质量提升。在农村地区，人口减少会导致公共及社会服务缩减，且严重影响了老年群体的生活（Walsh 等，2012）。在城市和农村地区，经济衰退导致其基本的基础设施减少，如关闭本地杂货直销商场（grocery outlet），关停邮局和派出所，缩减社区交通项目等（Walsh，2015）。此外，年老的父母还要向成人子女及其家庭提供经济及其他形式的支持，来帮助年青一代应对经济衰退带来的高失业率和住房危机（Timonen 等，2013）。

政策背景

在严重削减公共服务及福利支出的同时，国家却又正好进入了老年群体社会、医疗政策发展的新阶段，实在是有些讽刺。在 2013 年，爱尔兰发布了国家积极养老战略（Department of Health，2013a）。随后，又先后颁布了针对老年群体的全国治安维护政策（An Garda Síochána，2010）、首个有关痴呆症的全国政策（Department of Health，2014）以及《健康爱尔兰：2013—2025 年关于改善医疗与福利的框架》（*Healthy Ireland*：*A framework for improved health and wellbeing 2013—2025*）（Department of Health，2013b）。该框架虽然不是具体针对老年群体的，但它将 AFCC 项目确定为一个实施有关老年群体建议措施的平台。另一项在此期间有关 AFCC 项目的政策提出了"人民优先"（Putting People First）行动计划（Department of the Environment，2012），这项全国性的行动计划极大地改革了地方政府结构。然而，受经济危机的影响，即便自 2015 年起爱尔兰的经济得以恢复，对于上述政策或政策中有关老龄化的部分，政府大体上只是提出而已，并未配置足够的资源支持政策落地。

爱尔兰 AFCC 项目及芬戈郡 AFC 项目的发展

爱尔兰全龄化友好型城市与郡项目

爱尔兰 AFCC 项目的发展植根于大西洋慈善在爱尔兰采取的战略性举措。人们很容易会忽视大西洋慈善的影响力，这是因为它主要是通过投资项目，以低调的方式进行营运的。但事实上，大西洋慈善对爱尔兰老龄化领域的影响，无论从战略角度还是从基础层面来看，都是巨大的，其中也包括对全国 AFCC 项目的支持。2007—2013 年，大西洋慈善一直向"优质养老网络"提供资金支持；2014年开始资助"全龄化友好型爱尔兰"（Age-Friendly Ireland，AFI）项目，而这两者都在爱尔兰AFCC项目的发展中起到了关键性作用。大西洋慈善在2008年建立了"爱尔兰老龄化项目"。该项目在2016年结束之前，一直专注于志愿组织和研究机构的能力建构（Cochrane等，2013）。大西洋慈善在其所投资的项目中设定的目标范围很广，这可以反映出爱尔兰老龄化领域还存在着诸多不足，比如对老年群体的公共宣传过于分散，未能认识到老龄化是政府政策的一个核心领域以及缺乏能够指导规划及服务的扎实的研究（O'Shea和Conboy，2005；O'Neill等，2009；Walsh等，2015）。

"优质养老网络"创立于2007年。其创办者大西洋慈善对该项目的定位是领袖网络论坛和智囊团，以期弥补当时存在的缺口。来自75个组织的领袖和关键决策人，包括中央政府、地方政府、国家机构、学会、志愿者领域以及商界等，都加入了该项目。该项目明确了战略重点，制定了具体问题意向书，并邀请老年公务员参与政策制定和长期规划（Parker，2015）。

在发展过程中，优质养老网络开始通过几个可行的项目来实践一些新观念、新方法，其中就包括AFCC项目。作为首批33个世卫组织全龄化友好型城市行动倡议的研究对象之一，劳斯郡（County Louth）的敦达克市（Dundalk）被当作开发爱尔兰全国全龄化友好型郡项目的试点场地。而随着试点工作的不断推进，爱尔兰慢慢地建立了相关的国家组织结构来支持将从试点获取的经验推广至其他郡。地方发展咨询团队的成立为其他加入行动倡议中的郡与市提供了切实的帮助与支持。随着项目被引入更多大城市，该项目名称也被改为"全龄化友好型城市与郡"。

根据世卫组织的方法，结合试点阶段的经验反馈，项目制定了一个四阶段的实施模型。类似地，实施框架也随着各城市与郡的项目发展而相继建立起来（见图8.1）。为吸纳更多老年人参与其中，该模型大体上采用了"自上而下"的方式，建立鼓励老年人参与的机制，并在此基础上开展工作，具体的方法有：开展基线问询与调查；成立老年群体委员会（OPC）、与已有的老年人论坛合作；从负责项目监管的地方市、郡参与者联盟中选出代表派至各委员会。然而，该模型高度依赖于高效的自上而下的领导力。在理想状态下，联盟中的每一家法定机构都应由当地高级官员或高级管理人员代表。其中核心机构主要包括当地政府、优质养老网络和AFI项目，以及负责医疗、社会

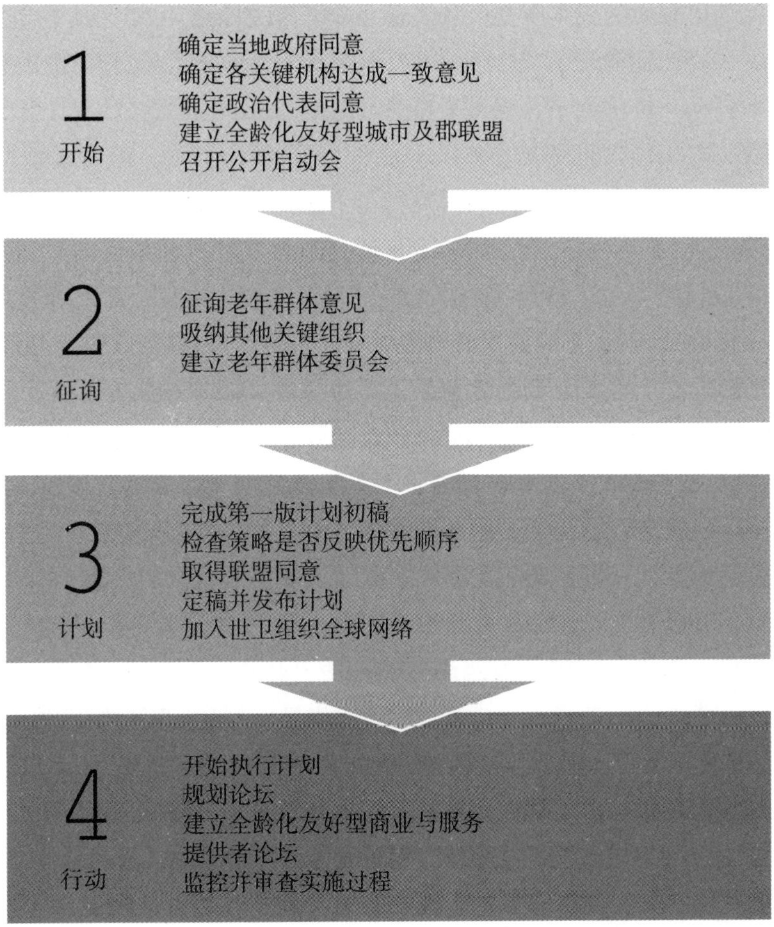

```
┌─────────────────────────────────────────┐
│  1      确定当地政府同意                 │
│         确定各关键机构达成一致意见       │
│  开始   确定政治代表同意                 │
│         建立全龄化友好型城市及郡联盟     │
│         召开公开启动会                   │
└─────────────────────────────────────────┘
                    ▼
┌─────────────────────────────────────────┐
│  2      征询老年群体意见                 │
│         吸纳其他关键组织                 │
│  征询   建立老年群体委员会               │
└─────────────────────────────────────────┘
                    ▼
┌─────────────────────────────────────────┐
│  3      完成第一版计划初稿               │
│         检查策略是否反映优先顺序         │
│  计划   取得联盟同意                     │
│         定稿并发布计划                   │
│         加入世卫组织全球网络             │
└─────────────────────────────────────────┘
                    ▼
┌─────────────────────────────────────────┐
│  4      开始执行计划                     │
│         规划论坛                         │
│         建立全龄化友好型商业与服务       │
│  行动   提供者论坛                       │
│         监控并审查实施过程               │
└─────────────────────────────────────────┘
```

图 8.1　建设全龄化友好型城市的四阶段

资料来源：全龄化友好型爱尔兰（Age-Friendly Ireland，2016）。

服务、教育和社会治安的部门。同时，根据当地具体情况，还可以包括其他组织，如学术协会、非政府组织等。

尽管联盟中这种涉及多个参与方的方式作为一种管理结构看上去有些繁杂，但爱尔兰的基本服务提供方式就决定了这种结构的必要性。地方政府的职权范围有限，且主要负责基础设施的提供与维护，即实体环境建设（Turley 和 Flannery，2013）。因此，国家需要更多的机构、组织参与到联盟当中。该项目强调机构间的合作，旨在将项目深深扎根于这些机构内的可持续的服务体系中；若有可能的话，在当下的经济环境中，推动已有资源的重组，并实现项目实施过程中的成本中立（cost neutral）。联盟最初由相关地方当局负责人建立并主持，随着地方全龄化友好五年计划的推进，开始设立独立主席。当地政府任命一位协调员，通常是兼职性质的，其负责监督项目工作计划的实施情况，并担任联盟秘书。

爱尔兰 AFCC 项目着重强调了要与世卫组织行动倡议建立并保持国际联系。在建立 AFCC 项目之前，国际专家就全龄化友好行动倡议向"优质养老网络"的成员及大西洋慈善的主管人员进行了介绍与展示。第一次全龄化友好型城市国际会议于 2011 年在都柏林举行，共同参与主持的还有世卫组织和国际老龄联合会。在大会期间，全球 38 座城市的城市代表共同制定并签署了《都柏林宣言》（Dublin Declaration on Age-friendly Cities）；另有 36 个欧洲城市于 2013 年也签署了此宣言。随着世卫组织全龄化友好型城市和社区全球网络不断壮大，大西洋慈善同意为该网络办公中心提供资金支持。

优质养老网络按照原计划于 2013 年 12 月逐步关闭，由 AFI 自 2014 年 1 月起继续承担爱尔兰 AFCC 项目的协调工作。AFI 代表当地政府网络，会议在都柏林市政厅举行，并仍由大西洋慈善提供主要的资金支持。它协调、支持各个城市和郡各自的项目，并为其提供技术指导。AFI 突出了本地政府在打造全龄化友好型社会进程中所起到的核心作用，也突出了 AFCC 项目在支持国家积极养老战略目标的实现方面所扮演的角色。此外，AFI 还继续强调与世卫组织全龄化友好型城市项目保持联系的重要性（Age Friendly Ireland，2015）。

芬戈郡 AFC 项目

早在 2011 年，在爱尔兰 AFCC 项目发展的初期阶段，芬戈郡就决定开展自己的全龄化友好型郡行动倡议。芬戈郡位于爱尔兰东海岸，都柏林市北部（见图 8.2）。在 2011 年最新的人口普查中，芬戈郡人口总数为 27.3 万（Central Statistics Office，2012），同上次人口普查结果（2006 年）相比，增长了近 14%。芬戈郡是爱尔兰人口第二多的郡，也是"最年轻的"郡，其 65 岁及以上人口比例为 7.2%。92% 的人口居住在城市地区。从都柏林市西北部人口稠密的郊区，到芬戈郡北部、西部的小城镇和较为偏远的县城，城市地区的规模各不相同。

芬戈郡 2011—2017 年发展计划（Fingal County Council，2011）概述了地方议会对该郡整体发展的政策及目标规划，包括改善其经济、环境、文化及社会资源的各项举措。发展计划以几条整合原则为基础，其中包括必须确保社会包容性。在对芬戈郡的贫困及社会排斥情况进行分析后，老年群体被确定为社会排斥高风险目标群体。发展计划将重点主要放在以下几个方面：打造经济、社会可持续社区；改善经济活动；创造就业机会；确保建筑及自然环境可持续发展。

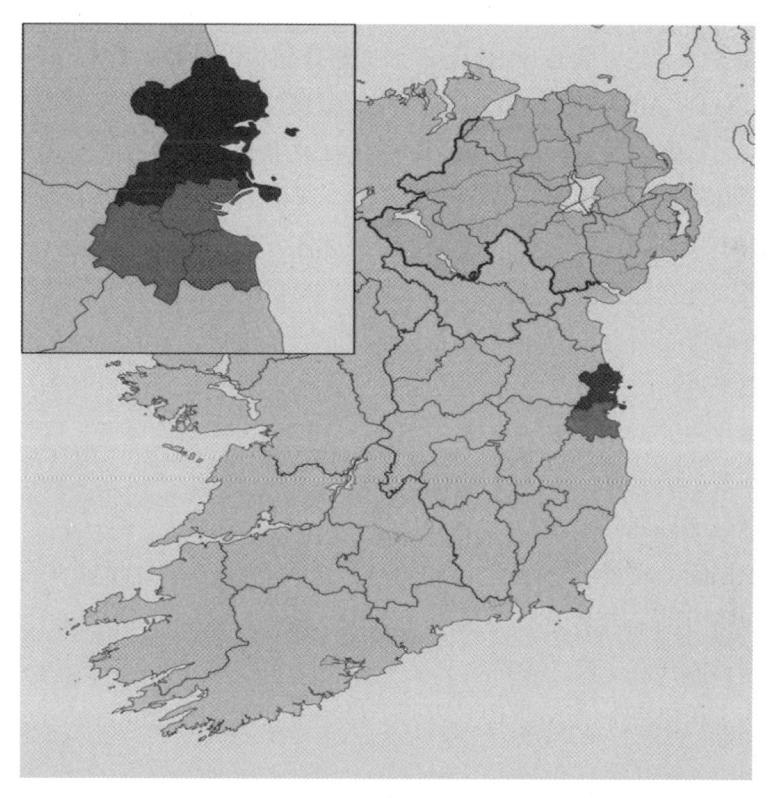

图8.2 芬戈郡（深灰色区域）分别在爱尔兰和前都柏林郡（浅灰色区域）中的位置
资料来源：creativecommons.org。

以上就是芬戈郡2011年发布AFC项目时的政策背景。该郡于同年签署了《都柏林宣言》，并很快由郡负责人建立了芬戈郡AFC联盟。芬戈郡议会指派了一人作为项目协调员。郡负责人在第一年担任联盟主席，随后则交由独立主席负责，联盟各成员每年召开四次碰头会议。联盟成员基本与国家框架相同，但为几所高校留出了席位。在第一个五年计划推进的过程中，2012年，芬戈郡项目加入了世卫组织全龄化友好型城市和社区全球网络。

果不其然，芬戈郡全龄化友好型郡的2012—2017年战略计划（Fingal

County Council, 2012）采用了世卫组织指南中修改后的八大领域框架。战略计划制订前对老年群体进行问询，开展老年群体线上调查，并对现有的服务提供情况进行基线评估。战略计划确定了在每个领域中可能采取的行动，以及负责每个行动实施的对口机构。计划行动共 58 项，其中 40 项与社会环境各方面有关，如社会参与、公民参与、社区支持、犯罪预防和通信信息；而剩余 18 个与实体环境有关，包括住房、交通、室外空间与公共建筑等。

2012—2015 年，联盟开始着手开展战略计划中的一系列行动（Fingal Age Friendly County Alliance, 2015）。与国家模型建议的大论坛形式不同，联盟在项目开发、实施过程中所需的组织体系方面采用了更为灵活的方式，在处理每个问题时成立了工作组，如交通工作组、通信工作组和住房工作组。在此期间，由于"人民优先"行动计划持续地对各方产生影响，联盟内的成员流动率较高，所有主要法定机构，包括地方政府在内，都更换了各自的联盟代表；地方政府层面上，AFC 项目也进行了重组。战略计划的推进是通过建立七个分项来进行的。这七个分项共涵盖了战略计划中确定的所有领域。项目包括了医疗改进、独立生活支持、交通服务和老年人急诊服务，以及打造全龄化友好型小镇项目。2014 年对战略计划的实施进行了一次正式的中期审查（Fingal Age Friendly County, 2014）。

在此期间，联盟还进行了自己的管理与监管能力建构。增能（capacity-building）培训面向老年群体委员会（OPC）开展，而老年群体也积极地参与到许多项目的开发中来（专栏 8.1）。联盟中老年群体的代表席位也从 2 人上升至 3 人。2015 年，芬戈郡 OPC 召开了第一届全国 OPC 会议。

专栏 8.1　协同计划在行动：全龄化友好型斯克列镇

2013 年，芬戈郡的斯克列镇（Skerries）被选定参加全龄化友好型小镇行动倡议，这是优质养老网络全国项目中的一项。项目任命了一位小镇规划师，主要负责监督项目进展。团队进行了大量的数据收集，形式包括桌面推演、绘制资产地图、调查与意见征询等。在研究初始阶段过后，当地一家社区联络委员会（community liaison committee）同意担任项目的筹划委员会。这家社区联络委员会曾对斯克列镇的全龄化友好型行动计划进行监督。

用于起草行动计划的数据是通过多种途径收集到的。项目共招募了 25 位老年居民，进行了步行友好性研究，并确定了小镇实体环境改进的关键领域。来自青年委员会的成员也加入了这一研究。研究共涉及九条道路，每组负责跟随一位老年志愿者，并完成一份步行友好型的调查问卷。此外，项目还召开了公共意见征询会，就更大范围的社会问题询问老年居民意见，包括当地社区、娱乐和教育资源。

全龄化友好行动计划中包含的各项行动措施涉及多个方面，包括人行道、斑马线、公共座椅、交通设施、公园、独立生活支持、减少社会孤立的方式、对护理人员的支持以及当地服务与设施相关信息的易得性等。

资料来源：基于优质养老网络（Ageing Well Network，2013）。

实施：各参与者的观点

以下内容的基础是芬戈郡 AFCC 项目实施研究中的实证信息。研究整体上包括两部分采访：一部分对芬戈郡老年居民进行采访，询问居住在该郡的日常生活体验；另一部分询问关键参与者对芬戈郡 AFC 项目发展及实施的看法。在此展示的研究结果是从 2013—2016 年，对 16 个组织性参与者的采访中得出的。采访时，参与者被分成 3 个不同组别：8 名芬戈郡 AFC 联盟成员；5 名参与爱尔兰 AFCC 项目建设的国家政策制定者；3 名深度参与了世卫组织项目的国际参与者。采访主要是围绕两个核心问题展开：一是参与者有怎样的认知、动机和行动以及这些因素如何影响项目的开发与实施；二是参与者如何理解那些让老年群体积极参与项目的相关举措。

领导力、规划与协作

联盟成员

在采访时，多数联盟成员都认为芬戈郡 AFC 项目的实施进展情况良好或非常好。其评价依据包括了行动倡议管理方式、关键成员的专业性和采用的规划措施，以及联盟各成员组织协同工作的水平。受访者认为，在战略计划完成前，当地政府与郡负责人对联盟的成立与组织起到了重要的领导作用，在行动倡议初期起到了推动作用，并将这两者与对项目行动倡议的认知以及其未来发生重大革新的可能性联系在一起。另一个重点是联盟中的独立主席的作用和能力。这位主席在政界的工作时间长，人脉关系广，且了解法定机构的工作情况。受访者表示，对这位独立主席的任命就释放了一个强有力的信号：这个行动倡议是十分"认真"的。此外，参与者还强调了项目协调员的核心角色，协调员拥有一心投身于老年事业的信念，有强烈的职业道德，且能够同联盟主席和区域优质养老系统顾问之间保持积极的工作关系。总的来说，联盟成员普遍认为，这些水平高、能量大、使命感强的关键人物很好地履行了各自的领袖职责，进而推动了整个项目有序地向前发展。

许多联盟成员还积极评价了联盟采用的规划流程，这主要是针对整体的项目规划以及具体的问题管理，而不是采用世卫组织的框架模式。受访者表扬了与战略相关的行为和实际的关注点，并表示项目基于可用的资源以及量化的方法，并设立了切实可行的目标。这表明，联盟吸收了此前跨部门规划中的经验教训，有效避免了目标大、成效小的情况。

几位联盟成员提到了联盟中不同机构的代表所展现的投入与合作的程度，特别是在不同的分项目中担任领导角色的机构。其他一些成员虽然对跨机构合作的赞许有所保留，但对各机构在各方面的预算严重受限的情况下，仍能保持较为有效的合作表示肯定，这对参与各方均有裨益。尽管如此，一些参与者提出，想继续保持合作则存在一定困难，并强调需要后续跟进来确保承诺落地，且提供了一些正面例子。有几位本地参与者表示，他们担心正在进行的地方政府改革会对项目各方的合作与项目的实施产生哪些影响。

国家参与者

在看到 AFCC 项目显著成果的同时，国家政策制定者则对全龄化友好行动倡议的评价更为谨慎、客观。他们认可了几位重要领袖在国家项目发展中所作的贡献，也提到优质养老网络和大西洋慈善扮演的关键角色。国家参与者还表示，从 2009 年在一个郡开展的试点项目，到如今所有地方政府区域都在推行，该项目取得了巨大成功。

然而，国家参与者对 AFCC 表现出了更多的担忧，担心的对象包括跨机构合作、目前为止取得的成果、实施模型中的某几个方面、地方层面上政治家的参与程度等。参与者还就世卫组织介入国家行动倡议所产生的影响持有不同的看法。在一些城市和郡的行动倡议中，跨机构合作的水平和质量不尽人意，有几位国家参与者对此表示失望。医疗与社会服务机构（HSE）被专门提到，表现尤其不佳。一位参与者表示，HSE 的参与情况代表了该项目目前面临的最严峻的挑战。而另一位参与者指出了行动倡议需要各部门密切协调来提供服务，认可了地方政府的主导作用，但同时也强调了实现紧密协作存在着诸多困难，紧缩计划造成公共开支缩减、机构人员裁减，给各机构带来了不小的压力。与此同时，还有一些参与者在评论时言辞犀利，并质疑当前阶段爱尔兰的公共服务是否具备足够的能力可以在 AFCC 项目所设想的多方协作的基础上继续运作。国家参与者对项目的实施方式也持有保留意见。一位参与者表示，实施方式过于程式化，且并未给联盟留有足够灵活调整的空间。国家项目坚持在各地项目实施中使用通用模板，这已经阻碍了一些地方政府对项目的扩展。他还认为，全国非政府组织论坛并未对项目的发展作出太大贡献。此外，国家参与者还表示，项目需要根据国家政策优先顺序的变化做相应调整，特别是在"人民优先"行动计划下制定的新的地方政府体系。

国家参与者还就行动倡议中以世卫组织为代表的国际势力产生了分歧。一位受访者认为，对于行动倡议的整体规划来说，世卫组织只在国家层面发挥了作用，而在地方层面表现平平。而其他受访者则指出，世卫组织对行动倡议的直接支持过少。特别是从地方政府的角度来说，如果行动倡议能与世卫组织这样的权威机构保持密切联系，则有助于提高项目本身的可靠性。

国际参与者

国际参与者认为，项目实施的基本要素包括行动倡议全球网络建立的根本原因以及国家项目所能作的贡献。这部分受访者均对全龄化友好行动的快速发展表示赞赏；同时也认为关键人物在履行领导职责时对项目的投入程度和热情都是值得表扬的。对于"什么才算是成功的全龄化友好行动倡议"这一问题，几位受访者也达成了统一意见。核心要素包括高层是否能够调动政治资源，支持项目可持续发展；是否采取了严格的评估流程，以确定老年群体的需求。一些受访者强调了跨部门或跨机构合作的重要性，而其中有一位特别指出，这一点是项目成功的必要条件，只有实现了跨机构合作，才能够确保项目拥有综合性组织给予的支持。

另一位国际参与者指出，采用合作型方式并不是加入世卫组织全球网络的硬性条件。尽管全球网络中有一些在合作方面的典范，但在更多的全龄化友好型城市项目中，可能只有负责老年群体服务的官员在推动项目前进。

当讨论到全龄化友好运动的发展进程时，一些国际参与者强调了世卫组织指南的重要性（WHO，2007）；其他人则提到2010年世卫组织建立全球网络的重要意义。而在这一环节中，分歧的焦点在于，到底应该将重点放在评估上，还是实施上。一些受访者认为，如果能够灵活地运用世卫组织指南，那它仍具有普遍适用性，其编制的核心原则也仍有（现实）意义。而另一位受访者则对指南最初发布时并未着重强调如何实施表示了遗憾。还有一位参与者表达了自己的担心：指南本应是激发更多想法的"工具"，却在很大程度上被看作项目实施的权威规定。第一批使用指南的城市共33座，其中大部分依照指南确定了自己的全龄化友好程度，却没有根据比对结果有所行动。这位参与者同样强调了地方政府领导角色的重要性，此外，对全球网络中的风险也有着清醒的认识。比如，全球网络的存在是为鼓励其成员投入全龄化友好发展，努力提高全龄化友好水平；而一些城市却利用世卫组织全球网络的成员身份，宣称自己已成为全龄化友好型城市。

一些国际参与者表示，近年来，随着单个AFCC项目的不断成熟，全球网络成员所制订计划的质量也有所提高，但仍有一些成员尚未制订自己的发展计划。国际参与者意识到，行动倡议需要灵活适应不同的环境，需要满足不同地区地理、文化多样性产生的多样化需求。一些人对当前行动倡议是否做到了这一点表示怀疑。

国际参与者还提到了发展各国国家项目的价值，部分原因是因为世卫组织缺乏足够资源来支持各地的地方行动倡议。他们也认识到，各个国家项目的质量参差不齐。对人口密度小的国家来说，国家项目更容易组织，在释放有力信号，将全龄化友好型发展作为国家优先发展对象这方面也存在一定优势。当一切都顺利推进时，这些地区能够更有效地获取资源，建立合作伙伴关系，并积极调动各方力量。然而，国家项目有时也会产生负面影响，比如，这些项目可能会对成员试图积极参与更大的全球网络造成阻碍，或由于为成员设置了限制条件，从而妨碍了改革与创新。

AFCC发展中老年群体的角色：是做做表面功夫？还是真正发挥了影响力？

各方参与者都强烈地认同老年群体参与行动倡议发展背后的原理；对影

响行动倡议参与度的因素、这种参与方式面临的困难以及相关政策支持的重要性等也表示热切关注。

各组参与方都认识到，老年群体参与全龄化友好行动倡议具有重要价值。老年人为项目带来的能量、生命力和色彩，往往会加强项目及参与者前进的动力。全龄化友好行动倡议是否能够融入老年人的生活经历也是很重要的。受访者也列举了一些老年人参与项目的方式，包括：在意见征询时提出优先解决事项；规划、整理相关解决方案；提供实施建议；有时也可以积极参与实施过程本身。意见征询被视为全龄化友好型发展全过程中的基本要求，也是推动、管理有效革新的内在要素。

一些参与者将专家主导的行动倡议同老年群体有效加入的项目进行了对比。参与者对只有专家参与的项目并不看好，认为项目需要老年群体参与进来，并提出了一些有效解决办法。但是，与此同时，有些参与者希望不要对"老年人参与"抱有不切实际的期望。全部由老年群体主导的行动倡议也不会一定比传统的、自上而下管理的项目更优秀。参与者们认为，理想状态是将"自上而下"与"自下而上"两种方式相结合起来，只有这样，才能够一方面反映出市郡层面真实的决策过程，另一方面认识到各个区域内部多种利益阵营的存在，并仍能保证在规划过程中对老年群体的需要给予认真考量。

各组参与方都举出了他们认为老年群体成功参与的全龄化友好行动倡议。国家参与者特别表扬了爱尔兰 AFCC 项目中的这个部分，并认为老年人参与是其取得的最大的成果之一；同时，他们也指出，参与的质量在不同郡之间良莠不齐。总的来说，联盟成员对地方层面上老年群体的参与给予了正面评价。特别是芬戈郡将不同的征询方式相结合的方法受到了认可。成员将"全龄化友好型斯克列镇"和"全龄化友好型都柏林机场"两个项目作为老年群体有效参与项目的范例。他们提到了芬戈郡 AFC 项目开始之前施行的征询机制，并认为这一机制有待被强化。他们认为首次征询综合性强，不仅找出了问题，还为老年人提供了机会，让他们也能够提供可能的解决方案。一些参与者认为，老年人与芬戈郡下辖地区之间的关系意味着意见征询要更多地以本地为中心，而非放置在更大的城市环境下，这一点也是有价值的发现。此外，他们还对 OPC 与联盟之间的工作关系表示了肯定。

与此同时，各参与方也在热切地关注着老年群体参与项目所面临的障碍和挑战。国际参与者提到了文化障碍。在许多国家，整体决策形式可能并不包括民主参与机制。这可能会导致老年群体的参与只是表面功夫或面子工程，无法真正影响决策。国家参与者也提出了类似的观点，认为各组织机构表示抗拒是因为这会改变权力结构及其决策方式。一位国家参与者表示，AFI本身对于向OPC转移权力和影响力这件事非常警惕，而这可能也会成为老年群体有效参与项目的一重障碍。

各参与方成员也都对弱势或边缘化老年群体有效参与项目这方面表示担忧，包括接受居家护理的老年人、老年流浪者、爱尔兰"新"社会中的老年成员以及老年男性。解决这一问题可行的方法之一，是让群体代表参与项目。地方参与者强调，要加强老年群体对"全龄化友好型芬戈郡"的认识，这也是促进该群体更多地参与项目的一种方法。

那么，是否需要提升老年群体的能力，使其能够全面参与全龄化友好行动倡议？国家与地方参与者在这方面持不同观点。一些人认为，老年人具备能力，且能够很好地发表自己对生活以及所遇问题的看法，特别是通过意见征询机制。一位地方参与者建议将"增能"用于制定老年人议程，"引导"老年人向特定方向发展，而不是通过单纯地通过教授知识和技能，来加强老年群体的参与程度。然而，其他人则认为有必要进一步提升老年人的能力，使其能够有效影响决策制定，全面参与芬戈郡AFC项目。尽管需要资源高度集中，目前正在进行的OPC培训和发展项目就是这一进程中重要的一步，然而这一举措需要资源的高度集中。国家及地方参与者均意识到，只有有针对性地分配资源，才能帮助并确保老年群体有效参与行动倡议。

除此之外，国家参与者对2011—2016年度政府项目中对OPC的政策支持表示欢迎（Department of the Taoiseach，2011），并对国家积极养老战略中认识到老年群体参与的重要性表示认可。他们认为，两者都为老年群体参与项目提供了政策保障。最后，一些国家参与者建议，在全龄化友好型城市与郡的行动倡议发展中，国家项目当前还应更多注重地方层面政治领域的参与。

讨论与总论

卢伊和同事（Lui等，2009）整理了在打造全龄化友好行动倡议中所使用的一系列管理方法，发现无论是针对个别方法的有效性进行的批判性分析，还是对决定这些方法的"驱动力"的相关研究都很少。在这期间，世卫组织的方法曾被仔细分析过，并明确了其优势和弱项（Buffel 等，2012；Keating 等，2013；Liddle 等，2013；Golant，2014；Plouffe 等，2016）。爱尔兰内部的研究和讨论文献也对这些实施问题进行过探究，发现爱尔兰 AFCC 项目不仅受到紧缩计划的重大影响（Walsh，2015），也面临着一系列政治、体系因素的挑战（Connolly，2015；Walsh 和 Harvey，2012；Fingal Age Friendly County，2014）。然而，尽管爱尔兰 AFCC 项目是在如此不利的经济环境下开展的，它依然取得了瞩目的成绩，主要包括了以下几点：发起国家项目，召集各个领域的参与方加入，并已将项目纳入国家政策之中；制定了有效的体系和程序，支持项目实施，确保地方全龄化友好行动倡议间保持联系；对老年人提出的关键问题逐渐有了创新的解决方案（Scharf，2015b）。那么，从爱尔兰经验中我们能够借鉴什么呢？特别是关于所有全龄化友好行动倡议面临的两个问题，我们能够学到什么呢？这两个问题分别是：如何在项目中融入政治领袖及其支持？如何让老年群体有效参与项目？

爱尔兰 AFCC 项目的发展充分显示了政治领袖的重要作用，为我们提供了政治力量如何积极调动资源、支持项目发展的样板。正如本章所示，爱尔兰 AFCC 项目中采用的实施方法在很大程度上受到了世卫组织行动倡议的影响，特别是使用了世卫组织八大领域构架作为初期指南，发展本地战略计划（见第 2 章）。然而，爱尔兰的项目并没有完全照搬世卫组织方法中的每个部分，而是在试点项目后对管理框架进行了调整，使其符合当地服务提供体系，并适应正在进行的组织及政策变革。尽管有些人可能会认为这还有欠缺，但在地方建立各自体系时还是有一定的灵活调整空间的。AFCC 项目在进行设计时就真实地反映出了当时全国的普遍经济状况，并从国家层面建立了独特的体系，支持国家项目的发展。项目从"优质养老网络"中继承的优点对此有所帮助；同时，通过充分、积极地利用此次机会，获得了政府与政策对行动倡议的支持。与大西洋慈善之间的联系也在这方面起到了一定作用，但大西洋慈善有限的筹资循环（funding cycle）不利于加速项目的扩展。目前 AFCC 项目被正式列入国家政策中（Department of the Taoiesach，2011），随着 AFI 从国家层面转入地方政府支持网络，项目的可持续性得到了进一步保障。

然而，在爱尔兰的背景下，关键的不只是政治领袖。政治体系为 AFCC 的发展提供了支持性政策环境，但强大的个人及机构领袖同样也很重要。这一点在郡和市中非常明显。在这些地区，比如芬戈郡，地方政府负责人、联盟主席和项目协调员的投入程度和领导力水平是非常关键的。优质养老网络和劳斯郡（Louth）AFC 试点项目中的个人领袖在推动国家项目的发展中，也起到了极为重要的作用。目前，项目面临的挑战之一，就是能否持续的问题。特别是因为地方政府改革造成发展的重心改变，进而导致一些关键人物退出舞台，此时项目该如何继续下去，这个问题将着实考验项目的协作特性以及项目在多大程度上扎根于政策与服务提供体系。

尽管 AFCC 成功调动了政治支持，但对于支持老年群体有效参与项目发展进程，仍存在困难。这部分反映出对老年人的能力期望不高，对于在项目发展中给予老年人更多决定性的影响力上是过于谨慎的。已经有许多文献讨论了有关老年群体的公民参与，包括不同的理念，也有很多相关研究，比如是什么给予了老年人参与的可能性，又是什么阻碍了它的发展，以及久而久之地为老年人带来了哪些好处（Minkler 和 Holstein, 2008；Barnes 等, 2012；Ekman 和 Amna, 2012；Buffel, 2015）。事实上，针对爱尔兰背景进行的研究机构在逐渐增加（Ní Léime 等, 2012；Ní Léime, 2015；Scharf 等, 2016）。随着我们不断了解公民参与，我们越来越能认识到，就老年群体对 AFCC 项目的影响力来说，当前的模式只处在影响力等级中的低端。这也部分说明了项目开始时所使用的基线水平较低，将老年群体吸纳进服务改善的行动倡议中的经验较少。公正地讲，AFCC 项目已经开发了一些程序和机制，用于促进老年群体参与项目进程，包括了我们已经提到的，在制订地方战略计划时进行意见征询；在许多（不是全部）地方项目中建立 OPC；向每个参与的城市和郡中的相关联盟指派老年群体代表。然而，相关模式仍存在严重弱项。到目前为止，除去关于公民参与的积极评价，其中一些已经被各参与方指出，并且随着增能项目的完善以及在各种地方项目中逐渐推广，这些弱项已出现了一些改进的迹象。行动倡议的发展需要建立在对公民参与的广泛理解之上。只有扩张了对社会参与的理解，才能够通过 OPC 促进社会甚至政治领域的积极性，才能够采用有效的社会教育和成人学习准则，来实现这些目标。此外，也许是时候开始为服务提供者设立社会参与增能培训项目了，这些项目可以加强这部分群体对公民参与的理解，提升其吸纳老年群体有效参与全龄化友好行动倡议的能力。本章提出了有关地方全龄化友好型城市项目实施进程及其全国、国际关系的少有的批判性观点，并特别指出政治、经济、政策、组织及个人势力之间复杂的相互作用塑造了芬戈郡管理、实施方法中的重要部分。这些势力源自国际、全国和地方层面。类似的要素也很有可能存在于其他地区的全龄化友好行动倡议中。因此，我们需要增进对这些相互作用的要素的了解，以便于在打造全龄化友好型社区的任何阶段都能对这些要素给予充分、认真的考虑。全龄化友好型城市项目如果希望实现其志向，发挥其潜力，为老年群体生活带来显著的改变，就有必要继续开展全龄化友好型城市项目实施相关的批判性研究与评估。

注释

①译注——凯尔特之虎是指从 1995 年到 21 世纪初，爱尔兰共和国实体经济飞快增长的一个时期。摆脱了"欧盟最贫困国家之一"的称号，国内生产总值年均增幅约 9%，高居欧盟榜首，实现了经济逆转。

第9章
澳大利亚的全龄化友好型城市

哈尔·肯迪格

凯茜·龚

丽萨·坎农

引言

澳大利亚是较早参与世卫组织开拓全龄化友好型城市和社区（AFCC）项目的国家之一，并一直在具有里程碑意义的老龄化与医疗报告中表现积极（WHO，2015）。以下这段世卫组织陈述影响深远，本章接下来基于此陈述对澳大利亚行动倡议的发展情况进行批判性总结。

> 一座全龄化友好型城市应通过优化获取医疗资源、社会参与和社会保障的途径，鼓励居民积极养老，提高养老过程的生活质量。从实践的角度讲，全龄化友好型城市应调整其结构与服务，提高便利性与包容性，更好地服务于具有不同需求和能力的老年人（WHO，2007）。

世卫组织全龄化友好型城市（AFC）指南与清单，可谓是澳大利亚老年群体向当地行动计划提供的切实指导。其中共有八个优先发展领域：室外空间与建筑物、交通、住房、社会参与、尊重与社会包容性、公民参与及就业、通信与信息以及社区支持与医疗服务（后期增补了终身学习与可持续性）（WHO，2007）。本章的焦点在于，理解澳大利亚在AFC项目中努力将"自下而上"的社区观点带进整个政府对老龄化问题的应对当中，其中包括在政府、社区与高校学者之间建立学习—行动的合作关系。

本章首先简单回顾了澳大利亚人口老龄化及空间结构的发展变化过程，包括不断增加的人口多样性。随后列举了澳大利亚各城市宜居性，特别是弱势老年人的居住体验的相关说明，包括被广泛应用却定义模糊的概念——"居家养老"问题。然后，再分别从州和国家的背景对悉尼、墨尔本、堪培拉的 AFC 行动倡议进行对比。尽管在其他城市和非都市区域也存在有价值的 AFC 项目，但为了更好地聚焦、整合讨论结果，本章会集中关注以上三个首府。①本章会对全龄化友好举措实施过程中面临的挑战进行批判性分析，并在最后评估已取得的成果，展望未来前景。

老龄化的澳大利亚与城市变化

澳大利亚是一个高度发达的工业化社会。过去几十年间，澳大利亚在经济发展、人口增量以及实际收入增长方面都强于欧洲。虽然在 2007 年全球金融危机期间，澳大利亚曾努力避免经济衰退（Kendig 等，2013），但随着澳大利亚的经济转型，它不再高度依赖向中国出口资源，而其未来的发展也充满了未知数。澳大利亚"内陆"地区总被贴上"大农村"的标签，但恰恰相反，澳大利亚实际上是全球城市化程度较高的国家之一。首府政府与州政府仍保留对小城市和乡村地区的经济、政治领导权。尽管一些刚刚退休的居民搬到了沿海或其他的前城市远郊区域，这些小城市和乡村正面临经济下滑、人口减少的境况。悉尼和墨尔本的人口均在 500 万左右，两者最初的城市化发展也都是在 19 世纪中期。这两座城市也慢慢成为世界城市，并与国际经济关系越来越紧密。在过去 10 年间，强大的就业市场以及不断增长的人口总数，为这两座城市吸引了大量外国移民、学生和游客，直到今天，人们也仍在源源不断地涌入它们文化多元的社会当中。澳大利亚首都堪培拉是一座内陆城市，人口约为 40 万，其职能就是作为澳大利亚的政治中心，以及澳大利亚首都领地（Australian Capital Territory，ACT）（大致相当于美国华盛顿哥伦比亚特区）的公共服务中心。

人口多样性及变化

澳大利亚在"变老"。65 岁及以上人口占比从 1995 年的 12% 上升至 2015 年的 15%，这一比重预计将在 2031 年达到近 20%（ABS，2012，2015）。其中占主要部分的是第二次世界大战后婴儿潮时期出生的人②和第二次世界大战后的移民，当然也有寿命延长的因素（Gong 和 Kendig，2016）。第二次世界大战后，很多人从欧洲移民至澳大利亚；近几十年，也有很多受越南战争以及中东和非洲动乱影响逃离本国的难民。这些婴儿潮时期出生的人提高了澳大利亚的人口多样性，而他们中越来越多的人正在慢慢步入晚年。在不同的群体之间也存在着不断加大的社会差距。有些老年群体拥有自有住房和职业退休金（由原雇主发放），而其他群体，如依靠政府养老金的老年群体、独居的女性群体、住在私人出租房中的租客、残障人士以及少数极为弱势的土著居民，他们处在更为弱势的境况当中。与其他国家一样，这些不利条件是随着年龄增长、代际更迭而不断累积的（Dannefer 和 Kelly-Moore，2009）。对于年轻人来说，未来的经济前景并不乐观（Kendig，2017），因此，引发了有关代际差距的社会、政治问题。[③]

城市建筑，特别是在墨尔本和悉尼，也一直在发生着变化。曾经人口密度低、以单个家庭住房为主的城市边缘地区，如今迎来了越来越多的住户；而最近一段时间，对于开发商和购房者来说，公共设施用地的价格也十分昂贵。中度或高度密集的插建住房也布满于内城区，辐射铁道周围以及郊区中心。便利性高的位置，地价在不断上涨，导致一些地方开始重建，但主要问题还是住房费用整体提升。这一现象使得在20世纪80年代以后房地产繁荣时期购得房产的群体财富大增。相比之下，低价的政府住房供应速度在近些年减慢，这对于没有房产的群体来说压力更大。总体来说，澳大利亚老年人拥有相当高的住房自有率，租住公屋的人数相对较少；并且退休生活社区（村）的数量显著提高，为老年居民提供多种住宿、休闲和护理选项（Kendig 等，2012；Faulkner，2017）。

澳大利亚住房和城市研究所（AHURI）"提供了澳大利亚三大城市（悉尼、墨尔本和布里斯班）贫困情况的地理分布报告"（Hulse 等，2014）。作者表示，在过去30年间，澳大利亚低收入居民的廉租房的可得性一直是一项严重的问题。全龄段的私人租户数量持续增长，而这些私人租户面临着诸多住房问题，包括支付能力、住房保障与住房质量（Hulse 和 Pinnegar，2015）。

澳大利亚各城市的极度贫困或低质量住房区域相对较少，而多数为大型、老旧公共住房，或在短租公寓和出租屋集中的内城区。尽管如此，社会隔离和空间发展不均问题仍然十分显著，经济占优与处于经济劣势的老年群体会集，特别是在首府城市（Gong 等，2014）。经济劣势主要显示为仅依靠按经济情况调查结果发放的国家养老金的无房产者占比高。经济优势主要显示为拥有自有住房、高收入、职业退休金。在退休后需要租房的老年人属于全国最弱势群体的一员；而生活在贫困区域，也就意味着很可能无法接受医疗与社会服务（Tanton 等，2016）。

老年群体城市环境生活体验

老龄化与大本营

大多数澳大利亚老年人，特别是拥有自有住房的老年人，已经在自己家中居住几十年，居家养老的愿望强烈（AIHW，2013）。家，对他们来说不仅是一个住所，也不只是生活质量的关键影响因素，更是他们的情感依赖，也影响着与社区和周边服务之间的联结。一些定性研究证明了"家"对于身份修复和自主生活，包括与过去生活与记忆的联系，是具有重大意义的（de Jonge 等，2011；Kendig 等，2012；Stones 和 Gullifer，2016）。

对于如今的澳大利亚老年居民来说，买房并付清全款是其毕生的愿望，这与建立家庭、拥有社会地位以及获得晚年的经济保障都有密切关系（Faulkner，2017）。

>"这栋房子静静地伫立在这里，是我一生的见证。"——凯莉（Stones 和 Gullifer，2016）。

随着澳大利亚人年龄不断增长，其出行能力也逐渐受到了限制。居家养老也就意味着他们在自己家中和社区中将度过更多的时间（Kendig 等，2012），也意味着"生活范围"会缩小。家和社区对获得社会参与的机会将更为重要，它们成为开展健康、积极活动的大本营，也是乘坐公共交通、享受社区及医疗服务的接入点，而这些服务在不同的社区环境中的易得性差异很大。除了关注家庭支持、居家护理与医疗服务以外，"家"本身就是一个可进行护理的基本场所。可以通过家装改造、整修以及科技辅助（如跌倒监测装置），将家的内部设置变得更具支持性。同时，还可以安装互联网和移动电话来增强其与社会关系的联结（Faulkner，2017）。

居住与护理

居家支持不断完善，居住方式不断革新，如退休社区的复兴，都为社区生活带来了更多选项。澳大利亚住房主要被私营市场占领，盈利部分在住房供应中占据了越来越大的份额。虽然老年人能够享受到满意的新型服务，但也要付出金钱的代价。在政府对社区和养老院护理服务进行补助的情况下用户收费仍在不断上涨。这些趋势拉大了已经十分明显的财富差距，特别是在住房资产与退休金方面。尽管澳大利亚政府在社区护理行动倡议上做了重要改进，将其作为养老院护理的备选项，但没有为经济适用房补充措施提供足够的资金支持。

"无家可归"

在居无定所的弱势群体中也能够找到老年人的身影。在悉尼内城区中，研究人员选择了具有一定支持性但破败失修的地方，针对无家可归的老年男性展开了人种志研究（Quine 等，2004）。这些无家的老年男性健康状况不佳，许多人无法获得基本的食物保障，且生活在贫困线或以下水平。尽管许多人都强调了社会接触的重要性，但所有信息提供者都独居，且没有家庭支持。在他们看来，搬到支持性更强的老年护理中心，就意味着其丧失了自由与独立。由于缺乏交通工具，所以获取其他资源，比如医疗服务，也变得更加复杂，要花费更多时间。

老年人对郊区的看法

研究人员对居住在大悉尼地区郊区的老年人就家庭与社区的支持性问题进行了半结构化访谈，受访者居住的郊区在经济状况、地理位置上均有所不同（Mackenzie 等，2015）。大多数受访者拥有自己的住房，并以自驾为主要出行方式。城市不断发展（包括高层、中层住房林立，交通拥堵，停车位紧张），自身健康状况变差，收入减少，这些因素都限制了一些老年人继续开车出行的能力。大型购物中心的兴起导致街角商店和其他步行可达的便利设施逐渐关停。受访者具体提及了人行道不足，夜间路灯昏暗，公交站缺少顶棚等问题，而这些都成为居民乘坐公共交通获取本地设施服务的障碍，也因此限制了人们维持社会关系、参与社区活动的能力。一些居民还表示，其社区的设计不利于日常散步。很多人都感到自己无力去影响周边环境的改变。

改善本地设施

多项研究对如何改善当地环境以满足老年群体需求展开了调查。墨尔本的一项研究发现，当休闲场所及日常设施（如体育馆）设置在较近的范围内时，能够让老年人增加步行运动（Bentley 等，2010）。另一项研究发现，随着年龄增长，当开车变得危险或不太可能实现时，公共交通是老年群体获得基本服务及设施，也是其参加社会活动的关键性先决条件（Engles 和 Liu，2013；另见 Berry，2007）。对澳大利亚住房和城市研究所进行的一项全国性检查（Judd 等，2014）发现，对家中或一些场所的环境进行改造，如加设斜坡（代替楼梯）和扶手，能够增加行人的步行便利性，减小跌倒的风险。该项研究提出了一项通用型宜居住房设计方案，将住房、公园、室外空间、社区服务及设施进行一体化设计，提升了老年人居住的安全性，使他们能够更好地在家中养老（Judd 等，2014；另见 ACSA，2015）。

交通

澳大利亚绝大多数老年人都居住在第二次世界大战后才得以开发的人口密度低的城市地区，因此，交通对于他们来说格外重要（Faulkner，2017）。在 65 岁及以上的老年群体中，约有74%的老年人拥有驾照，并定期自驾出行（NSW Government，2012a）。研究表明，为适应健康衰退的状况，老年人会限制他们自驾的距离，选择白天出行，不开夜车，避免到交通拥堵的区域等（Berry，2007）。女性与男性一样，几乎终身依赖私家车，在健康与经济条件允许的情况下，会尽可能地坚持自驾出行。对于大多数人来说，汽车是其生活独立和社会参与的支柱。

"我经常需要用车。住在这里，除非你有车，否则很难走远。如果没有车，你就完了。"——一位已婚女士（Mackenzie 等，2015）。

许多老年人认为公共交通工具，如公交车，是不可靠的，且时间效率低，并且（或）对残障人士不友好，或自己所住区域根本不通公交车。从悉尼各城郊地区（Mackenzie 等，2015）到人口密度较低的堪培拉（CMHR，2011），在不同的环境下，老年人均表达了类似的体验感受。针对堪培拉的研究发现，公共交通不足，加之人行道破损失修，共同阻碍了老年人的社区参与，尤其是在社会经济条件差的社区（Pearson 等，2012）。

项目实施与挑战

澳大利亚小型的 AFC 运动受到了来自联邦制政府体系的冲击。联邦制政府体系十分复杂，各级政府都有自己选出的代表，各自的政策目标及财政刺激方式之间存在竞争或矛盾关系。联邦政府通过税收和向州及地方政府拨款来维持其支配地位。各州政府拥有对土地使用和教育、医疗服务供给的控制权，而地方政府仅对由地方财政税收出资的房产服务负责。政府部门主要对职能负责，而不是管理人口群组（population groups）。尽管未来将惠及老年群体和其他所有年龄群体，但在政治、官僚和经济利益分割的情况下，很难形成综合考虑老龄化和老年群体的政治目标。

在表9.1中可以看到全国的AFC发展概况，以及两个州（首府分别是悉尼和墨尔本）及ACT（堪培拉）的实施情况。1~2栏分别是战略背景和关键行动倡议；3~4栏分别是项目实施结果和所面临的挑战与前景。

表9.1　澳大利亚全龄化友好发展情况：墨尔本、堪培拉、悉尼

	战略背景	关键行动倡议	实施结果	挑战与前景
国家（不仅针对AFC）	·联合政府选出2013年年龄歧视专员 ·积极养老顾问组取消代际报告	·活得久也活得好（Living Longer, Living Better, 2012） ·持续进行的居家护理套餐 ·用户导向更强 ·老龄化职责被医疗和社会服务瓜分（2015）	·对联邦和州财政方面的持续限制 ·对通用养老金申领及老年护理服务进行更多经济情况调查 ·2016年7月联合政府选举	·基础设施投资计划（主要是交通设施） ·新成立城市部 ·联邦的"僵局"能否解开
墨尔本和维多利亚州	·强大的地方政府 ·老龄化委员会（COTA） ·早些时候州发布的积极养老战略，以及强大的家庭与社区护理项目	·与世卫组织和议会合作的AFC试点行动倡议 ·波隆达拉市积极养老战略（2009—2014年、2019年）（一座AFC城市） ·大都市战略计划（2002, 2014） ·墨尔本增长走廊地区的老龄化	·州AFC行动倡议因2010年政府易主而终止 ·州护理与医疗计划合作继续 ·州与地方的AFC资源有限 ·增长走廊计划基本失败	·州和老龄化委员会的领袖能否继续保持 ·能否实现"通过地方、州甚至国家政策的制定，将老年群体的观点纳入一体化行动中"

续　表

	战略背景	关键行动倡议	实施结果	挑战与前景
堪培拉和ACT	·ACT全龄化友好战略计划（2010—2014年、2012—2014年、2015—2019年） ·2011年和2014年ACT老年人大会（Older Persons Assemblies）	·ACT 2010年全龄化友好型城市调查 ·具体行动倡议包括在ACT部门间发展老年卡优惠	·全龄化友好"增量"持续提升 ·社区发展老龄化委员会 ·极少参与主要的铁路行动倡议或公交报告 ·极少参与土地使用规划	·如何能够在土地使用规划中加入老龄化考量 ·如何能够在主要的铁路行动倡议和公交改革中加入老龄化考量
悉尼和新南威尔士州	·选出专注于改革的联合政府 ·由老龄化部长主导的新南威尔士州老龄化计划与战略（2012） ·老龄化办公室负责管理部门合作者实施情况，受老龄化部长理事会监督	·与州政府部门、倡议组织和私营业主开展合作行动倡议 ·新南威尔士州老龄化计划评估（2015）	·老龄化计划获得的州预算有限 ·州替换了由于联邦削减而失去的资源 ·老龄化项目大体是成功的，对一些部门影响小，如交通、住房等	·很难实现"整个政府"跨部门协作 ·有望与私营机构合作

国家发展情况

在前工党政府（2007—2013年）的领导下，开始实施AFC目标的补充型行动倡议，主要途径为积极养老顾问组（Advisory Panel on Positive Ageing）、年龄歧视专员（Age Discrimination Commissioner）以及对老年护理进行的"活得久也活得好"（Living Longer, Living Better）的改革。2013年选出的联合（保守）政府砍掉了一些被视为"浪费资源的"组织（包括积极养老顾问组），并将重心转移至开支缩减。对于老年群体来说，这意味着，国家养老金申领所进行的经济情况调查标准更严格，护理服务收费更高，以及联邦大幅度削减向州政府的拨款总数后产生的一系列后果。2005年，老龄化与老年护理组（Ageing and Aged Care Division）从社会服务部移至卫生部，保留了其应该承担的对收入支持、住房及关于生命跨度规划的新的行动倡议的责任。

正如伍兹和肯迪格（Woods 和 Kendig，2015）从老龄化角度分析的那样，澳大利亚持续研究得到的代际报告强调了不断加深的全国性问题，包括老龄相关支出预计将有所增加；具有弱势群体特征的年轻人洞察力日益提升；（目前尚未成功）尝试限制持续出现的预算赤字。

"居家养老"这个词在全国范围内作为一个文化和政策概念，开始出现在各种学术评论中（Horner 和 Boldy，2008），也在2012年发布老年护理改革政策"活得久也活得好"时出现过。在社区护理改革中，居家养老对个人和广大社会的好处被过分吹捧，企图鼓励人们独立生活，积极养老，在这个老龄化社会中，减轻政府和纳税人身上的"负担"（DoHA，2012；Productivity Commission，2011）。实际上，在这些问题背后，存在着这样的事实——社区护理措施可能能够帮助政府增加收益，因为住房、生活及护理开支基本上都由个人承担了（Jeon 和 Kendig，2017）。

近年来，由于联邦政府持续缩减预算，特别是减少与州政府之间的收入共享，使得AFC行动倡议面临的挑战越来越多。在前任政府建立的积极养老顾问组被现任政府解散以后，"人均水平"智库（Per Capita）（2014）组织全国的倡议团体，完成了《澳大利亚老龄化蓝图》（*Blueprint for an ageing Australia*），其中就包括优先发展"支持性环境"的相关政策。在2017年选举的先导阶段，澳大利亚总理马尔科姆·特恩布尔（Malcolm Turnbull）表示，未来有望向AFC相关领域——交通基础设施方面增加投资，并增设城市部（Ministry for Cities）。与当时的执政政府竞争激烈的澳大利亚工党设立了一个平台，呼吁恢复医疗与社会预算支出。其主要政策文件——《共同成长：工党解决不平等问题的议程》（*Growing together：Labor's agenda for tackling inequality*）（ALP，2016）中提出了一系列对老龄化与社区采取积极举措的支持性政策。澳大利亚老龄化委员会在评价预算时，既提到对较高收入人群职业退休金征税宽松，也提到在推动用户主导（consumer–led）的护理服务及住房可支付性方面进展缓慢。

墨尔本发展情况

20世纪90年代，维多利亚州积极养老的发展趋势为后面AFC行动倡议与当地政府及世卫组织试点项目的合作打下了基础（Kendig 等，2014）。例如，2009 年，维多利亚州市政协会（Municipal Association of Victoria）实施了世卫组织全龄化友好型城市指南（WHO，2007），并对其进行了良好评价。随后，受到维多利亚州老龄化委员会和墨尔本大学的支持，越来越多的委员会采纳了全龄化友好准则。按照要求，地方政府必须制订市政公共医疗与福利计划。然而，尽管 AFC 的内容在州选举期间曾作为宣传横幅，但随着政府易主，资源缺乏，有一些早期的 AFC 行动倡议不得不终止了。近年来，通过老龄化办公室以及与维多利亚州老龄化委员会及墨尔本市的合作，仍有一些 AFC 活动得以进行。

正如在其积极养老五年战略计划（2009—2014）中所写的那样，波隆达拉市（Boroondara）成为澳大利亚第一批全龄化友好型城市之一。后续的战略文件《打造全龄化友好的波隆达拉：2014—2019》（*Creating an Age-friendly Boroondara：2014—2019*）（City of Boroondara，2014）重点关注的是在国家研究中发现的问题以及地方社区提出的担忧，包括社会孤立、社会联结、医疗改善。重点关注的还有老年群体希望在家中高质养老的愿望。该计划旨在通过地方、州甚至是国家政策的制定，将老年群体的观点纳入一体化行动中。尽管一些地方行动倡议已经被采纳，但州政府和联邦政府补充性意见与资源并未到位。

墨尔本 2030 战略计划是维多利亚州政府的一个行动倡议，承诺将已开展的 AFC 发展进程与主流城市规划统一起来。该计划的序言部分就展示了宏大的目标，强调以下几点：为满足老龄人口需求进行规划；解决由于收入低和身体残障导致的资源获取不平等问题；残障、衰弱、年老人群十分脆弱。它提出，"缺乏获取资源的途径，会影响人们的幸福感和生活质量，并且使其遭到排斥，无法全面参与社会生活"。战略计划包括两个目标：解决住房入住率不足的问题以及改善公共交通。但此项行动倡议并未明显体现出对老龄化问题的考量。

布拉舍与温特顿（Brasher 和 Winterton，2016）分别作为维多利亚州 COTA 的负责人和高校研究员，从自身视角对实施过程中所面临的挑战进行了批判性分析。他们主要关注的是"维多利亚州缺乏对 AFC 的理解"，并将其归于"各等级政府部门缺乏战略眼光、领导力和发展方向"。他们提到，决定联邦关系的"主战场"就是澳大利亚政府理事会（Council of Australian Governments），但它却尚未采纳 AFC 议程。他们指出，自上而下的联邦政府和州政府"缺乏眼光"，并提醒读者不要忘记 15 年前澳大利亚老龄化国家战略的失败。在《打造全龄化友好型环境：地方政府的机会》（*Age-friendly built environment: Opportunities for local government*，2006）中，澳大利亚地方政府协会提供了一些初始目标，但奈何该协会既没有足够的权力，也没有充足的资源。由墨尔本大学联合维多利亚州卫生部共同负责的一项研究项目——墨尔本增长走廊地区的老龄化（Ageing in the Growth Corridor of Melbourne），并对大都市实施 AFC 存在的困难进行了梳理（Ozanne 等，2014）。维多利亚州卫生部为六个项目负责人提供资金支持，这些负责人努力发展能够让地方和州政府采纳的全龄化友好型行动，使其能出资去改善基础设施或进行填充式开发（infill development）。这个跨领域的行动倡议由地方政府、区域委员会、州基础设施部门和州人力服务部门共同合作，用时 18 个月，分析对全龄段包括老年群体来说，在关键基础设施领域有哪些战略性区域优先发展项目。然而，最终结论为："在拥护老龄人口成为区域优先发展对象时，仅有几位（项目负责人）感到自己的声音被听到了。"（Ozanne 等，2014）。

在走廊发展（corridor development）项目实施相关的经验反馈中，项目面临的重大的阻碍得以再次梳理，结论为："由于领导更换以及人员调整，这项关键的地方行动倡议在 2013 年并未持续下去。"（Ozanne 等，2014）事实证明，当各级政府的政策环境不断发生变化，州政府各部门管理和开支不断调整，同时又缺乏动力推翻"一切照旧"的模式时，这些远大、复杂又存在争议的目标是难以实现的。项目评估总结提出了措辞强硬的建议，呼吁"直接挑战项目实施中存在的以及维多利亚城市规划政策与行动中固有的机构化的年龄歧视"（Ozanne 等，2014）。

ACT 的战略与行动

首都堪培拉市发起 AFC 战略计划的时间晚于墨尔本市，但其发展速度极快。ACT 有效地担任了区域政府的角色，承担了州与市的责任，减少了因政府间缺乏连贯性或一致性导致的问题。堪培拉遵循世卫组织的全龄化友好发展规程，包括开展社区意见征询、在 2010 年由 ACT 政府联合澳大利亚国立大学展开 AFC 调查、颁布第一个积极养老战略计划。因此，2012 年，世卫组织将堪培拉定为 AFC 城市。

第一次与第二次老年人大会分别于 2011 年和 2014 年召开。第二次老年人大会在社会群体代表方面有所改善,并就基础设施、交通和"全龄化友好型城市中的人际联结"提出了建议(ACT Government,2011,2014)。这些进步使得一些政界的领导都明确表示对世卫组织 AFC 优先发展领域问题进行解决。

作为世卫组织 AFC 城市参与的一部分,ACT 政府在 2009 年向堪培拉的基线调查提供资金支持。调查于 2011 年由澳大利亚国立大学开展,并汇报了老年群体就城市的看法以及关于"高质养老"与社区之间关系的看法(Pearson 等,2012)。尽管大多数老年人总体上对其社区持积极评价,但这样的观点很大程度上是由于长期居住在同一居民区形成的。一系列环境特征指能够被感知的事情,包括社区内的街头涂鸦、故意破坏公物的事件、垃圾处置或觉得走夜路很安全——被视为与高水平的健康状况有关;而社会凝聚力则与低水平的孤独感有关(Pearson 等,2012)。

相比于男性来说,居住在堪培拉的老年女性更容易认为于晚间在社区行走是不安全的,近 1/4 的(女性)居民在傍晚以后就不再出门了,这也可能对获取社会机会形成阻碍。报告还指出,社会人口学因素和身体残障因素都与交通问题有关,并发现以下的三种女性更可能报告与公交车或其他交通形式有关的问题:主要收入来源为国家养老金的女性、存在出行能力问题的女性,以及居住在公屋中的女性。在与全国老年人成效养老中心(National Seniors Productive Ageing Centre)以及伊拉瓦拉退休基金(Illawarra Retirement Trust)合作后,来自澳大利亚国立大学的皮尔森和同事(Pearson 等,2012)共同进行后续研究和公共医疗研究,旨在改善社区质量,并对能够促进身心健康、独立生活以及"幸福地居家养老"的其他行动倡议给出了充分的解释。

老龄化办公室牵头各关键部门,组成了跨部门委员会,并与 ACT 老龄化部长理事会合作,共同开展了一系列 AFC 行动计划。其中,发布了 ACT 2010—2014 年积极养老战略计划:向着全龄化友好型城市发展,与世卫组织全龄化友好清单进行对标(ACT Government,2009)。ACT 积极养老战略 2012—2014 年行动计划中强调要健康且有意义地老去、解决社会孤立问题、适应退休生活等问题(ACT Government,2012)。ACT 2015—2018 年积极养老框架制定了远大的目标,包括了为老年群体提供包容性强的服务与活动项目,增加老年群体自主权;在城市规划过程中认识老年群体的需求;为老年群体参与社会及经济活动提供机会(ACT Government,2015a)。此外,还与各政府机构及关键的地方老年组织共同组建了堪培拉 AFC 网络（ACT Government，2011）。

AFC 行动计划和组织推动了 ACT 多项具体的活动与行动倡议落地，包括在网上设立了老年人信息查询门户；采用公共交通智能卡（MyWay）；积极推出了"祖父母节"。其他还包括提供灵活的夜班公交服务；推出新型出行预算计划；对建筑规范近期变更中的通用设计进行推广。2015 年对公交系统进行了大型审查，同时提到 2014 年制定的社区交通行动倡议，以及计划到 2020 年完成对公交车的升级，增强残障人士友好性，将关注点放到用户不满意度提升及服务收费增长上（ACTION Expenditure Review，2015）。老龄化委员会获得了一定的资源，并与政府部门合作，在两个 ACT 郊区——塔格黎诺（Tuggeranong Valley）和卡琳（Kaleen）开展了基层社区意见征询（ACT Government，2015b）。老龄化委员会还获得了 ACT 政府的资源支持，探究老年群体交通使用情况与问题，为老年居民编写了堪培拉出行指南，并制订"旅伴"（travel buddy）计划。此外，住房改善计划也取得了一定的进步，行动计划包括增强灵活、可支付的住房或租房选择；解决公共住房的安全与保障问题；为无家可归的人群提供应急住所。

堪培拉 AFC 行动得到了 ACT 单级（single-level）政府的支持。老龄化部长理事会在对此前的行动倡议进行审查时给予了积极评价，并认为这些项目虽然动作不大，但传递了清晰的价值理念，即老年卡增加了老年人参与平价活动的途径；"祖父母节"加强了社会对老年群体的尊重；而老年人信息查询门户则给予老年人参与社会的机会。虽然花费更多，困难也更大，但在更重要的住房行动倡议上也取得了一点进步。此外，自 2015 年 10 月 30 日起，优步（Uber）的引进（并不是 AFC 行动倡议）让 ACT 收获了个体化灵活交通方式的诸多益处，堪培拉也自此成为澳大利亚第一座允许在监管下开展拼车服务的城市，为老年司机提供了工作机会，同时也为有特殊需要的乘客提供了便利的出行选择。基层社区意见征询也作出了贡献，推动落实一些具体的改进项，如改善人行道照明条件，增加公共区域座椅等，这些改变对老年群体有着重要价值，同时也未超出政府紧张的预算。

然而，在对全社会交通及土地使用问题上，老年群体的意见参与很少。比如，尽管被一家独立的智库格拉坦研究所（Grattan Institute）评为"糟糕的投资"，但这条预估造价为 10 亿澳元的轻轨系统仍在建设当中（Terrill 等，2016）。类似地，AFC 的意见很少纳入到土地使用规划当中，该领域由于被私营企业的利益所主导，正在进一步加强商业中心的建设，并对住宅区域进行住房改造。与此同时，对小型插建建筑的支持并不突出，这类住房能够丰富当地小型社区中心的住房选项（Kendig 等，2014）。能够起到同样作用的还有麦克弗拉菲（McFluffy）项目，项目主张强制收购、拆除或卖掉装有危险石棉隔热体的老房子，但该项目的重点在于成本回收最大化。考虑轻轨项目的造价，医疗支出上涨，以及联邦对收入分享的限制，未来的项目和活动将承受更大的预算压力。

悉尼与新南威尔士州发展情况

新南威尔士州（NSW）并不包含世卫组织 AFC 城市，但其目标远大的 NSW 老龄化战略（NSW Government，2012a）包含了很多 AFC 理念。该战略计划相当于整个政府、整个社会的行动倡议，旨在让人们从中年开始就能够主动追求积极、健康、丰富的生活，实现积极养老。重点关注社会参与、宜居社区、年龄歧视、社会保障与尊严等问题。在战略发布时，其老龄化部部长表示：

> 我们要借着这个绝好的机会，实现老龄化人口的权益，发挥老年群体对社会的作用。同样重要的是，让人们主动把握，为自己设想的晚年生活提前规划。（NSW Government，2012a）

NSW 老龄化战略由新上任的 NSW 老龄化部部长积极领导，并得到了来自总理和内阁的支持。该计划希望让主流政府服务能够更多响应、更适应老年群体的需求。州政府要求各主要部门共同参与，包括家庭与社会服务（主导机构）、住房、卫生、规划与基础设施、各地方政府、警察和司法、财政、教育与社区等。各部门需要通过确定养老优先发展项目，重新分配资源，以此更好地响应老年群体需求。

由各部门高级代表组成的高层跨部门委员会，以及各私营机构、非政府部门、地方政府和老龄化部长理事会的代表共同对战略的实施进程进行监督。其中，老龄化部长理事会从各社区、学会、老龄团体等抽调代表。被各界公认的社区领袖将出任主席，在支持老龄化部部长和战略计划中起到关键作用。在此战略中，预计财政部将监督各部门确定全龄化友好优先发展项目的过程，作为年度预算决算的部分内容。

为支持各组织之间的合作，家庭与社会服务部（FACS）向 AFC 项目投入

640万澳元（2012年中期到2014年），向倡议组织投入210万澳元（每个部门投入的资金有限）。针对"行为改变"的项目包括"停止虐待""科技懂您""我的生活我选择"（与临终法律文件相关）。其他项目还包括"信息随行"，旨在提高老年卡的使用率；"安全出行"，对老年司机驾照申领计划进行审查，对社区交通类项目进行试点；以及全龄化友好型社区为地方委员会提供小额资助。

战略计划还努力响应NSW交通出行长期总规划中的老年人需求，以及澳大利亚政府交通出行便利性标准中提出的目标。此外，老龄化办公室还希望能够影响其他项目中同类型的主流计划，包括农村住房战略。在战略实施过程还邀请了外部团队进行评估（NSW Government, 2015）。

战略计划在2015年年中接受了一次综合评估（NSW Government, 2015）。根据重要性、所获机会、是否有愿意合作的伙伴以及是否有支持行动，选出了"高光项目"（highlight projects）。评估发现，对于项目实施最为重要的因素包括"明确的承诺""资金支持"、一位"愿意合作的伙伴"以及"各相关方密切的参与"（NSW Government, 2015）。然而，一些重要的政策通告（如关于农村医疗与社会住房的）却并没有直接解决老年群体关心的问题。各部门人员对AFC项目的投入以及直接用于AFC项目的开支均较少。调查发现，社会人口对战略计划的认知是合理的，说明至少该项目间接地影响了人们对老龄化的态度。

NSW老龄化战略希望财政部担任实施、监管项目相关资源配置的中心角色。然而，政府的注意力迅速转移到了反对并补偿联邦资金削减上，影响了对老年群体很重要的优惠政策和其他支出。两份州内代际关系报告（NSW Government, 2012b）就人口结构变化对本州的长期影响进行了分析。《NSW2016年代际关系报告》（*NSW Intergenerational Report 2016*）（NSW Government, 2016）在国家大选前夕发布，预计在未来40年内，财政缺口会不断扩大，并建议加强经济发展，革新服务提供领域，打造可持续性更强的收入基础。

2016年4月，老龄化部部长召集各私营机构，召开了NSW老龄化战略更新圆桌会议。老龄化部长理事会主席强烈要求"在表达上应远离对'年龄'的考虑，转而更多讨论'生活体验'"，人们身上没有贴保质期标签。成功的私营—公共合作关系，如与西太银行（Westpac Bank）、邦宁斯（Bunnings）和澳大利亚电信公司（Telstra）之间的合作，是十分宝贵的，能够帮助老龄员工继续输出价值，并为老年群体目标市场中的合作伙伴提供商业发展机会。

解读与趋势

澳大利亚拥有丰富的老龄化知识库，但人口研究很少会对社会环境进行调查。仅有少部分文献意识到了"家"和"社区"对老年群体的意义，或城市因素对老年人独立性与福利的影响。我们的研究提出了澳大利亚的研究典范，列举了多种重要的老龄化社会维度，特别提到了它们对贫困或弱势老年群体的影响。这些研究结果大体上与国际文献一致，将"环境适合与适应"（environmental fit and adaption）的模式作为世卫组织全球全龄化友好行动及其发展的基础（另见 Kendig 和 Phillipson，2014；另见第 2 章）。

世卫组织希望将自下而上的参与型方式带入整个政府的多领域行动中。尽管潜力很大，但事实证明，这种方式在澳大利亚很难实现。然而，NSW 老龄化战略评估（NSW Government，2015）利用了基于澳大利亚的分析（Lui 等，2009），在实体环境和社会环境两个方面，将全龄化友好的复杂论述和从"自上而下"到"自下而上"的管理中涉及的维度概念化。

除此之外，评估（NSW Government，2015）还对"整个政府"策略的概念进行了解读。基斯特（Keast，2011）认为，纵向的权力与参与方之间横向的互动，两者构成了动态的过程，这可被假定为现实世界中更为"混乱"的协商关系下（Colebatch，2006）一种"规范的"政策循环（Althaus 等，2012）。纵向权力确实通过大选承诺参与到战略计划当中；但由于没有法定要求，资源有限，强制授权（范围）也很有限。评估中提到，"影响因子模型指出了人口中的目标行为（如缩减、使用公共交通），为项目活动提供了关注焦点，明确了该向哪个方向努力"（NSW Government，2015）。在倡议团体和利益团体"混乱的"世界中，可以采用"共同设计"的方式（Stewart‐Weeks，2014），让政策与项目设计的"用户"分享知识，共担责任，为"赋权"（empowerment）提供可能。

总结

总体来说，在公共支出紧缩的时期，加上官僚与资产利益背景，AFCC 项目迄今为止取得的成果不大。尽管如此，AFCC 的举措推动了为老年人设计的新型服务的出现，提升了对贫困或弱势群体的关注，为加大社会参与、扩大社会包容性作出了贡献。老年群体以及参与 AFCC 发展进程的代表，均肯定了提升自主权的各项措施。"共同设计"的原则也促进了服务革新的实现。政府与私营组织的合作可以算作双赢关系，一方面加强了企业的营销宣传，另一方面改善了老年群体专用的产品与服务质量。需要注意的是，打造全龄化友好型社区的举措对一些处在其他年龄段的脆弱群体也是同样重要，如白天在家，有孩子但没有车的父母。

广义来看，AFCC 项目在澳大利亚仍处在发展的初级阶段，特别是那些希望将老龄化问题带入政府多领域全面政策发展中的项目。尽管对于广大社会的权益可能存在潜在价值，但目前没有足够的成果证明在主流政策领域，如交通、住房和土地使用规划中，考虑"年龄"因素会带来更多益处。例如，为老年群体增加住房选择，提供小户型住房，可以让年轻的家庭享受大户型，有利于城市资源优化。财政紧缩的背景的确限制了很多活动，但也变相地加强了适龄活动的精准性，即要优先解决老年群体自身最为关注的问题。随着"婴儿潮"出生的一代人慢慢步入老年，他们对自身和社区生活中自主权的期待与可用资源情况，会让 AFCC 项目的价值慢慢体现出来。

注释

①有关澳大利亚其他地方 AFC 的发展信息，请见 COTA WA（2016）。
②"婴儿潮时期出生的人"指的是出生于 1945—1960 年的人（Gong 和 Kendig，2016）。
③关于澳大利亚老龄化的机遇与挑战的概述（包括住房、交通、医疗等其他领域），请见欧劳林等（O'Loughlin 等，2017）的研究。

第三部分

全龄化友好政策、城市规划与变革宣言

Age-friendly policies, urban design and a manifesto for change

PART 3

第10章
曼彻斯特社区走过的路——从表象到积极养老：规划一座全龄化友好型城市

斯蒂芬·怀特
马克·哈蒙德

引言

本章将探究何为"使用'能力'（capability）的方式设计全龄化友好型城市"，以及这样的方式是否真的能够打造出一种直接回应老年群体生活体验的实体及社会环境。一项跨学科合作研究与设计项目展示了曼彻斯特全龄化友好型城市和社区（AFCC）的发展情况，本章将结合这一项目介绍一个2012年在曼彻斯特老护城河（Old Moat）区域进行的、由社区参与的城市设计研究项目。该项目主要探索AFCC设计指南在个别城市社区中的适用性。本章聚焦项目研究与设计元素之间的动态关系，探讨了在发现并共享关于老年群体生活体验的相关信息后，如何将其转化成全龄化友好活动的构想与实施；如何将其转化成社区改造的干预措施，更好地满足老年居民的需求和愿望。

能力、设计与积极养老

在城市研究中，"能力"模式为理解并融入城市与个体及群体之间的关系提供了新的理解方式（Nussbaum，2011）。这种模式重点关注在个体影响周围世界的能力，而不是根据粗略的分类方式，如残障、种族、性别或年龄，将个体选为城市"用户"的代表。能力模式是基于对有关残障与老龄问题所谓规范性、普适性或包容性设计方式的点评而发展出来的（Boys，2016）。这种模型是当前城市研究（Robinson，2011）与建筑学（Rawes，2013）中"城市"和"公民"概念的核心。除此之外，本章接下来也将谈到，这种模式为重新思考老龄化设计方式提供了一种宝贵的思路。从"能力"的角度来看，一座"城市"不应被大致或从理论上归为"全龄化友好型"。相反，这种看法认为，在某个具体地点居住的一群老年人，绝对不能只是体验到一座城市是否全龄化友好，而是必须积极地为实现这个目标发挥作用。

因此，这种对影响全龄化友好领域的能力的积极解读是本章所讨论的研究与设计项目最独特的核心特征，项目将世界卫生组织积极养老的概念放在研究与设计、地方社区与其老年居民之间关系的中心位置（见第2章）。如世卫组织积极养老的概念所示，老年人单独或共同影响、控制八大全龄化友好领域对城市生活体验的影响的能力，将决定全龄化友好的潜能（另见第2章、第11章）。

全龄化友好型曼彻斯特中的能力：老护城河项目

2012年，南威房产信托（Southway Housing Trust，基于社区的房屋供应企业，拥有并管理该地区一半的房产存量）同曼彻斯特市议会的"全龄化友好型曼彻斯特"（AFM）项目合作，启动了"全龄化友好型老护城河"[①]项目。该项目由曼彻斯特建筑学院的PHASE场所—健康研究团队（PHASE Place-Health Research Group）和曼彻斯特老龄问题合作研究所（Manchester Institute for Collaborative Research on Ageing）共同主导，是另外一项规模更大的项目的一部分。后者由各组与当地政府合作，将AFM老龄化战略对标老龄化中"公民"或"能力"的概念（Hammond等，2012；另见第12章）。[②]根据世卫组织AFCC项目的概念性原则及实践性设计指南，项目的基本控制范围就是同地方社区合作，提高老护城河社区全龄化友好水平。其两个主要目标是：第一，通过研究，找到让这个区域（没有）成为全龄化友好型区域的因素，以及提升全龄化友好水平的方法；第二，通过设计，实施相关行动与措施，打造更加全龄化友好的环境。

通过使用建筑学、城市设计、社会学、老年学等专业知识，结合社区发展情况，全龄化友好型的老护城河项目组对社区的社会及实体环境都进行了调查，并采用"能力"的方式，思考怎样设计、打造全龄化友好型社区。其跨学科的研究及设计团队从多层面研究社区参与的城市设计，以探索世卫组织各领域中全龄化友好的社会和实体决定条件之间的动态交互关系（见第2章）。十分关键的是，此项目选择了一个此前任何一个年龄段的居民或租户群体都没有长期在此居住过的地方进行干预，这样能够为促进积极养老、改善个体全龄化友好型生活体验、提升居民社区决策参与度的改进措施提供经验借鉴。

能力方式的核心部分是允许居民和机构参与方共同制订社区的"行动计划",不断提及居民在项目中的参与度,增进居民与城市参与方(如交通、服务供应者)之间的关系。开发行动计划,使得项目团队不仅需要按世卫组织的全龄化友好领域收集老年居民生活体验的相关信息,还刺激了团队的集体讨论,大家共同探究如何能够将这些信息转化成改进措施中的行动。这样一来,与传统的"意见征询"的方式相比,共同制订行动计划能够让老护城河区域的老年居民更加积极地参与项目设计,提出能够响应自身真实社区生活体验的改进措施。项目期间进行的一系列居民活动直到笔者撰写本文时仍在持续进行,而能力的方法已经开始在大曼彻斯特都会郡(Greater Manchester)进行更大规模的实验。表 10.1 对能力模式、世卫组织全龄化友好型城市原则以及老护城河社区的具体情况进行了总结。

表 10.1　　老护城河项目中建立的三类关系之间的联系

老护城河项目各方关系	曼彻斯特市议会老龄化战略分类	差异的通模型	世卫组织指南
积极 老年居民约定俗成地占用场地,决定了长椅的摆放位置	公民 例如,社区与城市、社会资金与参与、年龄确认、减少排斥、改变态度	能力 城市与个人之间的关系被视为城市本质和其组成部分	积极养老 世卫组织全龄化友好型城市项目积极养老决定因素图表中列举了文化和性别背景下的社会、经济、行为、个人、生理等因素(WHO, 2007)
参与 与各方共享、交流关于老年居民生活体验的深刻见地,影响对问题的理解与决策	护理 例如,客户、关系网络、护理、弱势(脆弱)、阻碍护理提供	社会 个体被视为关系网或社区的一部分,在这中间不同关系之间相互作用,能够影响个体表现社会功能和机体功能的能力(不只是自身的身体和实体环境)	全龄化友好型城市 世卫组织全龄化友好型城市主题区域是由 8 片花瓣组成的花朵,代表个体养老水平高低的 8 个决定性因素,中间则是全龄化友好型城市的个体体验(WHO, 2007)

续表

老护城河项目 各方关系	曼彻斯特市议会 老龄化战略分类	差异的总体模型	世卫组织指南
代表 通过简化流程,一定程度上征询老年居民的意见;但在后续参与中,将其替代为其他人	医疗 例如,病人、个体、临床、"衰弱"、阻碍入院、健康(或医疗)	环境 身体的机能维度与实体环境之间的关系是决定改进措施的首要因素,以改善各特定群体中多数人的生活体验	残障标准 世卫组织指南阐述了实体环境的改变是如何降低环境无障碍标准的,特别是随着人们年龄越来越大(WHO, 2007)

研究与设计:从表象到参与

基于"积极养老"和"联合打造"的关键原则,本章所展示的项目将"全龄化友好"定义为合作型(collaborative)、空间型(spatial)的事业。这意味着,打造符合多样性老龄人口要求的城市环境需要以不同老年群体的积极参与为基础,制定高度合作的跨领域的措施。此外,为了确保各参与方之间的多种关系能够完全为提出有效的改进措施服务,还需要充分理解所处地区的空间环境。例如,尽管交通问题是整座城市便利性及全龄化友好水平提升的核心问题,但由于每个人对出行的需求不同,往返于家、社区和所参加活动的不同,因而受交通问题的影响程度也不尽相同。

本章将回顾老护城河项目,介绍该项目在向前推进的过程是怎样一步一步地将能力方式应用到全龄化友好设计中的。从第一步——表象(利用当地居民的生活体验),到第二步——参与(主动吸纳本地区老年人参与到已有的决策体系中),再到第三步——活跃(在某些情况下,使老年居民能够积极地影响社区的新兴特点)。

以下三个部分将通过独特的研究与设计两种角度对项目进行描述,展示全龄化友好型社区建设中使用的能力方式背后的知识(研究)与行动(设计)是如何平行发展的。

不只是表象

从研究的角度，我们将探讨当建筑师和城市设计师在规划城市空间时，若使用的是未经检验的表象信息（独立于当地居民真正的生活体验），将会形成错误的假设，对提出基于社区的（有效）改进措施无益。本章将从设计的角度，举出一例改进措施（试图改造老护城河住宅区中某个场地的使用——"门户"），进一步说明这样的改进措施不一定能够很好地响应老年居民的生活体验。

表象与研究

如上文所述，传统意义上来看，城市设计是一种"自上而下"的工作流程，因此，建筑师和城市规划专家成为"城市"的代表（见图10.1）。典型的城市设计方式可能从查阅该地地图开始，对城市的一些特定部分进行定位，如"路"和"标志性建筑"等，确定影响城市用户的关键性环境特征。然而，在进行这部分分析时，常常缺乏对当地社区居民生活体验的实地调查。尽管这些分析过程也可能具有很强的建设性，但这种方法却更多地站在（规划者的）想象的基础上去理解，如住房、服务与基础设施之间的关系，而并不是基于本地真实的生活体验。

相反，在博伊斯（Boys，2016）和劳顿（Regnier，1983）的点评中可以看到，老护城河项目团队尝试开发一种更为清晰的、社会"参与"更强的方式，着重关注公民，而非专业人士，是如何理解他们与社会环境和实体环境之间的关系的（White，2017；另见第11章和第12章）。

彼得雷斯库（Petrescu，2009）、塞尔托（Certeau，1984）和鲁滨逊（Robinson，2011）均表示，该项目中的"社区"，并不仅是地图上的一个点，而是只能由当地居民打造的一个"家园"，与居民"打造"这片土地的能力有关。从这方面来说，老护城河项目打造的"社区"真实地展示了个体获取城市资源并作出贡献的能力与愿望，它不是由规划者在头脑中构建出来的。尽管老护城河研究项目初始阶段对城市实体环境进行了典型正规的桌面分析（desktop analysis），但这种方法仅作为与居民联系的起始点。初始的桌面分析遵循的是传统的"城市图像"（image of the city）的表现方法，通过确定一套

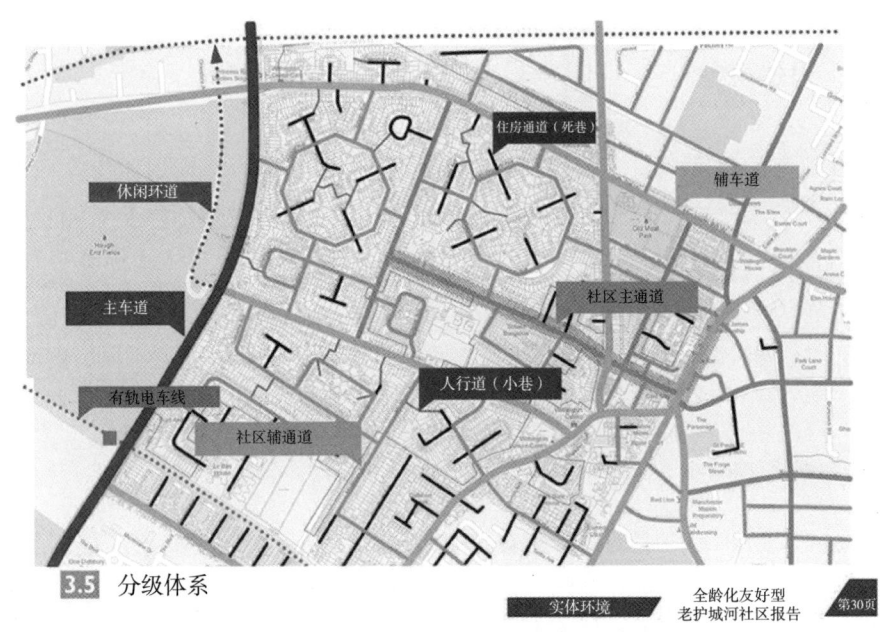

图 10.1 "城市图像"中的老护城河"活动分级"
资料来源：哈蒙德（Hammond 等，2012）。

包括点、边界、道路、区和标志性建筑物的分级体系来拆分、解读城市环境（Lynch，1960）。然而，研究人员在操作过程中存在一个具体的假设，那就是当居住在老护城河区域的老年居民需要生活服务时，他们会前往曼彻斯特市中心，而不是去附近小型购物区。鉴于公交车频繁往返市中心与老护城河区域，且距离不远，因此，这在当时看来似乎是一个合理的假设。但是，通过与老年居民的大量接触与访谈得知，该地老年居民真实的生活体验，至少部分是由他们个人与交通服务、场所地点及社交愿望之间的关系决定的。事实上，老年居民更倾向于前往周边城镇的区中心，而不是去曼彻斯特市中心。通过图10.2可以看到项目初始假设的公交使用情况，与实际使用情况之间的差别。当对城市空间的理解改变后，项目设计也随之改变。

表象与设计规划

在老护城河项目开始前不久，南威住房信托发现老护城河内的一个街角（见图10.3）是社区中非常重要的一个交叉口，并将其形容为本地住宅的"门户"（gateway），对其进行了一系列环境改造。这些景观美化工作的重点在于从整体上改善人们对"门户"实体环境的（感官）感受，而不在于打造

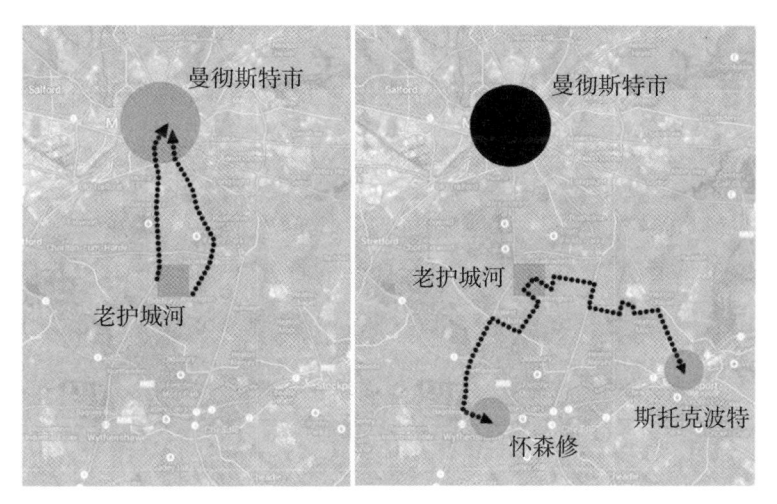

图10.2 老护城河区域老年居民主要交通使用情况对比：正式分析推测（左图）与实际使用情况（右图）

资料来源：哈蒙德（Hammond 等，2012）。

一些当地居民能够利用的空间。这项措施源于对这块区域一些合理的（表象）假设，特别是对户外长椅的需求和让这块区域看起来不那么"破败"的愿望。这些需求和愿望随后被纳入"意见征询"项目。

图10.3 地图标注了"门户"的位置，即"行车"与"主要"道路的交叉口处；小图展示了如何加设混凝土顶盖

资料来源：哈蒙德（Hammond 等，2012）。

尽管世卫组织 AFCC 全龄化友好型城市核心特征清单（WHO，2007a）中提到长椅是全龄化友好型城市中关键的设计要素，但在意见征询过程中，许多老年居民（包括其他年龄段居民）均反对设置长椅，担心会增加反社会行为。[3]因此，在听取了居民意见后，从计划中取消了长椅的设置，改为矮墙，并特别设计成无法入座的样式。从这件事上可以看到，传统的意见征询方式限制了老年居民的参与（深度），即便代替他们提出的提案并不符合真实的生活体验，他们也很难有权力或途径予以拒绝。值得一提的是，出于人们对反社会行为的担心或对私人占有公共空间的不满，曼彻斯特和整个英国的许多地方的公共场所都拆掉了长椅。尽管世卫组织 AFCC 指南认识到长椅的全龄化友好属性会涉及更多问题，如维修、安全保障等；但事实上，在一定情形下，长椅是能够在现实的社区中被使用的，只是人们通常没有考虑到"设计"的作用。

老年人参与地区研究与设计

本节主要观点是，采用能力的方式去理解全龄化友好型社区是需要各方通力合作的。本节从研究的角度介绍了项目为增强参与性，采用了一系列空间型和"联合打造"的方法，并探索不同的世卫组织全龄化友好领域（见第 2 章）的过程。从设计的角度，本节回到门户现场，介绍了老年居民如何拿回从前放弃的空间所有权。除此之外，本章还将展示通过老年居民的参与，项目不只修改了对社区公共空间的表象理解，更是完成了彻底的颠覆。

参与性研究

尽管世卫组织 AFCC 指南列出了互相关联的八大全龄化友好领域，共同影响着一座城市全龄化友好水平。但每一个领域所代表的决定性因素通常只与单独学科有关。在老护城河项目中，至少最初在各种不同参与方（规划、交通、公共医疗等）中存在着普遍的假设，认为建筑师和城市规划者主要负责解决住房、室外空间与建筑物相关问题（另见第 11 章）。

为了确保项目不会将关于哪些因素能促进或阻碍全龄化友好和积极养老的讨论单纯地限制在身体或医疗需求上，项目在世卫组织 AFCC 多个领域中同时开展工作，并随后将每个领域的信息按地理位置进行汇总。这样的方式使得项目能够在所处的具体的城市环境中，对研究的各方面（实体环境、统计数据、人际数据及调查数据）之间的交互关系进行考量。

将不同类型的研究信息进行整合是项目研究报告及其方法论配套工具（methodological toolkit）的重要特征，体现在项目展示以及项目最终的行动摘要报告中（Hammond 等，2012）。在这份报告中，可以看到项目是怎样分解成一系列不同的研究方式的；并且从每个研究领域和解决所有领域问题的整体行动计划地图两方面对这些研究方式进行概括总结。

项目使用了一系列不同的研究技术，包括在研究实体环境时使用的空间分析技术以及人际互动研究等。首先，在实体环境分析时，对该区域进行测绘，为每种道路类型绘制平面图和剖面图，并与照片及房屋类型图共同呈现，用于记录社区中不同部分的实体环境特点。这样，所记录的信息在项目后期能与老年居民的生活体验直接挂钩，也能够对该区域不同类型的公共空间和非住宅建筑进行研究并记录在资产定位（asset-mapping）的分析中。此外，还能够提供显示活动地点的时间表；这是一项关键的基线文件，记录事件、问题、联络人和活动参与等信息，用于讨论相关地点在居民和服务供应者的生活体验中所起的作用。

其次，项目中的人际互动研究采用多种形式，包括在街边搭建摊位，组织研讨会、焦点小组、对等访谈（peer-to-peer interview）以及记录"参与日记"。对通过不同来源收集的信息进行分析，找出不同领域相关的具体问题。例如，通过结构性访谈，询问各种交通相关的预设问题，包括在该区域中怎样出行；去哪些地方；（与谁一起）从事哪些活动等。受访者的回答将随后反馈至交通、室外空间与建筑物、社会参与以及通信信息等领域。当问题同多个领域相关，那么将在每个领域下进行记录。在可能的条件下，问题将与具体地点挂钩，并在"领域地图"（domain map），即每个全龄化友好领域专用地图上，进行定位标注。这些领域地图也会记录空间数据分析所发现的问题，例如，提供人口普查数据，找出与室外空间和建筑物领域中标记的与资产相关的最贫困、年纪最大、出行能力最差的老年居民所住位置，而交通领域地图对现有交通服务进行探究；社会参与领域地图则对同一地点从社会活动角度发现问题并记录。

每份地图都涵盖了与该领域相关的关于全龄化友好方面的所有问题或决定因素。随后，将这些地图整合至一份归属于社区的更大的行动计划，并将其作为经过一系列研讨会的长期分析后形成的共同成果。为了辅助这些研讨会，各领域都尽可能清晰、便利地展示了项目分析性假设和研究结果，使得所有参与方能够在当时或之后对信息进行分析。这样，每个领域地图都识别出了关键问题，既与问题发生的地点相关，同时也与空间数据、人际互动研究或实体环境分析中的有关证据相关。对每个领域版面上记录的每一条关键问题都将做进一步查询，寻找能够支持其包容性的证据、可能存在的先例、报告或观察得到的影响力信息以及应对问题的可行办法（详见 Hammond 等，2012）。

这种方式试图保留决策痕迹，这样未来在对行动项进行评估时，能够具体到每一个问题，并能看到每一项措施相关的证据。除此之外，通过研讨会的形式，与居民及其他参与方共同测试并制订空间定位分析和行动计划，对每一领域关键问题所延伸的新主题进行讨论并达成一致意见，探索可行性方法，最终通过一套切实可行的行动措施，并对其进行优先排序。

这个过程使我们能够将跨领域及不同领域的分析整合起来，探究某个地方不同老年群体的生活体验。正是通过这种方式，项目利用地理分析和人口普查数据，项目才得以发现：该地居民的社会经济分布情况导致越来越多最为贫困、出行能力最差、年龄最大的居民住在了最偏远的部分。类似地，也是通过这种方式，项目发现：在社区的物理边界是一条临近非住宅区域的主干道，其东面是区中心，它的存在导致居民只能单向获取服务。从焦点小组和街头采访中获得的信息进一步说明了本地老年人倾向于前往周边城镇中大一点的区中心，而不是曼彻斯特市中心。

总体来说，项目之前就该地城市形态与居民交通基础设施使用情况之间的关系提出了正式、表象的假设，而上述结果对此提出质疑。由于采用了这种涵盖多方面且紧密联结的方式，项目团队对这一非预期行为产生的复杂原因有了更全面的理解，并得以构思积极合作的解决办法。

参与式设计

随着老护城河门户的环境改造完成，南威住房信托开始发现，尽管取消了安装长椅的提议，但老年人还是继续聚集在门户附近，因为179路公交车常常在此停靠。其实，这趟公交线路是可以沿线招手即停的，但老年居民仍然习惯提前来到某一定点等公交。在门户区域，人们在等公交时用矮墙当作座椅。后来,为了帮助人们更好地用矮墙休息(见图 10.3),住房委员会在城堡状的墙体上增加了水平的混凝土顶盖。而当初之所以采用城堡状墙体(用砖块搭建成齿状凸起),就是为了防止有人坐在墙上。南威住房信托与居民的持续沟通,避免了通过抽象的表象作出假设的情况,从而能够直接对居民真正的空间利用方式进行响应。

积极的研究与设计

本节展示了项目是如何尝试超越表象与参与,积极地提升该地老年人能力的。积极关系的一个关键特征就是,发动老年居民去展示两种知识:什么能使一个地方全龄化(不)友好以及什么能使一个地方全龄化友好水平更高,并设计、实施行动措施去实现这些目标。从研究角度来看,讨论了共同制订的行动计划,以及共同提出的、具体的且空间型的改进措施计划。从设计的角度来看,它展示了类似"门户"这样之前被老年人非正式"借用"的地方,是如何被老年群体积极打造并正式"占领"的。

积极的研究

从人际互动研究与城市设计分析中可以看出,179 路公交车被视为该地区城市"形态"中一个关键组成部分,影响着在后续研讨会中对实体环境改善措施的讨论。在第一个事例中,服务之所以重要是因为它在住宅区的交叉点上横穿过去(就像频繁往返市中心的公交线路一样)。此外,项目还揭示了这项服务中一些意料之外的特征,能够促进积极养老。尽管在沿线不设置固定的公交站点,改用"招手即停"的方式,但居民们还是自发设置了非正式的站点,以便能在一起等待公交车。虽然这条公交线路只是每小时运行一次,但通过(非正式站点)这种方式,在定期乘车的熟悉的社会群体中起到了社交促进作用。从这个意义上来说,可以认为居民独立、积极地将公交车和聚集点变成了社交领地。

积极的设计

在项目开始前,老年居民曾拒绝在门户、179 路公交线沿线及前往最近的区中心的主干道上设置长椅。然而,这些"未被占领"(unpossessed)的地方现在都安装了全龄化友好型长椅,这在之前是不可能实现的。在179路公交线路上还有其他四个门户区域(也被老年居民用作聚集点),并分别在其中设置了"口袋公园"(pocket parks)和长椅,目的是将目前很难进入(或享受)的公共绿地空间分散开,这也是最终版的行动计划中一系列建议行动中的一部分。关于这条公交线路还有其他的行动措施。通往最近的区中心的人行干道可以优先通行,并沿路设置了路标,为社交与出行便利提供支持。这些措施是不同领域中众多建议举措中的一部分。在本章成文时,114个原创项目中有50多个已经或正在实施(或准备实施)。

积极的研究与设计

在了解了老护城河老年居民使用门户空间的方式以后,项目能够与相关方共同制订行动计划,延续这种使用方式的意义。随着居民与政府机构之间更加平等,过去两者在门户空间利用问题(居民私下将门户空间用于公交等待,并没有积极地与相关机构沟通合作)上相对于应答式的(机构方)、被动的(居民)的关系变得更加积极。而随着南威住房信托采用了合作性更强的处理方式,老年居民的积极参与程度也有所提升,使得两者能够在"需求内容"(理论上的)和"实现方式"上达成一致。项目一开始,居民自愿担任社区审查员(auditor),并从各机构、服务领域及政府部门中抽调人员,另外成立一个提倡者小组。在项目结束时,有更多的参与方和居民出席了行动计划研讨会,共同决定实施哪种行动措施以及实施顺序。

门户区域与全龄化友好长椅的事例有着重要意义,从中我们可以看到老年居民在积极争取社区内空间使用权时显示的真正潜力。老年居民的积极状态,至少在这里,并不只是参与的问题(公民或社会),更是获得使用权的一个因素。随着公交车成为一种社交聚集的平台,公交站也被用作或视为会面、休闲的地方,这是对交通与公共空间服务现状的一个创造性的回应。正式认识到179路公交线路对老年群体(在这个过程中他们自己也是参与方)的重要性后,公共空间项目才得以直接对老年居民的真实生活体验进行响应。

现在,179路公交沿线的一系列公共空间(与穿过住宅区的人行主干道一致,老年人常走的通向区中心的路线)被视为潜在的休闲、社交场所。这些在过去属于固定空间的地方,如今与公交车上移动的社交空间连接在了一起。若没有在老护城河开展公民及社会参与活动,那么上述的空间利用是无法实现的。对这两类社会空间（移动的与固定的）的发展可以看作老年居民在自己的社区，根据特定的生活体验，积极打造或使用城市空间的案例。能够以如此正式的方式表达对空间的使用权，是老年人作为"公民"而不是"顾客"或"病人"的重要表现。一些老年人仍在继续参与在该地区的很多项目以及加入众多团体。虽然项目成功的原因有很多（特别是南威住房信托持续的精力投入），但有证据显示，社区空间整体上正在因为老年群体的积极参与而变得更好。

总结

全龄化友好型老护城河项目为我们提供了一些初步的证据，证明了由社会主导的研究与设计的同步进程能够促进新场地的建设以供老年居民使用，为打造真正的全龄化友好型社区提供支持，为居家养老提供更多机会。这项研究提醒我们，需要提高积极养老定义的标准。

居民的积极参与可以说能够提升自我定义或场所建设的能力。在"门户"的案例中，具体来说就意味着，从前老年居民非正式利用的场地（大家聚在同一个地方），如今通过正式的途径获得了使用权（通过与市政机构建立正式关系，在此地设置了长椅，并用全龄化友好的鲜花标志将其官方化）。在这些事例中，全龄化友好设计问题并不是长椅供应的问题，也不是设置形式或地点的问题。这里真正的全龄化友好问题，是老年群体是否拥有能力去影响座椅类型；是否有机会使用它们；是否对所居住的城市空间表达了充分的所有权，对其进行保护。

然而，当积极养老能力发展中的做法没有在世卫组织 AFCC 指南中被明确定义为全龄化友好型设计时，表象或医疗为主的活动规划模型仍是全龄化友好型设计的基本原则。这反过来说明，人们认为社会交互与社会参与是独立于建筑空间与全龄化友好型的规划实践的。因此，需要将世卫组织全龄化友好型社会政策的发展目标扩大至全龄化友好的规划领域，从而在全龄化友好型城市的认知与建设过程中不会忽视居民参与的重要性。

这样，根据 AFCC 社会政策建议项，全龄化友好型规划应被视作"自下而上"的参与过程，让老年群体参与分析，表达真实的生活境况，为政府政策制定提供信息（WHO，2007）。在老年群体分析与表达信息的能力上，通过考虑老护城河区域社会与实体环境维度,可以看到老年居民在研究和设计过程中以及在打造并使用符合其老龄化体验的实体和社会环境上拥有自主权。从这个意义上来说,"积极"最有效的定义可能是打造、控制与使用城市空间的多方面能力。

注释

①老护城河是曼彻斯特市的一个选区。该地区共有1.4万人左右,其中55岁以上人口占比13%。尽管这一比例远低于曼彻斯特平均水平(约20%),但由于大量学生或年轻人口集中在区域中心的东部,导致西部某些地方的老年人口占比接近40%。以英国的标准来看,居住在这部分区域的居民贫困水平、患严重疾病比例更高,预期寿命更短。

②这是曼彻斯特建筑学院开展的一系列项目中的一个,旨在解决空间包容性问题,部分内容通过建筑学研究生的教学项目完成(White,2014)。PHASE场所—健康研究团队已有10年以上历史,利用社区参与的建筑研究技术,同城市各方建立合作关系,并邀请当地居民直接参与,探究空间与场所在公共健康中的角色。

③反社会行为"恐惧"主要是指,这些空间会被醉酒的流浪人士霸占,或年轻人可能因私人活动在此聚集,带来噪声和公物损坏,如街头涂鸦或街头滑板。

第 11 章
另类的全龄化友好行动倡议：重新定义全龄化友好设计

索菲·汉德勒

引言

本章将挑战在设计世界中一种普遍存在的态度——不愿涉及老龄化主题或参与全龄化友好型环境的工作。本章提出了一些新型创意方式，或许能让建筑师、艺术家和设计师们参与到全龄化友好型城市实践的讨论中并表示通过将社会参与型（socially engaged）设计师这样一种新兴的群体融入全龄化友好政策框架中，可能将会丰富当前我们对全龄化友好型城市的理解和实践。

过去三年间，在老龄化和城市的动态变化中，人们对规划与设计领域，以及这些领域可以通过怎样的方式来回应城市人口结构变化趋势，产生了更加浓厚的兴趣。英国皇家建筑师学会（RIBA）、奥雅纳（Arup，一家全球工程顾问机构）等相关机构已经开始积极地响应城市人口结构环境的变化，通过开设工作坊、召开研讨会和发布报告等方式，探讨自身在打造全龄包容的空间方面担任怎样的角色。2013 年，RIBA 发布了一份名为《一线光明》（*Silver Linings*）的报告。该报告基于多次圆桌讨论，并尝试为下一代"第三年龄"的城市居民推出一系列的设计方案（RIBA，2013）。2015 年，奥雅纳通过其研究机构，开始围绕城市老龄化探索自己的方案，并探索城市塑造养老体验的途径（Arup，2015）。

从某种角度来说，这些机构的行动倡议与世界卫生组织的全龄化友好政策方案并行发展，通过世卫组织全龄化友好型城市和社区全球网络（Global Network for Age–Friendly Cities and Communities，GNAFCC）（见第 2 章），利用了全龄化友好讨论与激辩中产生的势头。但是对于大部分人来说，设计界内部有关老龄化与城市化的讨论与表达倾向于脱离全龄化友好政策中的语言及理解。

可以说这是一对矛盾：当政策主导的有关全龄化友好型城市的讨论常常

聚焦于设计问题上（城市可以采取什么措施，来创造全龄化友好水平更高的环境）时，设计界内部仍然很少涉及全龄化友好的相关内容。这一点在社会参与型的设计从业者中特别明显。他们对参与有关人口老龄化与城市化的讨论持有排斥态度，甚至从表面上看，这些从业者有时所处的位置是参与全龄化友好型城市建设的社会政策讨论中的最佳位置（Handler，2014）。

本章将探究全龄化友好设计中新型定义是如何吸引设计师更加积极地参与到当前有关全龄化友好型城市建设的实践与讨论当中的。此外，本章还讲述了当前对全龄化友好设计认知的局限性，以及怎样利用新兴的社会参与型设计方法，来为全龄化友好的相关讨论与实践注入新的活力，吸引新一代设计师加入全龄化友好政策讨论中。本章认为，通过对全龄化友好设计重新定义，拓展并复兴全龄化友好实践相关领域，并吸引有创意的从业者以新型方式去参与全龄化友好政策制定。

挑战全龄化友好设计中的传统观点

到目前为止，围绕全龄化友好设计的讨论主要由公共政策在驱动，通常是通过某些全龄化友好型城市的行动倡议或项目进行，如纽约（Age-friendly NYC，2009）和费城在推动和尝试不同城市的改进措施。然而，在这些措施中出现的叙述可能限制了对全龄化友好设计方法的理解。全龄化友好设计经常被等同于通用的准则和包容型设计。这种观点主要想表达的是，建筑环境（或任何经过设计的服务或产品）可以通过设计或改造，以满足所有人的需求，无论其年龄或自身能力。如此一说，全龄化友好设计方法通常会被理解为将"阻碍的"（resistant）环境（让打造适宜的城市环境变得困难）转变为让所有人都感到"支持的""无障碍的""便于通行"的环境（Kellaher 等，2004）。结果，老龄友好设计看起来就是问题解决的一套技术：找出环境"障碍"（如阻碍出行的实体障碍）；确定需求（如需要中途休息，才能更好地行走）；设计解决障碍、满足需求的方案；提供设计建议措施；执行设计标准。

这些设计方法，连同其背后看上去较为中性的设计准则，在包容性与通用性这两个流行的概念中发挥了作用。由于包容性概念并没有考虑到差异性，导致它在很多时候都难以实现，但尽管如此，包容性概念在设计界仍是非常受欢迎的（Boys，2014）。在全龄化友好实践的讨论中，这些通用化的概念一再被提起，其中最突出的，就是不断重复"打造全龄化友好型城市就是要对所有人友好。在这些讨论声中，欧洲老龄平台（Age Platform Europe, 2012）开始推行一种理念，即全龄化友好型城市属于泛代际（pan-generational）。在全龄化友好运动中，人们常常会思考这样一个问题：设计实践除了专注于问题解决外，还可以包含哪些内容？而当人们重复使用"通用的设计""为所有人设计""包容型设计"等词语时，就暴露了对这一问题的理解仍是片面的。

问题解决的实用性措施在一系列标准化全龄化友好设计产品中最为突出，并为"室外空间与建筑物"（见第 2 章）贡献了相关行动倡议。这些全龄化友好设计的方案内容广泛，从单个物体（如可能投放到任何一座全龄化友好型城市中的全龄化友好长椅）的设计，到通用标准、指南、清单的制定，始终倾向于将确切的、外在的、通用的改进措施优先应用于实践中（IDGO, 2012）。而这些措施通常是标准化的或在实施中逐渐被标准化。换句话说，这些措施能够轻松地被应用到任何环境中，但不一定会考虑到当地环境的具体差异。例如，在一个全龄化友好公园的清单上，可能会列举一系列的全龄化友好设施，用来指导城市去改造任何一个公园。但通用清单无法将某个公园的"个性"考虑进来，包括当前当地老年群体是怎样使用这个公园的；利用方式会发生哪些变化；公园建于城市哪个位置；公园所处的更大的社会背景有哪些特点。而这些都需要我们"设计"针对某一场地的独特性给出回应。

虽然并不明显，但问题解决型设计的方式仍然在老龄化生物—医疗模型中有体现，限制了对身体与城市环境交互关系问题的思考。这种方式出现在不同的设计研究中：某几种铺路材料（paving）存在着跌倒风险；户外通道的设置会将身体健康与幸福感最大化（IDGO, 2012）。在这些地方，设计被视为一种工具，是一种单纯的功能性实践行为，为满足一系列身体基线需求提供解决方案，而反过来参与并强化了老龄相关问题（主要围绕着出行便利、通道、座椅等）的重复出现（Handler, 2016）。

然而，在关注身体机能，解决老龄化中的身体方面的问题时，这种方式始终拒绝接受那些自主权更强的公民型（citizenship-based）养老模式，并在大众对老龄化的语境中，挑战了对医疗与成人社会护理的解读（Buffel 等，2014；Buffel，2015）（见第 12 章）。只要人们一直认为：老龄化就是将老年人的依赖与需求建立在身体功能性健康与出行能力这类传统的生物医疗类问题上（Burton 和 Mitchell，2006；IDGO，2012），那么这种对养老设计的传统解读就无法理解老年群体在打造城市空间中所起到的作用。

社会参与型设计师

然而，一群新型从业者利用自己的设计公开参与到解决社会问题的行动中。他们的兴起为思考、实践设计方案带来了另外的选择（另见第 10 章）。通过这种方式，设计可能不会仅仅被其终端产品所定义，人们更多地会看到设计在共同建构（co-construct）空间、推动本地关系网成立、形成欢快的社交型社会氛围的过程中所发挥的作用（White 等，2013）。而这一种方式可能需要一个计划，如对指定空间可能的利用方式作出时间安排，而不是将设计好的产品直接插入这一空间内。设计行为可以被看作是一种工具，其给予使用者以权力，并宣告对某一空间的使用权（Schneider 和 Till，2009；Awan 等，2011）。

设计还可被看作一种结局开放的创作过程。以这种方式进行设计的项目，一般来说都更有探索精神，且对最终产品的交付看得更淡。通过特定空间的居民和用户的参与，项目设计的雏形就开始形成了，而设计师的任务也不仅是将成形的设计方案直接照搬到某个项目中而已（Awan 等，2011）。例如，世界知名的"自管建筑工作室"（Atelier d'Architecture Autogérée，AAA）就将设计实施简单地看成将当地社区中的"基础设施唤醒"（AAA，2011）。为了将剩余城市空间变为当地人的自管（self-managed）空间，AAA 的设计项目特意将实体干预降低到最小。其设计流程通常包括以下几部分：选择一块废弃的场地；（通过规划）敲定场地；为这块空间提供一些基本的实体准备（使其能够正常使用）；然后再将重心放在与当地社区建立关系网、提升居民能力（capability）方面，让当地居民接管空间的剩余部分，使之成为自管空间。

在过去十年间，为应对现代城市化的艰难局面，社会参与型设计方式逐渐崭露头角。它的出现为诸多城市问题的解决提供了新的方法，这些问题就包括城市快速发展造成的社会碎片化（fragmentation）；城市的私有化水平不断提升；公共空间受到挤压；城市社区中普遍存在的不公平现象有加深趋势（Rendell，2006；Petcou 和 Petrescu，2007；Petrescu 等，2010）。为解决这些问题，社会参与型设计师开发了不同的设计实施方案与思考方式。当设计过程不再纠结于单个物体和最终产品，那么设计出的改进措施将是具有社会意识的，且是具有自我反思的批判性精神的（Till，2009）。

这就要求设计师吸纳更多的实验性（experimental）设计方法。通过借鉴在地艺术（site-specific art，针对特定空间中的特定背景所进行的具有当下意义的创作）中的技巧，设计师开始探索更多特定环境下社会参与型空间的实践可能性。事实上，这就意味着，正如在地艺术家一样，设计师已经在不同地点，开始了不同时长、不同规模的实验。这可能会使得，比如，设计师在一块特定场地设置了小型、暂时性的干预措施，而非在一块场地上建设永久性大型建筑物。也可能会融入一些非典型设计实践场地，如在公共与私用场地之间的边界处的"间隙空间"（interstitial space），探索在城市空间使用与所有权问题上的紧张关系与模糊性（Rendell，2006）。

这样的设计师也开始接触并使用批判性地理与城市社会学中的概念，这些概念在大卫·哈维（Harvey，2008）、恩里·勒费布尔（Lefebvre，1991）和米歇尔·德·塞尔托（Certeau，1984）的研究中都有阐述。设计师开始将这些研究者的研究成果用于解决城市环境中包容性与排斥的相关问题，如所有权之争，城市空间的复制，以及通过参与和合作的方式，让当地用户和居民加入进来。通过利用这种特殊的设计思路与实践方式，挑战全龄化友好设计所谓标准的实践与认知方式是可能的。随着其影响范围的不断扩大，在改造环境满足身体基线需求之外，这种特殊的全龄化友好设计方式也开始围绕老龄包容性的真正含义，提出了其他问题。除此之外，结合哈维、勒费布尔和塞尔托的理论研究，开始将全龄化友好举措与有关于老年群体与环境之间关系的讨论联系起来，而这些讨论也具有明确的政治化和批判性反省力等特点。通过这些理论，全龄化友好设计可以着手解决城市环境中包容性与排斥的相关问题，包括所有权之争、城市空间的复制等。此外，它开始推动老年群体获取城市权利（rights to the city），通过介绍不同的公共空间多样的（代际）使用方式，宣传其作为共享场地的价值，支持老年人及老年群体，利用自己的能力，通过战略、战术相结合的方式，重新构思并改造自己的城市。

在此基础上，一些问题也随之出现。例如，设计可以成为一种机制，将老年人视为城市公民，视为积极参与城市打造与复制的社会参与者吗？（另见 Buffel 和 Phillipson，2016）。设计可以成为一种过程，使老年人能够像其他年龄群体一样，对城市的空间提出自己的主张吗？对于老年人与城市及城市环境的关系，可以"不单纯"地从实体影响（physical impact）的角度进行探索吗？可以突破其对老龄化身体状况的影响吗？可以突破个体在某种环境中的出行能力吗？包容型设计会卷入社会包容性及排斥行为的争斗吗？会融入现代城市化的日常生活体验吗？会结合老年人的身体能力与局限吗？

在一个公共讨论主要是由社会政策主导的领域，通过另类的城市实践方式是有可能去探讨全龄化友好型空间该如何打造的。

重新定义全龄化友好型设计

自2007年世卫组织GNAFCC成立后，全龄化友好行动就在逐步成长，脱离了公共政策舞台，并通过当地政府和社会团体，共同制订行动措施、战略计划和行动倡议等，进而不断地向下渗透（见第2章）。然而，对于行动中的大部分内容来说，设计者、建筑师和其他围绕城市化问题工作的创意型的从业人员对全龄化友好的概念的兴趣并不大。即便是那些最想将全龄化友好准则纳入其实践当中的从业者（或者说那些利用社会参与型实践的道德框架来标榜自己的人），也很少考虑城市化中老年群体的生活体验，以及急速变化的人口结构对城市居民与城市空间的关系的影响（见表11.1）。

表11.1　　从问题解决到另类全龄化友好型设计方式

问题解决型设计方式	另类设计方式
工具型 设计方式由功能定义，由利用价值（即设计的有效程度）衡量	**命题型** 带有推测性质和开放式结局。提醒设计师思考还可以怎样去构思、建设某个空间
包容型设计 希望无论年龄或自身能力，所有人的需求都能通过城市空间改造得到满足。包容型设计在应用时常常是通用的，不重视某个空间环境中的特殊性	**关系型** 揭示、建立或放大某一空间中的社交联结与关系网，考虑该环境的特殊性

续　表

问题解决型设计方式	另类设计方式
产品型 重点关注最终的设计产品，优先关注最终产品的形式、美感或功能性	**能动型** 通过设计过程本身，支持人们为自己赋权，支配所处空间的使用
解决方案型 重点关注在个别问题解决上。通常聚焦在身体限制的相关问题上，如改造某个环境，尽可能减少个体前往某个场所中遇到的实体阻碍	**创新型改进措施** 采用实验性设计转变对城市空间的认知与体验。常常借鉴艺术领域的技巧。最终的设计可能是某个场地上一次暂时性行动，如一场电影或一份文稿

"全龄化友好"为设计师、艺术家和建筑师开展社会参与型城市实践提供了一个强大的概念框架。它与其他的政策或设计概念有所区别，如"积极设计"（active design）或"健康城市"（healthy cities），它们承载的都是围绕肥胖症与健康发展差异制定的具体议程（Sport England，2015；WHO，2015）。而全龄化友好提供的是现成的框架，支持公民型养老模式，让老年人能够通过"积极养老"的参与性原则，在打造城市的过程中积极地发挥作用，并且挑战从生物医学型健康与社会护理的角度对城市养老进行的解读（另见第3章、第12章）。

通过这些不同的方式，全龄化友好型城市的概念能让设计师不再自我局限，不再仅仅聚焦在住房和年龄隔离型机构所包含的设定之上，而是涉足城市的公共空间。对老龄化问题的设计构思也能从问题解决的传统设计方式（重点是关注老年人的身体状况）中解脱出来。设计师还能够以实验性、参与度、自主权更强的方式来研究人们与城市空间之间可能的关系。除此以外，与城市老龄化议程更为积极的关系也让设计从业者得以将自己创新的方法带入对全龄化友好型设计的思考当中，并提前参与到在全龄化友好型设计的讨论中还尚未普遍存在的问题。如上所述，全龄化友好型设计师的角色开始转变，他们不再只是负责降低城市环境对老年群体的不利影响那么简单了（Kellaher 等，2004）。

全龄化友好设计有望直面一些关键但尚未得以解决的问题，这些问题通过不同的方式正在影响着老年群体的生活。它可以着手解决的问题有诸如城市环境总是为了满足年轻群体的需求而做调整；城市在打造自身"招牌"（brand），即为自己设计城市形象时，会不动声色地将老年群体从中剔除。它还可能解决在规划与意见征询流程中出现的经常排斥老年群体的问题（特别是正在重建的领域），这会使得老年人在其居住环境不断变化的情况下，感受到隔绝与排斥（Smith，2009；Buffel和Phillipson，2016）。或者尝试解决老年人出行所面临的（经常提及的）诸多困难，而这些困难可能不仅仅是场所无障碍通行问题这么简单。除了单纯的肢体活动能力的限制，还有诸如住在不够安全的环境中，对于犯罪行为的担心，阻碍了其户外自由出行（De Donder等，2013）。再比如，伴侣的离世导致情绪不稳定，或出现"与世隔绝"的孤独，也会阻碍出行（Kellaher等，2004；Buffel等，2012）。

除了在阻碍重重的物质环境中（与世卫组织"室外空间与建筑物"领域有关）出现的问题，全龄化友好设计中采用的另类的方式也将涉及环境对老年人身份认知与主观情感的影响，以及这些问题是如何带来疏离感与社会排斥的生活体验的。这些问题可能会提醒设计师应通过各种方式重视人们对环境的主观感受及其存在的价值；认识到空间的关系性价值（relational value），以及共用空间中冲突与矛盾的意义；并且鼓励多发展这种实践形式，让人们对环境更有把握，与环境保持联结。就如同是年轻人的资源一样，通过不同的方式，城市也可以同样是老年群体的资源。即便是处于老年阶段，也能够对环境主张自己的权利。

通过这些不同方式，全龄化友好实践开始突破一些常规问题，如道路与出行、保障与安全、风险规避设计策略（缓解措施）的制定等。同时也解决了与身体衰老的相关问题，为城市从业者提供了更为客观的视角去看待全龄化友好实践的可能性。这样的语言和问题虽尚未成为全龄化友好语篇中的一部分，但他们确实开始重新定义了全龄化友好设计的内容，并为从业者带来了一套新的理念与方法。

扩展全龄化友好实践的领域

正如本章前文所述，在实践中，这种另类的全龄化友好设计的定义，扩张了设计的含义，使其开始有了不同的特点。设计可能只是一次暂时性的干预行为，其短暂地改变了人们对场所的使用和理解方式。设计可能是一次参与型过程，优先考虑与他人合作，并邀请那些非专业人士（经常被设计过程遗忘的人）来联合打造某一空间（White 等，2013；Buffel，2015）。或者设计可能是一连串的"如果"，创造一系列场景，为空间的重新构思提供催化剂（例如，如果活跃的第三年龄群体重新要求将商业街作为一种新的便利设施该怎么办）。正如《一线光明》（RIBA，2013）报告中所建议的一个"如果"那样，设计过程的终点可以推荐一种"未来"，而并非只是确定的结果。这样一种充满想象的建议能够激发更多的想法与探讨。

同样地，设计也可以被理解成一种实践（过程），尝试充分利用现有资源，而不只是创造新的物体或产品。对空间加以改造，而不是简单地将新物件放入空间中（如在现有的路边结构的基础上加以改造，增设临时座椅，而不是安置长椅让街景"焕然一新"）。现在，有这样的一种设计想法，即灵活使用空间，空间的利用方式既不是固定的，也不是指定的或提前预设的，而是随着时间而变化的，其变化频率可能是每天、每周或每年。基于社区的设计项目，例如，由 AAA 建筑师设计的巴黎生态盒子（ECO box）项目就推动了空间由居民自管的理念。这些空间灵活性高，适应性强，随着时间的变化能够通过不同的方式来加以利用。此外，还有一种想法将设计实践视为"制造"时空的过程，通过如地图、电影和写作等方式，将城市中隐藏的故事呈现出来；并反过来为设计与改进措施提供信息，使其更具有针对性，换句话说，更贴合本地居民的愿望与需求，尤其是常被边缘化的群体。

这些设计实践中的不一样的方式能够在一些典型的全龄化友好行动倡议中看到。这些全龄化友好行动倡议中的最终"产品"，规模一般比较小，但形式却各式各样。这里所说的行动倡议，可能仅仅是一次暂时性的改进或一个故事；或是一个猜测性的建议或一次实践性的行动计划，只是不一定会制造出一个实体的最终产品。这些行动倡议也不一定需要具有明显的功能性。这类实践形式颠覆了过去在思考老年群体与场所之间关系时所使用的传统的层级。在减少对身体基线需求的回应后，这些新形式开始探索老年人与场所之间更无形、更不明显的关系。除此之外，它们对变化中的关系进行了批判性反思，展示了一些设计师、艺术家、建筑师和其他参与方（社区参与官员、研究者、活动人士）都已经在以特定的全龄化友好形式开展工作，只是尚未在全龄化友好实践的另类方式中明确表现出来。

这些典型的全龄化友好行动倡议中的每一个都采用了不同的举措。有些基于挑战空间打造中含蓄的代际偏见。例如，在伦敦纽汉区（Newham）有一个为年轻人设计的公用的多功能娱乐场地，在一天晚上（仅这一天）被用作当地的一家老年舞蹈俱乐部的室外舞池，为老年人提供了灵活可用空间。在曼彻斯特，每隔几个月，当地一家夜店（Band on the Wall）将会成为50岁以上人群的集合点，挑战了那种"有些地方是有年龄限制的"的观点，并颠覆了曼彻斯特城市夜间经济的动态变化，也颠覆了城市以年轻人聚集地而标榜的自我形象。

一些行动倡议基于"实体改造最低"的理念，充分利用现成的资源，采用改造的方式，仅对一些项目做"微调"，随着时间推移看到微小改造的累积效果。例如，位于荷兰的德诺万（Denoven Design）项目，利用这种方式实施全龄化友好型改造，为了附近保障性住房的居民，将街道改造成了一个临时运动场。通过一系列巧妙的道路改造（将街灯改造成可拉伸的球柱，而路桩则用于设置障碍赛的路线），德诺万项目在已有的街道建筑物中为居民提供了共用的运动场地。

专栏 11.1　随处可坐的城市

2013年，位于德国西部的格里斯海姆（Griesheim）被改造成为老年人随处可坐的小镇。在已有的街道设施的基础上，设计一系列"快速休息站"（rapid rest stop），使其能够与已有设施匹配安装。这样，在随处可坐的城市（the Seatable City）*中，老年居民走在任何一条步道上都能定点看到可以歇歇脚的地方。将自行车桩设计为弯曲状，兼有高脚凳的功能。在路边的墙体上加装设施，使其也成为休憩站。该项目对广泛使用的公共长椅的形式和功能提出质疑。项目中，休息座椅不仅在特定的公共区域出现，如公园和广场，还出现在人行步道这种限制性空间（threshold spaces）中，使得这座随处可坐的城市能够拓宽老年居民的出行范围（参考格里斯海姆老年居民制作的地图）。

该项目使用了经济技巧（tactical economy），利用街道现成的建筑设施，打造出了可坐的（sittable）城市，进而最终成为适宜步行的（walkable）城市。而要打造适于步行的城市，长椅只是一种方案而已。该项目遵循的就是"实体改造最低"的原则，充分利用现成的资源（路边墙体、自行车桩等），也突破了通用型设计方案（安装长椅），尽可能地对现有城市设施进行微调，并最终为居民提供了（更多）休息的机会。

类似的项目和行动倡议强调并重视了对已有空间的常规使用，看到现有设施的价值，通过设计简单地对其进行细微的变更、改造或作出不明显的改变。

注：*随处可坐的城市是由伯恩哈德·迈耶（Bernhard Meyer）教授于2013年发起的行动倡议。

通过少量的改造，为类似专栏11.1中随处可坐的城市这样的小型项目提供了创新的解决办法，从而替代了忽略当地环境独特需求的现成的标准化设计。其他项目则向我们展示了全龄化友好型城市实践中关系上的更多可能性。在伦敦刘易舍姆区（Lewisham）中有一个"交易空间"（trading spaces）的项目，一位艺术家利用了该地的一处街边摊位，将陷入中产阶级化矛盾中的当地老年居民聚集起来。通过与当地老年居民的合作，艺术家巴比·阿桑特（Barby Asante）在当地市集上临时搭建了摊位，作为一个"交流空间"。在这里，市集上来来往往的人彼此交流着有关于当地变化的想法和观点。阿桑特特意将此项目设在市集（对老年居民有重要的社交价值）中。随着项目开展，他开始认识到，这样的空间所承载的社交关系性的重要意义，看到了其中发展的可能性，并为更大范围的讨论腾出空间，用以交流关于国际市场各种势力对老年群体日常生活的影响的相关观点。而临时摊位只是一个幌子，其目的就是让参与者在此交流自己的故事，并讲述市集周边区域的中产阶级化改造正在对人与人之间的关系产生着怎样的影响。

在其他地方，"讲故事"则成为更加传统的全龄化友好空间调查的设计工具。例如，在"基尔本老年声音交换"（Kilburn Older Voices Exchange, KOVE）项目中，通过叙事电影，挖掘（mapping out）那些不被关注的城市体验。2012年，KOVE与电影制作团队及福音橡老年人关系网（Gospel Oak Older People's Network）的成员合作，制作了系列影片"寻友之旅"（Journey to a Friend）。影片讲述了八位老人在当地游走的八段"旅程"，以第一人称的视角，在短短四分钟里，让观众在理解当地日常生活时，并让其有了更加直观的感受和更多的背景信息。用影片的独特方式，透过不同的元素将这些不为人知的故事讲述出来，让观众更深刻体会传统空间调查与测绘项目尚未涉及的不断变化的城市生活。

一些未实现的、推测性的项目也可以体现出独特的全龄化友好设计实践，包括一些充满想象力的学生建筑作品（设计教学为学生提供了对全龄化友好的实践自由思考的创作空间）。而这些项目可能会参考场景型（scenario-based）设计原则。这种设计原则特别强调了RIBA《一线光明》报告所关注的"第三年龄"城市居民未来的生活样貌（如重新要求将商业街作为代际交流的便利设施，或将城市构想为第三年龄的特殊大学）。在这里，将城市设想成老年群体的学习环境，推动了对现有城市建筑与空间的重新构思，成为支持第三年龄学习的自由使用的平台。对文化场所，如画廊、博物馆、剧院等的设想是期待其能够为人们的社交提供一些非正式、开放且免费的空间。而对私营场所（咖啡馆和餐厅），则开始在早上和下午营业，为研讨会和工作坊提供社交空间。交通枢纽也重新被构思为讲堂形式的公共空间。

在设计中提出建议性实践方案的做法由来已久，而正是通过这种做法，这些行动倡议才能够展示出全龄化友好的空间实践不仅是参与解决已知问题的功能型、工具型手段。从暂时性干预措施，到叙述式的设计，这些项目重新定义了全龄化友好设计的可能性。更重要的是，人们开始使用不同的词汇来形容全龄化友好的实践了：被赋权的行动，让老年群体用不同方式提出他们自己对城市的主张。它开始提议采用突破权利型语言的改进措施，而不再简单地使用"老年人应该拥有平等地获取城市资源的权利"这样的观点。这样的行动倡议开始考虑：人们希望与环境或场所有怎样的关系——构成人们对某一场所所体验到的情绪地理（emotional geography，包括主观联结、憧憬、幻想）。由于不再只是单纯地解决客观的身体基础需求，这些另类的全龄化友好的实践形式就开始为全龄化友好的设计奠定了新基调。它们常常会在设计实践中展示出一些较小的颠覆性（在晚上关门后进入公园；对街道进行微调后，将其变成老年人的临时运动场地）。慢慢地，它们以一种含蓄的方式，挑战了那些经常在老龄化与设计的讨论中使用的重量级表述方式。

挑战全龄化友好型设计中的产品

当用改进措施的积极词汇谈论全龄化友好设计时，我们就会涉及这些角度：定位并向世人展示，灵活利用空间；"借用"和占用空间；从合作的角度谈设计等。这就让那些关于城市全龄化友好实践的对话不再局限于实体的、产品型的实践方式。在这样的框架下，设计从单纯地关注产品的领域转变成为过程主导型实践活动。比如，设计不再紧盯着通用型全龄化友好长椅不放；此时的长椅变成了一个围绕公共座椅问题的更宽泛的项目，由当地企业与居民共同参与，在本地商店中提供临时性的、按需供应的座椅［如纽约和曼哈顿引入的"请坐"（Take a Seat）行动倡议］。

更重要的是，当人们不再将全龄化友好设计视为产品型实践方式时，人们对设计师的看法也随之改变了。人们不再透过现行的政策视角去看待设计师，也不再将设计师看作单一的、固定的终端产品的唯一作者，而是认识到，全龄化友好设计师的工作是将不同参与方召集起来，并共同打造全龄化友好空间。设计师会同小店店主、老年居民及专业学者进行合作。当拓宽了对全龄化友好从业者的定义后，他们就不再单纯是设计师、艺术家或建筑师，而更是推动者，是人群、场所与物品之间的纽带（Shalk, 2007）。在这个例子中，全龄化友好设计师不仅仅是单一的从业者，在本质上，他们更是一个"关系的从业者"，他们在产品设计过程中要紧密地与他人协作，想他人所想，做他人所做。

将在这些新兴的全龄化友好行动倡议中参与的城市参与者列举出来时，也是在展示全龄化友好设计师作品的关系维度及其重要性。从建筑师和设计师到艺术家、社会学家、市集摊主和夜店老板，全龄化友好领域的相关从业者的范围广泛。除此之外，在设计措施实施过程中，这些相关参与方的地位是相等的。例如，在"请坐"项目中，借用商业街商店中私营商用空间时，其实是要求店主能够提供一块去商业化的、非营利的公共空间供人们休憩。而这种想法能否成功，取决于店主对全龄化友好行动倡议的投入有多少，同时还依靠设计师与社区参与机构人员将店主"拉进"行动中的意愿。

然而，不仅设计实践的关系维度常常会被隐藏起来，在那些更加主流的认知中，仍经常将设计师当作物品（楼房、长椅、产品）的制作者。但如果全龄化友好行动倡议希望长久地持续下去，希望扎根于当地社区，那么，在指定场所内推动关系联动，运用多样技术、知识和影响力，才是全龄化友好实践的主要特征之一。不同的参与方具有不同的能力、态度、知识形态和作用，通过不同的方式对长期的改进措施产生不同程度、不同类型的（非正式的）影响。因此，需要积极且广泛地吸纳更多城市参与者，使之加入全龄化友好设计实践。另外，在全龄化友好实践的关系维度中，还有"赋权"（empowerment）的一面。除了让其他参与者加入城市空间打造的过程中，更为关键的是，通过参与和联合打造提升能动性，重视老年人在打造全龄化友好型空间中的角色，给予老年群体一定的能动性，使之去重新构想、重新设计自己的全龄化友好型城市。

正如这些行动倡议所展示的那样，老年群体通过多种方法和途径参与到了全龄化友好型城市的共同创造中，包括：展开合作研究（Buffel，2015）；采用"一起走"（walking alongside）的技巧；通过规划过程中公民参与的正式体系；通过非正式的参与机制（行走日记等）（White 等，2013）。通过了解参与型方法的多样性，我们得以看到融入和联合打造的途径，以及公民参与的形式，是多种多样的，正如今天设计界已成形的那样（Blundell – Jones 等，2005）。每种方式都引向了不同类型的行动倡议和改进措施，也用不同的方式吸引、鼓舞着参与者。但同时也重申了全龄化友好设计师的关系性角色才是根本的，不再将其定义为单一的从业者了。扬基·李（Yanki Lee）认为，任何将设计师的角色定位在"决策者"之上，并阻碍对设计师—用户之间关系进行反思的行为，都会造成（群体间的）悬殊差异，并导致社会排斥（Lee，2012）。这也正好反映了全龄化友好型城市概念中的一个中心原则，即把老年群体放在加入全龄化友好型城市建设的中心（WHO，2007）。

全龄化友好政策中关键的干预措施

正如本章所述，我们有必要了解设计实践的另一面，那就是突破当前全龄化友好设计概念中对实体部分的重点关注，充分利用充满创造性的从业者常常忽视的技能，重新思考设计师在城市全龄化友好实践中的角色。全龄化友好从业者是一个协调者（facilitator），有时还会做些"卧底"的工作，正如在上文中扬基·李（Yanki Lee，2012）的观点一样，从业者参与"重述"（reframe）过程，挑战接收到的信息，并提出质疑，与"解决已知问题"完全相反。

社会参与型设计师通过一系列的创意方法展开工作，可以不拘一格地去思考、去行动，而这是政策主导的讨论中工具型方式所不具备的。杨基·李指出，设计师受过艺术方面的训练，且能够看到并应对一些其他人认为太短暂、天马行空且无法开展严谨研究的现象。更为关键的是，他们所经受的培训，是对观点进行改述，而不是解决已知问题（Lee，2012）。只有对已知问题进行拆解并重新整理（而不是简单地将其解决），才有能力去重新思考：在突破了全龄化友好型设计作为解决方案的标准化认知后，全龄化友好型设计还可能是什么。

作为一个提出质疑的实践过程，全龄化友好设计可以挑战假设，激发对空间利用的批判性反思。比如，对使用全龄化友好清单和打钩框（tick-box）的方式进行设计的工作形式提出质疑，这样可能会促进或意味着将学到的术语放置于批判性的背景下。例如，指出对那些老生常谈的术语如"包容性设计"的固有的假设，并认为"需求"在任何"需求"群体中都是共通的、普遍的。

在室外空间及建筑物相关的政策主导的讨论中，全龄化友好的谈话是更具指导性的。当远离这种指导性语言后，这种质疑性更强的实践模式就能开始为全龄化友好设计实践提供另类的、结局更开放的语言。它能够让设计师及其他参与方对最佳实践展开批判性反思，并对全龄化友好建立自知性、反思性更强的理解。除此之外，它还对老龄化中重量级、肢体相关的语言提出挑战，为政策制定者（也包括设计师、建筑师和艺术家的预期受众）提供针对城市实践的新思考方式，超越全龄化友好设计方案中的固定套路：清单、指南和产品。

通过鼓励批判性反思，突破设计实践中的专业界限，使得在政策制定者与设计从业者之间展开客观的探讨成为可能，也能够挑战关于全龄化友好型城市发展的固定思维方式。同时，随着设计师对开始就单纯地响应社会政策趋势的做法作出改变，同时它还鼓励创意措施和积极参与全龄化友好型城市的相关讨论。

总结

在过去十年间，在全龄化友好运动的推广与政策制定领域中，全龄包容型城市发展行动倡议是保持一致的。但正如本章所表达的，该领域中对于"设计可以包含哪些内容"的普遍认知，很可能已经限制了在全龄化友好型城市中改进措施的创新机会。

然而，社会参与型设计师的出现，无论是建筑师、设计师或是艺术家，有机会为全龄化友好设计实践与讨论注入新的活力。正如本章所述，这些从业者贡献了新的设计词汇，并开始重新定义全龄化友好的空间利用方式。通过借鉴从业者在其他地方应用过的实践形式（如暂时型改造措施和提议型的实践模式），社会参与型设计师有望为全龄化友好讨论带来不仅是政治及社会参与型的空间利用形式，而且更具推测性、开放性及创意性，挑战老龄化设计中盛行的理念，抛开对老龄化设计的传统认知。

不过，这些新兴的另类的实践形式还尚且处在"婴儿期"。尽管十分需要更多的从业者参与到全龄化友好型城市的发展实践中，但设计界普遍不愿意广泛涉及老龄化主题，特别是拒绝参与老龄化项目，已经阻碍了"设计"更多地参与到城市老龄化议程中。然而，在推动全龄化友好型城市运动向前发展的政策制定领域中，探索另类全龄化友好设计方式的意向十分明确。而这样的意向，正如本章所表达的，需要进一步落实。通过采用社会参与型设计师的空间利用方式，实现以下两件事也变得可能：丰富当前对全龄化友好型城市的认识与实践；并拓宽在联合打造老龄化友好型城市的过程中所需的城市实践项目。

第 12 章
为城市制定全龄化友好政策：战略、挑战与反思

保罗·麦加利

引言

2010年6月，曼彻斯特同全球其他13座城市[①]一起，正式加入世界卫生组织全龄化友好型城市和社区全球网络（Global Network for Age-Friendly Cities and Communities，GNAFCC）。作为英国第一座全龄化友好型城市，曼彻斯特目前是英国重要的全龄化友好型城市之一，也是世界500多个同类城市中英国国内的唯一一个（见第2章）。曼彻斯特也曾遭遇过许多严重的挑战，包括老龄化发展差异、贫困、社会排斥和预期寿命等问题。但自20世纪90年代初期以来，曼彻斯特一直高度投入于提升老年人口生活质量的工作当中。事实上，在过去多年间，无论是在国家层面还是在国际层面，曼彻斯特已经成为制定全龄化友好型城市战略性政策的领先者（Buffel 等，2014）。

本章记录了"全龄化友好型曼彻斯特"（AFM）项目的发展过程，并探究了英国政府老龄化政策与战略从20世纪90年代至今的发展进程，总结出国家主导的老年群体相关活动经历的四个特殊时期。从中我们将会思考曼彻斯特全龄化友好举措的发展是如何推动一系列参与方，特别是地方政府机构能在没有国家牵头的情况下制订老龄化方案的。随后将焦点放在将项目逐步发展为城市—区域联合发展模式，这在英国也尚属首次。本章展示了地方、区域层面推动全龄化友好行动倡议开展的潜能，同时特别指出在经济紧缩时期市政机关所面临的压力。

曼彻斯特社会及人口结构特征

曼彻斯特：人口与社会维度

全龄化友好型城市和社区运动的兴起，可以被看作对全球人口结构变化

的回应，在这样的变化趋势中，许多城市环境都出现了明显的人口老龄化的特征。然而，曼彻斯特拥有独特的人口结构面貌。该市人口共计 52 万（该数据来自户籍登记署署长 2014 年年中估计以及曼彻斯特市议会预测模型 W2016），自 2001 年起，人口每年以近 2% 的速率增长，但是不同年龄组的增长速度并不相同。与英国年龄全貌相比，曼彻斯特 65 岁及以上居民占比为 10.5%，低于英格兰和威尔士的水平（16.9%）。从多重角度来看，包括自然死亡，以及中年及老年人的迁出人数多于迁入人数，曼彻斯特抵抗住了老龄化的趋势。但这些人口结构趋势恰恰就意味着曼彻斯特必须应对一系列城市的独有的挑战，特别是与那些和社会孤立及老年生活多种排斥体验相关的问题。

在过去的十年间，人口迁移，特别是更加健康且（或）富裕的老年群体从市内迁出至周边郊区，以及不断涌入的外国移民导致一些老年人被隔离在了曼彻斯特的个别区内（Bullen，2016）。调查委员会（Audit Commission）于 2008 年开展的一项调查就发现，这些主动选择离开曾经工作过的城市的老年人，年纪在 50~60 岁，生活条件更加富裕；相比之下，剩下的老年群体往往更加贫困、孤立、脆弱，预期寿命更低且需要紧急干预（Audit Commission，2008）。而该市在 2001—2011 年增长迅猛的年轻人口和劳动人口将使得这一情况继续恶化（Bullen，2016）。

社会排斥、不平等与不利条件

研究表明，曼彻斯特内城区的老年群体所面临不利条件与社会排斥的风险更高（Scharf 等，2003；Buffel 等，2013）。相比于英国其他地方来说，出生于曼彻斯特的本地人更可能过早地死亡（在 75 岁之前过世）。因此，也就是说，曼彻斯特的本地人真正达到老龄的可能性更小（Bullen，2016）。尽管在过去十年中，寿命超过 75 岁的可能性有小幅度的提升，但仍低于英国整体水平。在英格兰和威尔士的所有地区中，曼彻斯特出生的男性和女性寿命超过 75 岁的可能性是最低的。在曼彻斯特养老的人们，其晚年生活很可能健康状况更差，残障水平更高，且在多种健康风险中的死亡率也更高。2008—2010年，在曼彻斯特 65~74 岁的老年人中，全因标准化死亡率（每 10 万人有 2793 人）高出了英国整体死亡率水平（每 10 万人有 1703 人）。布伦（Bullen，2016）总结表示，曼彻斯特老龄人自其年轻时起就受到长期限制性疾病的困扰，且高于全国水平，因此对医院急救服务与心理健康服务的需求很高。也正是在这样的背景下，曼彻斯特开始发展其全龄化友好行动倡议。

曼彻斯特全龄化友好发展进程——20世纪90年代

向着老龄化公民型政策发展

曼彻斯特着手应对全龄化友好问题的时间是在20世纪90年代初期。1993年，欧盟将该年主题确定为"老年人与多代团结"（Year of Older People and Solidarity Between Generations），鼓励各成员国对快速变化的人口结构的特征予以响应，并探索老年群体所能作出的贡献。为尝试与这些活动对接，曼彻斯特市议会开设了涉及多部门的老龄与机会特派组（Older Age and Opportunity Working Party），负责为老年群体推介更多的机会与服务。特派组由选出的议员组成，受到官员小组（officer group）的支持。

通过与时任议会副议长的密切合作，特派组得以根据以财富为基础（asset based）的老龄化描述来制定新举措。这项举措为人们理解老年人的能力提供了新视角，挑战了植根于当地政府与社区医疗服务中的老龄化护理模型。由于主张地方政府的角色不应该由社会护理职责开始并结束（认识到绝大多数老年居民甚至不是社会服务的受众），曼彻斯特着手构思并整理被城市中老年居民积极参与并作出贡献的事迹。

在曼彻斯特这样的城市里，许多老年居民都在一系列日常服务与活动中面临着被排斥，这个非传统的以财富为基础的老龄化描述，代表了一次城市老龄化问题思考的重要转变，在地方政府层面上，挑战着只从社会护理支持和最脆弱最衰弱群体这些角度来看待老年群体及老龄化议程的传统方式。

对老年群体更好的政府

在1998年，曼彻斯特"对老年群体更好的政府"（Better Government for Older People，BGOP）小组的成立使BGDP项目得到进一步巩固。BGOP是一个政府发起的项目，由英国32个地方政府的试点项目组成，并致力于制定新举措，鼓励老年群体积极地融入社会。尽管曼彻斯特并非试点城市，该市还是参加了BGOP学习网络，并利用新兴的陈述方式为其下一阶段的老龄化项目制订计划。

处在有利的政治环境下，又受到中央政府的支持，BGOP 为地方政府，如曼彻斯特，提供了关键的领导力和动力，并促进其制定老龄化战略，同时给地方政府以机会，为自身的老龄人口发展制定政策，努力地突破将老年群体仅视为医疗与护理服务的受众的思维。在此背景下，BGOP 可以视为范围更大的新工党[②]公共领域改革项目的一部分，试图在服务提供的领域推动公民参与及行动；并且采取福利主义色彩更强且更专断的国家提供形式。

在 BGOP 与调查委员会就老龄化战略制定提出报告后（Audit Commission, 2008），一些后续的行动倡议就开始启动了，详见表 12.1。这些项目中，有些显示了重大的财政投资以及多个国家、地方合作关系中专业技能的调用与（持续的）投入。项目中有很多都输出了良好的实践范式，为其他地方的活动提供了灵感。

20 世纪 90 年代所做的工作，为曼彻斯特的全龄化友好行动倡议发展奠定了基础。这些行动倡议吸引了相当多的利益同盟，超越了医疗与护理空间，共同关注老龄化问题，并建立了一系列跨领域跨学科的关系网络。从这个角度讲，20 世纪 90 年代与 21 世纪的项目对曼彻斯特后续的全龄化友好行动倡议发展起到了至关重要的作用，创建了扎根于地方政府的老龄化陈述，与政府部门及学会建立了联系（McGarry 和 Morris，2011）。

表 12.1　英国全国老龄化行动倡议

可持续性城市与老龄化社会（Cox 等，2004）	副首相办公室（ODPM）启动对可持续性城市与老龄化社会的研究（2002—2003 年），作为其新地平线（New Horizons）研究项目的一部分
晚年生活的可靠开头（ODPM，2006）	由社会排斥小组（Social Exclusion Unit，ODPM 的组成部分）主导，行动倡议（ODPM，2006）关注老年人"社会排斥"体验，并在广泛的领域中包含了 30 个政府行动项
"连接年龄 +"（Link Age Plus）（2006）	"连接年龄 +"是"晚年生活的可靠开头"项目的"交付"工具，由一系列基于地区的试点项目组成，用于收集关于老龄化的证据

续 表

机遇年龄（DWP，2005）	第一个全国性跨部门老龄化战略，由就业与养老金部主导
老年人项目合作关系（2006）	由卫生部主导，用于减少医疗与护理系统的需求，推广当地预防性措施。曼彻斯特是其中一个试点
绩效综合评估（2006）	中央政府对地方政府的评估工具，其中含有老龄化板块
不要现在让我停下（Audit Commission，2008）	有关地方政府对老龄化人口的准备情况的审计署报告
终身之家，终身街区（DCLG，2008）	社区和地方政府部（DCLG）制定的战略，为老龄化人口进行规划，关注街区与家的角色
灯塔委员会计划（多项）	DCLG 计划，旨在推动地方政府在一系列主题上的卓越实践，包括老龄化。曼彻斯特于 1999 年成功加入此计划
全龄社会建造（DWP，2009）与优质养老（2010）	是"机遇年龄"的后续战略，优质养老是其交付项目

重视老年群体项目（21世纪初）

与老年群体和城市参与者的合作策略

2003 年，曼彻斯特市议会成立，开始重视老年人（Valuing Older People，VOP）的伙伴关系。在设计之初，VOP 就意在加速地方政府老龄化发展议程，并成功延续了曼彻斯特自 20 世纪 90 年代的发展势头，与老年群体和许多城市内组织建立了其他的合作关系。

最特别的是，VOP 开始发展了更为全面的参与项目，让老年居民直接加入其项目的领导层。它成立了老年人代议制委员会，确保委员会中的 VOP 团队能够对老年志愿者负责。同时还建立了范围更广的老年团体论坛，保证 VOP 项目能够（尽可能地）收到全曼彻斯特老年人的观点。此外，VOP 项目开始在整个议会建立合作关系，着手制定政策，与一系列外部参与方（包括高校与志愿者领域的机构）协作，显示出落实养老行动倡议过程中更具战略性且立意更加高远的项目框架。2010 年，VOP 工作组加入曼彻斯特市议会中新成立的曼彻斯特公共医疗（Public Health Manchester）服务，其工作组成员分别来自国家医疗服务中心（National Health Service）、地方政府、住房信托、艺术机构、全国慈善会以及当地高校。在此期间，项目借着一年一度的"老龄节"及老龄积极形象（Positive Images of Ageing）活动为公众所熟知。其他的有影响力的行动倡议由休闲服务业和艺术类机构组织。

曼彻斯特 VOP 项目中关键的行动倡议

作为战略合作的成果，VOP 项目在 2003—2010 年传递出了一系列范围广、数量多的年龄包容型行动倡议，包括提倡健康养老的多个行动倡议；面向中老年群体的性健康行动倡议；饮酒与养老领域一线工作人员的行动倡议；旨在为健康养老增加社区内机会的方案，如 60 周岁以上群体免费游泳项目等。项目还发起了其他活动，包括促进津贴及福利领取率提升；促进老年员工就业机会增加；并与曼彻斯特建筑学院合作，探索设计、建筑环境与养老（另见第 10 章）之间的关联。其他活动还包括了开展社会发展项目（支持整座城市各个老年群体的行动倡议）；采用新型通信策略，推广老龄化的积极形象，对抗曼彻斯特存在的老年人消极的刻板印象；开展"老年人文化邀请"项目（见专栏 12.1）。

专栏 12.1 曼彻斯特文化邀请项目

自 2007 年成立以来，文化邀请（Cultural Offer）项目由 AFM（前身是 VOP）组织运营，涉及 19 个来自曼彻斯特和索尔福德（Salford）的文化组织，包括哈雷交响乐团（Halle Orchestra）、人民历史博物馆（People's History Museum）、皇家交易所（Royal Exchange）、惠特沃斯博物馆（Whitworth Museum）。旨在扩大城市中世界级艺术、文化的辐射范围，鼓励老年人，特别是居住在弱势社区中的老年居民，融入艺术之中。

文化卫士（Cultural Champions）计划作为文化邀请项目的一部分，于 2011 年发布。该计划在地方社区中培养"（文化）守门员"，作为艺术领域的"大使"，目的是在老年关系网络与社区中分享文化活动的信息，鼓励老年人更多参与其中，尝试曼彻斯特的文化活动。

来自曼彻斯特各社区的老年人被邀请担任"文化卫士"。文化卫士可以获取各种市内文化活动的信息,拿到优惠票,并有机会参与到文化项目中,如在中国艺术中心做志愿者。他们的角色是在朋友之间、关系网及本地社区中分享自己有关曼彻斯特文化项目的体验与知识,可以的话,鼓励并支持他人来到文化场所。文化卫士参与策划展馆中面向老年群体的"闭关后"活动,参加文化旅行,参与实验剧场中的项目。

在对项目进行评估后发现,参与该计划后,参与者(卫士)感到更自信、更合群,可以获得更多信息与启示。他们可以成为动员老年人参与的有力资源。

VOP 行动倡议使曼彻斯特能发掘城市老龄化的本地特色,对减少社会不公平现象的战略性行动进行补充。项目中至关重要的一面,是基于研究结果与概念性理解,对 20 世纪 90 年代开始发展的城市老龄化知识库的扩充,特别是与弱势社区中老龄化问题相关的知识。具有地方特色的叙述,还可以让VOP 项目参与解决该市独有的老龄人口问题,比较突出的问题包括:老龄人口比例、数量低;黑人和其他少数族裔老年人占比大;社会排斥水平与健康不佳水平高;人口流动率水平高。这样的项目围绕平等与社会公平的价值观,能够提出更为广义的叙述。

在 2003—2010 年,一些国家指导的行动倡议促使 VOP 项目进一步完善其自身的老龄化项目。从 2005 年第一个国家全龄化友好战略——机会年龄(Opportunity Age)发布以来,就业与养老金部(Department for Work and Pensions)启动了优质养老(Ageing Well)项目,并开始在多个后续行动倡议中进行协调(另见表 12.1):针对老年生活的公共服务协定(PSA);基于地方政府的试点项目——"连接年龄+"(Link Age Plus);搭建全国老龄化论坛;发展新型战略——全龄社会建造(Building a Society for All Ages)(DWP,2009)。曼彻斯特 VOP 团队在一系列会议中向政府部门展示了曼彻斯特的做法,并由此参与到这些行动倡议当中。在此期间,该市已成功争取到政府主导的"多代一起"(Generations Together)项目,旨在通过在当地投资一些项目来改善代际关系(LGA,2009)。

综上所述,这些就意味着,我们可以透过曼彻斯特老龄化项目的历程,看到其行动倡议的辐射范围之广,而且还在继续扩张。从住房、交通、文化以及老年群体参与度的改善，曼彻斯特已经在发展十分广泛的养老行动倡议上拥有高水平的能力。近些年，项目推动了终身社区（Lifetime Neighbourhood）行动倡议的发展，创建无障碍、设计优良的生活环境，使居民不会因其年龄而受到排斥；通过扩大老年人在决策、项目交付和服务设计中的参与机会，提升通道设计（Design for Access）在住房领域的标准；支持50岁以上群体的就业机会；在文化与学习中推广那些易得性更强且宣传更到位的活动。

全龄化友好型曼彻斯特（2010年以后）

2010年以后，随着联合政府的成立，老龄化议程方面的国家领导团队有所缩减，导致国家层面支持这些行动倡议发展的大环境急剧变化。[3]正是在这种国家领导团队规模缩小的背景下，全龄化友好型城市运动的重要性才开始在曼彻斯特凸显，为曼彻斯特继续推进老龄化工作提供了概念性框架。

全龄化友好型曼彻斯特在GNAFCC的参与

2009年，经过与老年居民、议会议员与权威的专家组开展大量的意见征询，曼彻斯特发布了2010—2020年的老龄化战略计划（Manchester City Council, 2009）。计划借鉴了世卫组织AFCC指南中所提到的许多概念性特征（WHO, 2007），包括让老年群体以城市居民的身份更加积极地参与；减少社会不平等现象；尽可能地扩大获得更高质的护理与支持的机会；通过灵活的、可支付的住房选项，为老年群体提供终身社区环境。战略发布一年后，曼彻斯特于2010年加入了世卫组织GNAFCC，将其老龄化项目明确地与全龄化友好型城市运动接轨。

曼彻斯特成了GNAFCC成员后，随着"全龄化友好"在研究与政策中出现频率越来越高，意味着在定义VOP项目时会更多地运用全龄化友好原则。例如，由曼彻斯特项目支持的行动倡议包括全龄化友好型老护城河（Age-Friendly Old Moat）社区项目，旨在改善居民养老的社会与实体环境（White等，2013；另见第10章）；为当地政府就全龄化友好型城市制定研究与评估框架（Handler, 2014a）；发布另类全龄化友好方式手册（Handler, 2014b；另见第11章），并编写了指南，指导在研究全龄化友好型社区过程中研究者与老年群体成为合作研究者（Buffel等，2015；另见专栏12.2）。

2014年10月，VOP项目正式被更名为全龄化友好型曼彻斯特（AFM），利用世卫组织的招牌来加强、巩固其自身的项目。"全龄化友好型曼彻斯特"的名称，如今也成为该市所有旨在提升老年群体生活质量的行动倡议的概括性术语（umbrella term）。

专栏12.2 老年群体与研究：不只享受结果，更要参与过程

AFM与一系列机构组织保持密切合作，包括以曼彻斯特大学为依托的曼彻斯特老龄化联合研究所（MICRA），以此对改善城市老年群体生活质量的方式方法增进认识。与此同时，高校方对这一合作关系也同样重视。不同学科的研究者们从一系列AFM提供的关系网络，以及支持与战略性环节中取得了不小的收获。

曼彻斯特大学中一项由AFM支持的项目是关于全龄化友好型社区的研究，并利用了老年居民的观点、问题及专长（Buffel，2015）。项目同曼彻斯特南部三个居民区中的目标组合作，具有以下三个关键特征。

·参与：在整个过程中的每一步骤，包括规划、设计和实施，老年居民都扮演着合作研究员的角色。

·合作：邀请地方政府、志愿者组织和其他非政府组织担任顾问，通过焦点小组、访谈和后续合作，为项目出力。

·行动：对城市设计、城市复兴、社会参与和政策实施提出了建议。另外，开辟出一块新的空间，让更多深刻观点能够直接提供给曼彻斯特及其他地方正在进行的项目和行动倡议。

项目中招募了18位年龄在55~74岁的参与者，并对其进行培训，使其成为合作研究员，和学者、社会组织和政策制定者协作，共同努力，提升社区的全龄化友好水平。合作研究员在研究的设计，研究结果的实施、分析及宣传上都起到主导作用。这18名合作研究员对老年居民进行了68次定性问题的访谈。这些受访者很多都经历过多种形式的社会排斥、健康问题、社会孤立与贫困状况。对于居住在贫困社区的老年居民所面对的诸多挑战，老年人自身积极地影响着解决方案的制订。此项研究中的合作研究员已经组成了正式工作组，负责筹资方面的工作（详见Buffel等，2015）。

在评价这一项目时，世卫组织（WHO，2015）表示，"从整体来说，研

究在开发社会参与的新模式上取得了方法论的进步。研究中使用的干预措施对于所有参与方来说都是优秀的数据来源和宝贵的社会参与体验,并在经济紧缩时期为制定信息全面的政策提供了成本效益较高的工作机制"(详见Buffel 等,2015)。

全龄化友好运动迈向英国全境

曼彻斯特同全龄化友好型城市议程逐渐融合的情况,也被英国其他地方的一些行动倡议所借鉴并迎接全龄化友好议程的加入。这些项目包括英国第一次全龄化友好型环境会议、英国城市老龄化联队(UK Urban Ageing Consortium)发布的指南——《打造全龄化友好型场所》(Creating age – friendly places)(Morris,2013)、英国全龄化友好型城市网络(UK Network of Age – friendly Cities)的建立(包含英国4大区域中12座城市,彼此分享全龄化友好型城市的相关知识与最佳实践)。

对曼彻斯特这样的城市来说,全龄化友好运动、GNAFCC及其成员身份,为城市在整个议会推动老龄化工作提供了统一的、一体化叙述。实际上,"全龄化友好"带有品牌效应,能帮助老龄化议程主流化,为通过VOP制定的更加赋权的陈述方式提供了宝贵的支持。换句话说,转变"视老年人为问题"的角度,将老年人视为积极公民,能够使其参与更大的项目,调动社区,重塑服务及居民区。

在经济紧缩背景下实施全龄化友好政策

AFM与英国其他地区全龄化友好型城市项目的发布时期,正值全球金融危机,面临着一些重大挑战(另见Buffel 和Phillipson,2016)。地方议会面临着预算与服务的严重削减,而服务开支的缩减达35%。具体到曼彻斯特,这就意味着自2010年开始,它共失去了3.4亿英镑,使得各类老龄化项目都承受着巨大的资金压力。首先,AFM重点关注在缓解老年群体重要服务项目支出削减后产生的(不良)影响。其次,更大的挑战在于想办法为"预防性"(preventative)项目(经济紧缩下将被第一个削减支出的项目)增加投资,以减少其未来的需求,毕竟,当下的预算满足现有的需求都有不小的压力。全龄化友好行动倡议在如此"拮据"的情况下，就变得越来越难开展。随着老年群体公共服务预算的缩减，包括图书馆、信息与咨询中心和日托设施，全龄化友好型社区的发展计划也面临着降低标准的风险。最后，当一些服务（图书馆、午餐俱乐部等）面临着被取消的危险时，可能会使得公众认为全龄化友好招牌下的项目是不切实际的，且在公共开支受限后很难实施。

为应对这些变化，AFM被迫去探索发展行动倡议、制定策略和建立关系网的不同方式，以期能够在如此困难的经济环境下，仍然维持项目的运行。项目必须吸引如外部资金来支持全龄化友好社区项目以及当地老年团体关系网的发展。同时，项目必须将重点放在建立合作伙伴关系上（如与曼彻斯特大学），在预算缩减的情况下增强并扩大项目的辐射范围。另外，项目努力让城市中的老年群体成为受尊重、有影响力的发言人，这样关键的城市战略，如曼彻斯特2016年战略计划，就能够在众多议程的比拼中选择全龄化友好型工作模式。

如其他世界城市一样，为了打造"世界级投资环境，与其他国家或国际中心争夺投资资源"，曼彻斯特也必须接受一系列要求（Buffel等，2014）。在这样的大环境下，特别是在经济紧缩时期，"全龄化友好"的理念要与经济增长和社会发展两大目标竞争，最终可能会变得无足轻重（Buffel和Phillipson，2016）。对于曼彻斯特这样的城市来说，一种办法是通过一体化战略发展全龄化友好理念，也就是说，将全龄化友好作为政策制定的中心部分之一，将推动城市可持续发展的观点带入就环境、社会和经济问题的广泛讨论中。这些政策能否成功实施，取决于各参与方的支持，包括各级政府，公共部门、私人部门及第三部门，以及非政府组织。如何协调各参与方的利益与价值，这对全龄化友好型城市运动来说是亟须解决的难题之一（Buffel等，2014）。

在众多方法中，世卫组织的统一陈述方式成为经济紧缩下继续推广全龄化友好议程的好帮手，利用自己强大的"品牌"背书，向曼彻斯特等地方政府"推销"其全龄化友好议程，并提供全球关系网予以支持。除此之外，尽管经济支出缩水，老龄化领域中国家领导团队的规模缩小，但AFM依然成功、持续地向前发展，很大程度上都要归功于曼彻斯特的政治领导。在项目整个的发展历程中（从VOP到AFM），议会当选议员为其提供了来自高层的政治支持，其中包括议会副议长主要主持平等发展策略的相关工作；一名后座议员担任VOP主要委员，每日与VOP，即现在的AFM团队沟通。有了高级议员与后座议员的支持与鼓励，各级官员勇于承担其风险，开展在当时来说具有探索性的工作。来自高级官员小组的支持，包括住房、成人服务、公共医疗等领域的主管、第二负责人等，对 VOP 和后来 AFM 的发展大有裨益，鼓励项目不断进步突破城市边界，向外辐射，并激发了 AFM 将项目扩展至更大区域的志向。

全龄化友好型城市区域联合发展模式

应对大曼彻斯特都会郡的人口结构变化

大曼彻斯特都会郡（GM）的城市区域（city-region）位于英国的西北地区，是一个集合型城市，人口超过 250 万，拥有 10 个都会区（曼彻斯特市就是其中之一），每个都会区也都有自己的中心城镇和外围郊区。大曼彻斯特联合政府由 10 位 GM 议员及市长组成，与地方服务组织、社区合作，共同改善城市区域。近些年，以发展与改革为重的 GM 发展战略越来越认识到人口老龄化的重要性。

GM 就老龄化制定的优先发展项目主要是针对显著的人口结构变化的中长期预测结果。预计到 2036 年，GM 区域内 75 岁及以上人口将占总人口的 14%，与 2011 年相比，增长了 75%（从 22.1 万增长到 38.7 万）。预计将有更多的独居老年人；而 75 岁及以上老年群体将最有可能面临社会孤立与孤独生活，以及由此产生的身心健康问题。到 2036 年，75 岁老年男性中有 1/3 将独自生活；患有某种形式的痴呆症的人口数量将增长 85%（达 6.1 万人）（Buckner 等，2013；Buffel 等，2015）。英国老龄化纵向研究显示，在最贫困的 20% 的人口中，初老人群（younger-old）的健康水平在不断恶化，且富裕与贫困群体之间的健康差异在不断加大（Nazroo，2015）。

城市—区域方式与权力下放带来的影响

权力下放，是英国国家政策的一部分，2015 年 11 月，GM 协定向 GM 地区赋予了更多的权力，使得城市—区域能够更好地为区域的发展规划方向。一年后，GM 联合政府同意建立 GM 老龄化中心（Greater Manchester Ageing Hub），将各关键的参与方聚集一堂，为老龄化战略整体举措提供支持。该中心的成立就说明,在更大范围的曼彻斯特地区中,各方已经认识到应对人口老龄化的机遇(不只是挑战)的陈述方式是城市—区域经济增长与公共服务改革计划的中心问题。

经济合作与发展组织(OECD,2015)与世卫组织(WHO,2015)都分别发布过关键性国际报告,呼吁应在城市和次级区域层面展开合作,共同为人口老龄化做出规划,充分利用人口老龄化带来的社会、经济机遇。在此背景下,GM 地区决定投入基于资产的老龄化议程(过去十年间 VOP 和 AFM 倡导的)中。与此同时,优加养老中心(Centre for Ageing Better),一家由大彩票基金(Big Lottery Fund)资助了 5000 万英镑的组织,同 GM 老龄化中心一起,制定了新的五年协议,为老年人晚年生活质量的改善,提供资金支持,将研究、证据与实践联系起来。优加养老中心的目标远大,希望能够与包括 GM(第一个制定协定的地区)在内的为数不多的地方都建立战略合作关系,并支持实施重要优先发展项目,特别是在经济与就业领域,并对交通及住房进行规划。

GM 老龄化发展宏图(Ambition for Ageing)是一项耗资 1020 万英镑的方案,由大彩票基金的优加养老项目所投资,主要为了在该区域打造更多全龄化友好型场所。通过与 GM 老龄化中心合作,二者合力为 AFM 提供平台,在 GM 或地方层面,与其他合作方进一步建立合作关系,增加其相关能力。例如,正是基于围绕城市老龄化议程的不断提高的地区目标,索尔福德议会,作为 GM 区域的一部分,刚刚加入世卫组织 GNAFCC。

大曼彻斯特都会郡老龄化中心

GM 老龄化中心有两个关键任务:一是监督 GM 老龄化战略发展情况;二是协调不同的 GM 合作方提出的方案。受影子督导委员会的支持,GM 老龄化中心汇集英格兰公共卫生局、新经济智库(GM 经济智库)、GM 公共服务改革小组、AFM、曼彻斯特大学的曼彻斯特老龄化联合研究所(MICRA)以及 GM 志愿组织中心(与实现 GM 老龄化发展宏图有关)。

在 GM 老龄化中心的愿景中,包含三个优先发展目标:第一,将 GM 打造成英国第一个全龄化友好型城市区域;第二,将 GM 打造成一个全球老龄化卓越实践中心;第三,增加 50 岁以上群体的经济参与度。目前,这些发展目标都已被细化处理。

将 GM 打造成英国第一个全龄化友好型城市区域

为实现第一个发展目标将采取以下行动：共同进行全龄化友好设计，理解城市环境如何能与老年群体协作，并为其服务；投资规划相关项目，为未来人口结构变化做准备；支持全龄化友好型街区的发展（换句话说，在全龄化友好型街区的发展之上，打造全龄化友好型社区、城镇中心、区域中心）；将老龄化纳入所有政策领域中，认识到老年群体的需求，包括就业与技能、商业支持、交通、住房、医疗以及空间规划；为社交联通与社会资产建设提供条件，解决老年群体社会孤立与孤独的问题；改变关于老龄化的叙述（即构建积极的语言，展示老年群体作为企业家、志愿者、职员、消费者对经济发展与恢复作出的卓越贡献）。

将 GM 打造成全球老龄化卓越实践中心

GM 老龄化中心的第二个发展目标是将 GM 打造成为全球老龄化卓越实践的中心，在一系列老龄化相关领域中，开创新研究、新科技，寻找新的解决方案。这将包括利用现有的信息库，为人口老龄化带来的机遇与挑战提出新的解决方案，并进行试点；总结并分享最佳实践，学习 GM 所有区内的经验，并从 GM 的层面推动城市—区域范围内的改进措施落地；检验公众参与的创新形式，以及同老年群体联合打造的成效；建立国内和国际的合作关系，在国内老龄化专业关系网络中起主导作用（包括支持英国全龄化友好型城市网络的发展）。

增加 50 岁以上群体的经济参与度

GM 老龄化中心的第三个优先发展目标（增加 50 岁以上群体的经济参与度）的行动议程将更好地理解并解决 GM 居民在晚年生活中面对的不平等问题；邀请 GM 老年群体参与文化活动；帮助 GM 的个体与组织充分利用市场中为老年人设计的产品与服务。另一项行动措施的目的在于延长健康工作年限，提高 GM 各地老年居民的就业率，并与雇佣单位合作，确保为老年人提供工作岗位。

GM 老龄化中心是通过一个小型核心团队运行的，并向由 GM 高级官员组成的督导委员会汇报工作，其工作内容主要就是建立战略性合作关系，发掘投资机会，与一系列主题领域负责人沟通本中心工作情况，并协调各负责人之间的工作。主题领域包括经济与就业，健康养老与生活方式，全龄化友好型街区，规划、交通与住房，科技、设计与创新，文化与休闲。

该中心亟待解决的问题之一就是编制一份老龄化预见报告，指明 GM 区域未来 20 年的老龄化规模与特点。另外，将与优加养老中心联合召开新项目启动研讨会，解决中年群体面临的失业与社会隔离问题。

总结

在过去 15 年间，曼彻斯特从"重视老年人（VOP）"城市稳步地成长为全龄化友好型曼彻斯特（AFM），并成为世卫组织 GNAFCC 中较为成功的全龄化友好城市之一。尽管在经济紧缩时期，实施全龄化友好政策的政治、经济环境在不断变化，但曼彻斯特不仅维持了原项目的发展，甚至扩大、提升了城市老龄化议程的发展目标，并进一步推广围绕平等价值与社会公正的公民型老龄化的陈述方式。曼彻斯特市目前在 GM 全龄化友好型城市发展的城市—区域方式发展中位列前茅，而这在英国也实属首例。

这些方案计划的适应力与 AFM 项目的能量从很多角度都可以视为该市通过特殊努力的结果。在过去 10 年间，曼彻斯特市一直优先发展其在街区层面的行动倡议，在当地社区内进行创新项目试点，并认识到老年人作为积极公民，在全龄化友好举措发展中的中心地位（White，2013；Handler，2014b；Buffel，2015）。一直以来，曼彻斯特市从方案制订的一开始就保证了所需的政治支持力量，控制地方政府内老龄化议程相关的领导团队，逐渐将全龄化友好的理念深刻地融入当地政府的思考过程中。它还不断地发展、壮大合作关系（与学术机构及其他组织），拓宽其方案计划的辐射范围。此外，它还就老龄化提出了说服力越来越强的公民型陈述方式，并通过世卫组织全龄化友好概念性框架不断发展。这些努力塑造了灵活的政府行动模式，能够将全龄化友好型城市发展方案从街区推广至全城。

注释

①纽约（美国）、波特兰（美国）、布鲁塞尔（比利时）、日内瓦（瑞

士）、邓多克（爱尔兰）、多诺斯蒂亚－圣塞巴斯蒂安（Donostia－San Sebastián，西班牙）、卢布尔雅那（Ljubljana，斯洛文尼亚）、马里博尔（Maribor，斯洛文尼亚）、采列（Celje，斯洛文尼亚）、韦莱涅（Velenje，斯洛文尼亚）、鲁舍（Ruše，斯洛文尼亚）、梅尔维尔（Melville，澳大利亚）以及伦敦（英国）。

②"新工党"一词用来描述革新后的工党。1997—2007年，时任党魁的托尼·布莱尔（Tony Blair）出任首相；2007—2010年，戈登·布朗（Gordon Brown）出任首相。新工党被认为是工党的"更宜当选"版本，从传统的政治左派转变为左翼中间派。

③2010年大选成立了联合政府，击败并取代了工党，由保守党和自由民主党领导。正是联合政府推行了经济紧缩办法来应对全球金融危机。

第13章
全龄化友好型社区：包容性的测试

谢拉·皮斯

珍妮·卡茨

卡罗琳·霍兰

丽贝卡·琼斯

引言

在讨论全龄化友好型城市和社区（AFCC）时，人们思考并设法解决全球城市化发展进程中人口结构变化所带来的问题。许多经济发达的国家采用医疗与社会护理政策来支持老年人住在自己的主流住宅（mainstream housing）中。在人的一生里，搬家是平常事，特别是出于工作原因；但晚年时期，很多人都认为"扎根"是更好的选择。而这样的观点在英国掀起了关于"终身之家"（lifetime home），以及后来的"终身街区"（lifetime neighbourhood）的讨论（DCLG，2008；Bevan 和 Croucher，2011）。这两个概念都与 AFCC 的行动有关。无论是从全球还是全国的角度来说，推动这种动态的社会政策前进，需要认识到老龄人口中的异质性，以及邀请各方共同设计、联合打造生活空间的重要性。然而，不利的生活条件以及长期病痛的状态，都会让人们质疑在所谓"包容性"的全球社会政策下产生的积极的社会环境。特别是当文化、社会和经济境况被夹在其中，这种情况可能会变得更糟糕（WHO，2007；Phillipson，2007）。

本章检验了"全龄化友好"对居住在英国城市与农村社区的失明老人的包容性。视力损伤可能会持续终身，且常常会在晚年因其他长期疾病而相伴出现。对许多人来说，感官知觉的改变将会发生在熟悉的环境中，可能还与其非外表残疾相伴产生。应对新的问题，就要采用新的生活方式，而过去每日的生活习惯及活动可能都会随之发生改变（Wahl 等，1999）。有时会改变一些针对性的社会、文化团体的支持；有时则会改变住房改造和辅助科技；或者这两者同时发生改变。然而，即便对客观环境进行了调整，人们可能仍然会在一些不具备条件的场所经历多种形式的社会排斥。

检验 AFCC 原则

自 2005 年以来，AFCC 行动倡议就一直致力于通过"优化医疗、参与及保障的机会，不断地提高老年人在养老过程中的生活质量"，进而推广积极养老（WHO，2016a）。目前，来自 37 个国家的超过 500 座城市作为世界卫生组织全龄化友好型城市和社区全球网络（GNAFCC）的成员，正努力地提高自身全龄化友好水平（WHO，2016b）。GNAFCC 所开展的项目也为其全球性参与提供了机会（见第 2 章，图 2.1）。图 2.1 全面提出了八个全龄化友好相关事项，它们不仅关注了实体环境中的建筑类问题，还考虑到了社会交互和参与形式的问题。而其背后的主题——"积极养老"（见第 2 章）也是一个重要的维度。"积极养老"中的"积极"与包容、参与和选择的机会有关，与个体的脆弱程度无关。影响包容性实现的障碍通过更广泛的社会影响因素，包括态度、环境、经济、社会以及文化，超过了个体差异性（Marmot 等，2012；Shakespeare，2013）。为探究这样的观点与失明老人之间的相关性，我们首先需要描述英国视障老年人的情况。

晚年失明：以英国为例

"失明"影响所有人，不分年龄。目前，在英国 6500 万总人口中，约有 200 万视障人口，受损情况很可能在老年时期恶化，特别是老年女性与少数族裔群体。[1]在 2011 年人口普查数据核实后（ONS，2012），英国皇家盲人协会（Royal National Institute of Blind People，RNIB）的数据显示：

- 75 岁及以上人口中失明人口占 1/5；
- 90 岁及以上人口中失明人口占 1/2；
- 其中近 2/3 失明人口为女性；
- 在几项导致失明的主要原因中，非裔及少数族裔群体面临的风险更大；
- 患有学习障碍的成年人同时患有全盲或半盲的概率，是总人口水平的 10 倍。

英国人口结构中，60 岁以上人口多于 18 岁以下人口（Age UK，2016）；因此，英国视力损伤风险更为突出。由于视力问题在经济贫困的环境中更为常见，研究也继续揭示了贫困所带来的影响（Nazroo 等，2015）。

许多人从中年开始出现老花眼或与年龄相关的远视，因此需要佩戴老花镜。这方面问题不大，毕竟老花镜价格相对便宜，也容易购买，但可能存在其他随之而来的不方便和额外的压力。人们反应速度可能较从前更慢。当身处户外时，不容易判断标志的变化，比如交叉路口处的倒计时。这些时间、空间问题也同样影响着那些情况更为复杂的视障患者，他们也是本章研究的重点。

在英国，年龄相关性黄斑变性（AMD）是导致成年人视力损伤的主要原因。其他重要原因还包括白内障、青光眼以及糖尿病性视网膜病变。每种情况都会为方位定向带来挑战。例如，AMD 会造成黄斑区结构逐渐改变，进而导致中心视力丧失。AMD 分为干性型与湿性型两种，而目前治疗手段只适用于湿性型 AMD。数据显示，随着年龄增长，65 岁人群中，每 10 人就有 1 人将出现年龄相关性黄斑变性的症状。此外，75 岁以上人口中 40% 以上将出现白内障。[②]白内障由眼内晶状体的改变而造成，会导致视力模糊或出现"雾视"。这些都是常见现象，同时也是全球范围内视力受损的主要原因。有些人会同时患有 AMD 和白内障。

青光眼和糖尿病性视网膜病变，是另外的两种常见情况。糖尿病性视网膜病变会发生在糖尿病患者身上。他们的血糖水平高，导致眼部后方的视网膜受损。青光眼随着眼压升高，发病十分缓慢。最先受到影响的外层视野（outer filed of vision），逐渐扩散到眼部中心，造成"视野狭窄"。当前，英格兰与威尔士中，约有 50 万人患有青光眼。其中，40 岁以上人群中每 100 人有 2 人患病；80 岁以上人群中每 100 人有 5 人患病（Age UK，2016）。

非裔和亚裔少数族裔（BAME）群体晚年时更有可能患有视力损伤。英国视力战略（UK Vision Strategy）（Vision 2020，2016）表示：

· 60 岁以下的非裔居民患 AMD 的风险比白人或亚裔更高；
· 与更广泛的社区相比，亚裔居民患白内障风险高；
· 非裔与亚裔居民患糖尿病性视网膜病变的风险高；
· 非裔居民患青光眼风险高；
· 非裔及少数族裔群体无法（或没有）接受社区眼部护理服务的风险高。

上述视力损伤的基本事实，大致勾勒了老龄人口视力损伤的整体情况，并指出了一些问题与老龄人口多样性相关。

污名、失明与老龄：是被排斥的群体吗？

晚年时期视力损伤的特征和文化差异的影响，表明了多重伤害的可能性与社会排斥的迹象。沙夫和基廷（Scharf 和 Keating，2012）指出了一系列社会排斥的定义，但经过二人讨论后，我们选取了莱维塔斯（Levitas）和其同事给出的定义：社会排斥指缺乏或否认资源、权利、物品和服务，且没有能力加入正常的关系，或参加面向社会大多数人的活动（Levitas 等，2007）。那么，有没有视障老年人的相关文献支持这个定义呢？

2002 年，弗伦奇（French）与斯温（Swain）回顾了晚年视力损伤相关的残障研究。作为残障社会模型的拥护者，他们发现大多数现代研究都只是就解决医疗、压力和心理适应等问题提出了有关残障的个人观点。他们总结道，视力受损的老年人被社会忽视了，残障研究文献中也未涉及老年群体（French 和 Swain，2002）。老年时期的视力状况（下降）可能会被视为"不可避免"或"不紧急的"，因此，很少会为相关服务花费资源。他们还提到，由于大多数老年人都不是"登记在册的盲人"（registered blind），所以也不会被认定为"出行能力不足"（mobility impaired），但实际上，他们中有一半都不会单独出门（French 和 Swain，2002）。结合这些材料，他们对残障研究提出质疑，并为所有群体思考并设法解决日常生活中的社会排斥问题（French 和 Swain，2002）。他们在研究中特别指出了针对老年群体的研究与针对视障人士的研究之间的分歧。

尽管钦姆达斯和同事（Zimdars 等，2011）都认为对视障老年群体的研究不足，但对于该群体，无论是国内还是国际，都有住房、生活安排、医疗福利等相关文献（Peace 等，2016）。在英国，不得不提到托马斯·波克林顿信托（Thomas Pocklington Trust，TPT）投资的社会研究[3]，其中就包括汉森和同事（Hanson 等，2002）对 400 位视障老年人的住房与支援需求所做的深入研究。该项研究从建筑和社会科学的角度提供了一些基线数据；同时也显示了有多少视障老年人不愿意离开住所，而又有哪些改造措施可以改善居住环境，并表明了充足、灵活的空间所具有的重要意义。许多视障老年人都积极地改造、布置其居住环境，为保持应对日常生活的能力创造条件（Wahl 等，1999）。汉森（Hanson）和其同事、弗伦奇（French）与斯温（Swain）同步开展了各种研究，但强调了不同研究传统之间缺乏沟通交流的情况。

关于视障老年群体的健康、生活质量与幸福感的信息或知识仍然有限。然而，有研究表明，该群体具有明显的抑郁症或心理健康状况减退的风险，这可能与其很难离开住所而产生的社会孤立感有关（McManus 和 Lord，2012）。社交关系的重要性是幸福感的核心问题。在就老年人失明后情绪健康与调整的定性研究进行整合（meta–synthesis）后发现，个体是否有能力接受现实并培养积极的态度，还有来自其亲朋及病友的支持都是一个人能否获得幸福感的重要因素（Nyman 等，2012）。然而，失明不是造成抑郁症或低幸福感的唯一或最重要的原因，健康状况不佳以及经济状况差，也同样起到重要作用（Nyman 等，2012）。由于英国75岁以上老年群体中多数人都有至少三项长期健康问题（Barnett 等，2012），多种病症所带来的复杂性也就成了关注焦点：英国至少有12.3万人同时患有严重的失明和痴呆症，这也为住房设计提供了新的信息或启发（TPT，2016）。同时，有越来越多证据表明，视障人士跌倒的可能性更大，且跌倒后常需要入院治疗（Dhital 等，2010）。

在对两组视障人士（40~69岁和70~98岁）进行对比研究后发现了五项重要的普遍需求：日常应对技巧；科技辅助的可支付性与获得途径；交通；关于建筑环境的信息与出行通道；各方对失明的态度（Duckett 等，2010）。家人和朋友出于好意的一些行为，特别是害怕其摔倒或受伤，会让视障老年人感到自主权丧失。在支持与过度保护之间需要保持一种平衡，这也是讨论包容性与排斥的基础。

研究全龄化友好型社区：认识到多样性

关于晚年视力损伤的研究，如何帮助我们了解AFCC的包容性呢？在此，我们将分析曼彻斯特全龄化友好型社区及街区项目所使用的研究方法（Buffel，2015），并与视障老年人的需求与愿望（Needs and Aspirations of Vision Impaired Older People，NAVIOP）研究项目[④]进行对比（Peace 等，2016）。曼彻斯特研究是参与型的研究典范，其审视了老年居民，特别是处在弱势地位的群体，对所处街区的感受（包括实体空间与社会特征），以及街区影响

（促进或阻碍）积极养老的方式（Buffel，2015）。但是，在尝试思考并解决弱势群体相关问题时，视力损伤并不在其核心范围。

NAVIOP 研究在思考视力友好型（vision - friendly）社区所需要解决的问题时，间接地取得了切实的研究结果。按照投资方 TPT 的需求，该项研究关注了以下问题：

> 视障人士在养老过程中如何保持一种大体上优质的生活方式？他们所处的环境适宜性如何？相关群体能否获得所需的资源和信息？每日从事哪些活动？从事活动时采用了怎样的应对策略？支持其获得幸福感的人际关系有哪些？如何维持自我身份认知？（Peace 等，2016）

对研究方法进行对比后可以看到，参与型行动研究旨在持续发展、改变社区，而 NAVIOP 研究则试图理解未受研究的群体的需求与愿望。两者之间存在本质的不同，但两者应该相互结合。曼彻斯特研究针对具体地点（三个选区）展开，其特点就是定性的、人种志的、参与型的。研究包含了 14 个老年人焦点小组，以及（利益相关）参与方访谈和参与者观察。研究者认识到了邀请多方参与者参加的必要性，并培训了 18 名老年志愿者作为合作研究员。他们定向并采访了 68 位很难联系到的老年人，包括那些来自不同族裔群体的、被隔离的以及带有健康问题和生活贫困的老年人。视力损伤没有被特定为这组受访对象的特征（Buffel，personal communication，2016）。该研究受曼彻斯特市议会和世卫组织 GNAFCC 成员的支持，利用了由重要的专业人员组成的研究咨询委员会，保证项目的影响力与可持续性，以及由老年人和社区参与方组成的非专业咨询委员会，以便于得到当地的支持。

与之相反，针对视障老年群体开展的 NAVIOP 研究，一开始便与全国视障人士志愿支持组织联络。为了涵盖少数族裔群体及高龄群体，项目采用了立意取样的方式。由于目标群体的接触机会并不可预测，最终的样本包括居住在城市、半农村和农村环境中的目标人群，地点覆盖了东萨福克郡（East Suffolk）、利物浦（Liverpool）、白金汉郡（Buckinghamshire）和考文垂（Coventry）等。此项研究发现，尽管文献中有所预见，但现实中视障老年群体可能遇到的不利条件具有不确定性。社会参与、住房及日常活动均为该项研究的核心问题，但参与型行动并不是其目标。不过该项目确实拥有一个研究咨询团队，其成员就包括视障人士，以及视障研究与老龄化研究的专业人士，后者也参与了相关政策的制定与实践。研究就视力友好型社区相关问题展开了讨论。研究团队也就如何与视障人士一同工作这一问题进行了沟通交流方面的培训。

在这两个项目中，深度访谈为研究提供了核心数据与信息。在曼彻斯特研究中，合作研究员参与了分析与反思过程，探讨"全龄化友好"对个体及各自的街区的最终意义。在此过程中考虑了交通、公共厕所、社区团体、社会参与及安全等问题，并认识到了技能、知识与经验的重要性。与之相反，NAVIOP 研究的学术团队对每位参与者展开了总体的框架分析，对比了视障老年群体与缺乏家人、朋友与服务供应者的群体之间的研究结果，随后将研究结果用于"全龄化友好型社区含义"的讨论当中，并提出了方法论相关的问题。我们将在本章总结处加以讨论。

NAVIOP 研究中老年参与者概况

NAVIOP 研究中通过立意取样获取的样本共包括 50 名居住在英国城市、城镇与农村的老年人，其中女性 36 名，男性 14 名。研究涵盖的视力问题范围广，其中 62% 的参与者在地方委员会做过相关登记，大多数患有严重的视力损伤。一些人在视力进一步恶化前，已经因散光或花眼佩戴了眼镜。样本中，共有 17 人患 AMD；12 人患多种眼疾（其中多数包括 AMD）；而 10 人出现过突发性、创伤性或疾病相关性失明；另有 5 人患青光眼。所有样本均出现视物模糊、周边视力和视力模糊情况，还很可能会进一步恶化；同时常常伴有其他健康问题，如出行能力相关问题（如关节炎），心脏或血液循环类疾病，糖尿病或甲状腺疾病。而 4 位参与者此前曾出现过中风，2 位患有血管性痴呆症。而在其他类型多样的小病症中，听力下降较为普遍，且或多或少会继续恶化。

研究中来自 BAME 群体的参与者数量充足，尽管并不是每个人都希望用自己的族裔特征定义自己，但在同意报告自己族裔特征的参与者中，32 位为白人英国人，其余 18 位代表了多元化的族裔群体，包括非裔英国人、亚裔英国人、非裔非洲人、亚洲人（不包括亚裔英国人，但包括亚洲人、印度人、东非亚洲人）、混血人及其他族裔。且文化多样性在年龄范围内也有所体现，比如，少数族裔参与者虽然年龄更小，但其健康状况却更差。参与者中年龄最小的为54岁（先天性失明，来自少数族裔群体）。除这位参与者外，其他人的年龄范围在69~99岁，平均年龄为79岁，年龄中位数为80岁。婚姻状况如下：26人丧偶，16人已婚，4人已离异，2人为分居状态，2人单身。研究者并未询问参与者有关性取向或性别过渡的信息，也并没有参与者表示自己是非异性恋者或变性者（见图13.1）。

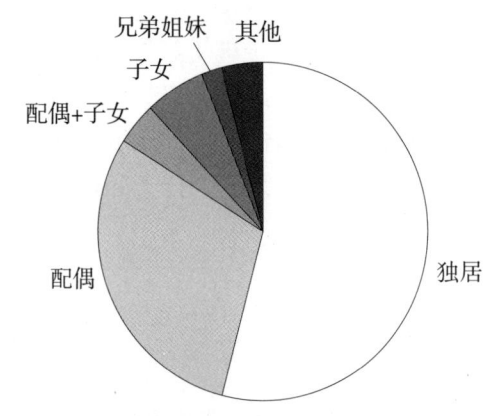

图13.1　NAVIOP研究中参与者与他人共同居住情况
资料来源：皮斯（Peace 等，2016）。

尽管项目提到了社会经济地位与社会包容性之间的关系，但参与者的财务状况仍然很难确定。一些参与者不愿意讨论自己的经济情况；而其他参与者则对自己的收入来源等财务信息并不确定，因为已交由家人打理。然而，研究者确定了2/3的样本的大致状况，并提出了这两大类群体之间存在的差异：部分人形容自己"衣食无忧"或"生活舒适"者；另一部分人的收入主要由国家养老金与养老金补助构成的且基本上无存款。后者主要是丧偶或离异的女性。

最后，图13.1的数据显示，超过50%的参与者独自居住，而只有30%与配偶同住。此外，2/3左右的参与者为自住业主（owner-occupier），14%则为公共或私营住房租户。个别参与者在接受访谈时由其家属陪同。受访者居住的房屋涵盖了独栋式住宅或单间公寓等多种类型，其中多数人（64%）在现有住宅内居住超过20年。长期居住可能与"自有住房，业主自用"有关，并影响着个体对家中环境和当地社区的熟悉程度。那么，这些环境具有怎样的全龄化友好水平与视力友好水平呢？

度过一天

残障老年人能够在其实际生活中体验到多少"全龄化友好"的概念呢？NAVIOP研究中的许多参与者都选择在家中度过一天中大部分时间。外出通常有两种情况，一是去本地商店采购，二是有其他具体原因，如宗教礼拜、身体检查或参加视障互助会。"住房"是世卫组织AFCC项目中的核心主题之一。NAVIOP研究的参与者将"家"定义为一个有安全感的地方——可以做任何想做的事，并且知道所有物品的摆放位置。而在住宅以外的地方则与之相反。居家活动明显比社区活动更安全、更自在。

视力友好型住宅：改造与辅助科技

随着时间的推移，与大多数有房者一样，参与者也对其所处的环境进行了改造。住宅里配有现代化的厨房和卫生间，全新的固定设施和附加装备；将房间打通或搭建一个温室，扩大居住空间。这些改变增加了家的感觉和掌控感，但没有着重针对视力问题做调整。然而，参与者认识到视力损伤可能会让自己被绊倒或跌倒。在他们的经验中，很难获得住宅改造的专业建议，通常需要在出现肢体缺陷或其他健康问题后才有机会，但接受职业治疗评估或出现资金相关问题时，还需等待很长时间。在个别情况下，地方政府有资助改造名额（funded adaption），但常常是自己出资或由当地失明慈善机构提供。这种改造包括安装座椅电梯和室内轨道（特别是楼上）；在前、后门通道处加装斜坡；升高马桶高度，方便坐下和站起来；以及改造浴缸和淋浴设施，照顾行动不便的使用者。有一些改造项目专门针对视力问题。受访者描述了其改造后的厨房，包括照明条件更好，色彩对比鲜明，加装百叶窗以减少自然强光等。但是，改造措施不能一概而论，而环境障碍也仍然是一个问题。

与这些困难相反，多数受访者了解最新的辅助设备，不同设备的复杂程度也有所区别。对于很多人来说，亲人或朋友会在网上查找相关设备，并解决付费问题。参与者表示有时也会自己做，或向当地视力支持组织寻求建议。这个层面的沟通是非常重要的。按照流行程度排序，最常用的辅助设备就包括各种放大器［包括亚博雷（Optelec）生产的图像增强阅读器］；水位指示器；居家设备上的铭牌和标记；特殊照明；语音报时钟；语音报时手表；以及配有特殊的、大字号键盘按键的电脑。几位受访者表示他们会日常定期使用配有专用语言输出软件的专用电脑。其他"语音播报类"设备和服务还包括图书及新闻播报、微波炉、电话、计算器、厨房用称。此外，许多参与者使用的"每日"科技设备还包括在手机上预设号码、录音机和 LED 手电筒。许多人都会使用私人闹钟。一位听力不好的受访者使用震动枕头式火警警报器。个别受访者称自己使用更为简易的辅助设施，比如签名向导（signature guide）和单目望远镜，有些人还使用彩色护目镜。然而，其他受访者向研究者描述了自己放弃使用许多设备的原因，或者随着视力情况恶化或出现了新的健康问题（如听力问题），导致设备的利用价值越来越低。

这些发现都说明全龄化友好型城市和社区引进科技的重要性，只有这样才利于向有着多样化需求的居民赋权。受访者所提到的设备类型及使用普遍性，与能否通过信息共享获得设备是分不开的，而这其中也暗含着经济状况的相关信息。持续支持视障老年人十分重要，只有这样，当他们需要房屋改造或实用的科技设备时，才知道向谁请教。NAVIOP 的研究发现，对来自 BAME 群体的视障老年人来说，其文化团体才是最为重要的，因为信息与支持都需要团体负责人与其他志愿组织和法定机构沟通后才可能获得。一些参与者由于语言障碍或社会孤立等问题，因此也有一些特殊的需求。就世卫组织 AFCC 模型中的八个主要维度（见第 2 章）而言，协调连接住房、通信与信息及社区支持与医疗服务这三个领域对打造视力友好型住房是十分必要的。

当然，即便拥有支持性实体环境，在尝试追求积极的生活方式的过程中可以看到日常生活的复杂性。在不同的生活场景中，对视力和出行能力的要求、幸福感、社会支持水平（正式和非正式）等都会有所差异。在描述其日常生活活动时，参与者表现出了不同程度的脆弱（vulnerability）。多数人能够自己坐在椅子上并站起来；能够自行洗漱；能够独自入睡、如厕。少数几位（6 人）在上、下床时需要帮助，无法进行基本的洗漱或淋浴，或者有时需要外界帮助。"晚上上厕所时，需要妻子的帮助"（亚裔男性，考文垂）。有时，参与者能够做到生活自理，但在室内行动困难，因此使用了重量级的行动辅助设备，如座椅电梯、轮椅、拐杖或步行器。对于一些人来说，穿戴整齐并不容易。有几位谈到，选择衣服时，不确定自己是否仪表整洁、搭配合理。因此，有人就设计了穿搭的策略，仅选择特定的颜色或风格，确保穿戴得体，但这也限制了他们的选择。

熟悉住宅的结构与布置是有帮助的。然而，有几位参与者表示，即便这样，仍然会时不时地出现问题。一位来自东安格利亚的参与者的妻子说道："每一个视力异常的人都可能迷路，即使是在自己的家里。"一些参与者表示，他们常常在家度过一整天，坐在花园里，或听听收音机、有声书和电影。许多人在家中客厅里一直坐在同一把椅子上，他们需要记住：如何从其他地方到达这把椅子，又如何从这把椅子挪去其他地方，如卫生间、厨房。任何一个物体不小心改变了原来的位置，都可能置视障者于混乱之中，让他们失去安全感。

对于一些参与者来说，做饭及备餐都是困难的。很多人都在做饭时采用了不同的辅助手段：在厨灶或微波炉上设置升高的旋钮来提示温度；在灶台上方安装灯管，提高亮度；使用语音播报式微波炉、语音播报式厨房用称以及液位指示器。然而，每个人的体验是不同的。来自英格兰中部地区（Midlands）的埃米（Amy）说道："你看不到食物熟没熟。"其他人也描述了曾将不宜食用的物品放入嘴中的经历。随着他们的视力越来越差，许多独居的参与者都改变了自己的饮食习惯。一些人完全不再自己准备食物，仅购买加热即食的速食，自己加热，或请家人或护理人员帮忙加热。一些在失明前自己下厨的男性参与者则表示会尽可能在外用餐。

当谈及过去从事的休闲活动时，参与者常常会流露出很强的失落感。在视力受损之前，一些女性参与者曾制作过专业的手工艺品（如瓷娃娃、问候卡、钩针织品、编织品、陶艺等），同时还会进行其他休闲活动，如拼图、园艺等。而现在，她们在他人的帮助下调整自己的行为，用新的活动代替过去的活动。对许多人来说，听有声书和收音机是一种消遣方式；而通过一些设施，如升降花坛（raisedbed），来改变花园的布置方式，可能会养成一个长期的爱好。来自考文垂的达夫妮·帕尔默（Daphne Palmer）说道："有声书是我的唯一出路（还有收音机）。我不知道没有了它们，我还能做什么。"许多人是通过英国盲人无线电基金（British Wireless for the Blind Fund）获得的设备。

研究发现，在有他人支持时，包括家人、朋友、职业治疗室以及（特别是）志愿支持组织，他们能够在自己的私人空间内从事其所谓的"可靠的风险性活动"（responsible risk-taking activity），并表达出对失明现实的接纳。这可能在家以外的地方很难做到。

更大的视力友好型社区

参与者因为视力损伤无法继续进行以前擅长做的事情，这会导致他们会产生一种紧张或焦躁的情绪，特别是当这件事需要外出并参与到更广阔的社会环境中时。这种情绪对于独自外出，没有伴侣、家人或朋友陪同的人来说更为强烈。尽管许多参与者都有途径联系支持小组并定期参加互助会，但一些人仍然不会在无人陪同下外出。在受访者中，额外的社区参与度有所差异。

世卫组织框架识别出，在范围更大的社区中，存在两个影响社会参与的实体及结构环境领域：室外空间与建筑物和交通。一些 NAVIOP 研究参与者会经常外出，即便这意味着要乘坐出租车或搭乘朋友的车，但毕竟不是每次出行都只在附近区域，如参加小组会。而对于其他人来说，特别是来自少数族裔群体且有家人支持的老年人，外出频率更低。即便外出，也通常都是完成必需的任务，如就诊。这部分参与者外出参加的主要社会活动是宗教活动，或视障小组会。来自考文垂的贾迈勒先生（M）与妻子（F）描述了他的日常活动：

> M："一个星期中有几天我会独自外出。比如，周五我会去清真寺，其他时候只是去市中心转转再回来。每周要去健身房参加一次心脏功能训练。所以说，我确实会外出走一走。"
>
> F："有时他会去图书馆坐一坐。"
>
> 采访者："那您都怎么外出呢？"
>
> M："通常都是乘公交。"
>
> 采访者："您家附近有公交站吗？"
>
> M："有的，只有一个。出门后在主路上能乘坐公交。"

由于公共交通，特别是当地的公交服务成为出行必需品，一些参与者非常怀念其能够驾车出行的独立性。参与者还对公交服务的缺位表示不满，事实上，许多公交线路夜间都不运行。此外，他们还需要知道公交什么时候发车，在上车时也需要帮助。尽管一些参与者知道公交可以"招手停"（hailer）——使用一个大型活页本，通过翻页的方式，摆出其希望乘坐的公交线路号码，在等站时出示（见图 13.2），但只有一人使用这项服务。

图 13.2　演示公交"招手停"

参与者提出，需要在公共交通等候区设置语音播报服务，方便乘务，并安排工作人员给予必要支持。一位参与者曾积极地游说议会安装公交候车亭：

"当地有一家老旧的购物区，他们将其拆毁重建时，却没有考虑到公交车问题。这个地方正好是公交车停靠站，公交车在此停靠后会掉头重新返回到镇里。一共有七条线路，而目前已有的是顶棚式候车亭（covered shelter），人们可以坐在里面躲雨。提议改建悬臂式候车亭（cantilevered shelter），因为其中没有座椅、没有遮雨棚，等等。"

这种地方通常是通过在社区中心或图书馆组织视障小组会议介绍并解释给大家的。这一举措能够帮助居民维持良好的社会关系。交通协助可能是摆脱困境的一种方式，一些视障老年人特别重视这类资源，如搭载自己去参加小组会的迷你巴士；定期出行的大巴车；辅助一对一购物出行的私人助理等。

无论有没有人陪伴，一些参与者认为外出走入更大的社会环境的过程中困难很多，还有一些人出行需要使用手杖。9 名参与者使用普通型手杖，18 名则使用白色手杖（或可折叠的"标志性手杖"）。标志性手杖（symbol cane）用来提醒他人，其使用者为失明人士；而使用者则需在使用前接受相关培训。这些拥有白色手杖的参与者，无论手杖长短，都不希望被他人看到自己在使用手杖。他们是害怕被视为残疾人吗？

在本地，步行出行会带来大量挑战，狭窄的人行道有时会加大通行难度。在一些道路的延伸段，甚至没有人行道，或宽度太窄，无法通行。事实上，对于很多人来说，本地人行道的现状是许多恐慌产生的原因之一。

"有时会有些吓人。人行道还有一个很大的问题就是不平整，如果我不小心，就会因此跌倒"（雪莉，来自赫特福德）。

"人行道糟糕透了。铺路板也都是垃圾。议会说没钱把它们修好"（阿瑟·马西森，来自考文垂）。

因此，地方的环境不具备相应的条件。自1995年以来，AFCC行动与英国残障歧视与公平的法律有重叠之处（Norgate，2012）。通过拆掉（或降低）路缘石，铺设盲道，以及在自控人行横道利用语音或触觉信号来控制车流等方式，公共室外区域的无障碍性和可视水平有所提升。然而，一些参与者不知道人行横道触觉信号，这些举措也并非在所有的研究地点都常见。在沃里克郡（Warwickshire），参与者尤其担心（Coventry Telegraph，2013）人行横道被移除，而用汽车、自行车和行人汇聚的"共享空间"来代替。这项交通部的行动倡议并没有得到老年群体或视障残障人士的认同（Thomas，2008）。

此外，公共厕所的缺乏，也是阻碍一些受访者外出的原因。有人提到，没有为视障居民设置的公厕语音标识。还有人提到，在不熟悉的环境中行动有一定困难。即便如此，为保留自身的独立性，许多参与者坚持探索当地环境，记住具体的路线，以及适宜通行的人行横道。在当地商店中认识熟悉的、热心的工作人员也特别重要，他们可以帮忙引座，拿东西等。除了去商店，参与者还会与朋友会面，或参加俱乐部活动（不仅是视障小组）。一些人发现，宗教信仰可以帮助他们保持社会身份。参与者中仅有三人拥有接受过培训的导盲犬，且三人均住在农村地区。

虽然如此，几位参与者还是谈到了视力损伤给他们带来的排斥经历。在米尔顿凯恩斯（Milton Keynes），一位积极投身多个当地志愿组织的参与者表示，找到一位能够在开会时帮助她的护工（support worker）比较容易，但护工无法在不那么正式的休闲活动中继续提供帮助。她说道：

"他们没办法在我（单纯）想散步或寻求帮助时，为我安排一个人陪着我一起走，你看，这就是他们的训练小组，但如果我进去，他们却无法帮助我，有种被拒之门外的感觉，虽然他们不会直接说出来，但从某种角度来说，我知道我没有参与进这个小组里。因为视力受损，我觉得我是个局外人。"

在最极端的情况下，这种被排斥的感觉会经常伴随那些独居且没有社会支持的人，他们可能会感到孤独，觉得被社会隔离。研究表明了在即将成为视障老年人的群体中建立信心的重要性，为他们维持、调整生活方式提供条件。"谈话与支持"（Talk and Support）是一个 RNIB（英国皇家盲人协会）运营的互助电话支持网络，可以作为一个解决方案。

AFCC 的行动能够包容视障人士吗？

总而言之，本章使用的信息来自一项有关视障老年人的深入研究，思考了在遇到 AFCC 发展进程后，这个群体的需求与愿望可能是什么？有哪些正在进行的改变？沙夫和同事（Scharf 等，2005）提出了社会排斥存在于贫困城市社区的老年群体之间，具体包括以下五个方面。

- 实体资源；
- 社会关系；
- 公民活动；
- 基本服务；
- 街区排斥。

我们的参与者在许多方面都存在程度上的差异：经济保障；与家人、朋友和邻居保持密切的关系；融入影响自身生活的"决策进程"的能力与愿望；获得社会服务；或者发现其当地环境能够增强其幸福感。而参与者之间相同的是视力损伤的经历。他们也将视障生活的复杂性带入了 AFCC 的讨论中。

对当地街区以及改造后的住宅的熟悉程度，环境的无障碍性以及维持社交关系的重要性，可能对于这些参与者来说都是最重要的问题。人们在视力受损后就开始与志愿支持团队联系，由此，我们也了解到他们的具体情况，并将这些联系视为发展视力友好型社会的财富。志愿团队为沟通信息与社会活动的参与提供了途径。这里，世卫组织全龄化友好型社会参与清单（WHO，2007）为相关群体评估团队的无障碍水平、活动内容与可支付水平提供了重要工具：如果参与者的情况有所变化，保持社交联系对于防止社会隔离是非常重要的。此外，来自 BAME 群体的参与者发现，文化支持对获得更多的资源有着重要作用。

每一个 AFCC 主题都提出了问题。对于视障老年群体来说，交通与建筑环境是两个重要领域，为促进社会包容性发展，在住所内、外提出更具包容性的设计，具有根本性的重要意义（Mahmood 和 Keating，2012）。我们的研究结果表明，家装改造以及科技的不断升级都能够为视力损伤程度不同的人提供支持。世卫组织清单中关于交通（2007）的问题并没有与视障群体挂钩，且没有提到他们对语音标识的需求；也没有提到交通通道或高速路与步行道连接的情况，而这两者之间需要分界线来更好地为视障人士引路。通过未来辅助性科技的发展与无障碍街道的设计，无论年龄大小，在本地社区加大为全部年龄层的视障人士赋权，并使其感受到更强的融入感。

在对比研究方法时，我们曾说过，为瞄准特定群体仍然需要做一些工作，以确保他们的呼声能够被听到。参与型的研究方法必须保持对多样性的探索，在考虑 AFCC 时充分利用专业研究。晚年视力受损与残障并发的情况常被人忽视，而患有年龄相关性眼部问题的群体的多样性不断在提高。例如，经济研究机构（Access Economics，2009）预计，2010—2050 年，年龄相关性黄斑变性的患病人数将上涨 184%。同时，菲利普森（Phillipson，2012）提醒我们，越来越多的老龄人口主要居住在城市区域，而这些地方的设施、服务都可能发生改变，当地环境也由此变得至关重要。在 AFCC 行动继续向前缓慢发展的同时（Tinker 和 Ginn，2015），视障老年群体继续面临着考验。

注释

①RNIB 数据来自 www.rnib.org.uk/（2016 年 7 月访问）（Peace 等，2016）。

② 见 www.nhs.uk/Conditions/Visual – impairment/Pages/Introductionaspx

（2016 年 8 月 15 日访问）。

③托马斯·波克林顿信托资助的所有研究与设计指南，详见 www. pocklington – trust. org. uk。

④NAVIOP 研究由托马斯·波克林顿信托资助。

第14章
全龄化友好型城市和社区：变革宣言

蒂内·比费尔

索菲·汉德勒

克里斯·菲利普森

引言

本书的目的在于就全龄化友好型城市和社区（AFCC）各项问题的进展提供全面评估。第一部分讨论了全龄化友好政策的起源与实施，并将其与21世纪社会生活本质特征的变化及相关问题相结合。本部分所讨论的关键论点在于，需要将社会不平等与社会排斥现象作为AFCC发展讨论中的必不可少的一部分。第二部分展示了案例分析中的实证研究，说明了在社区历经中产阶级化、跨国移民和相关改造形式后，发展全龄化友好政策中的机遇与挑战。第三部分指出了一系列设计策略与政策方案，旨在改善老年群体的生活环境。

在充分借鉴、利用本书前面所有章节内容后，最后一章将展现"变革宣言"，其意在升华如今风靡全球的老年公民生活质量改善运动。尽管世界卫生组织全龄化友好型城市和社区全球网络（Global Network for Age–Friendly Cities and Communities, GNAFCC）在不断扩大，但在应对社会发展不平等现象与针对老年群体相关经济紧缩政策产生的影响中，挑战仍在继续。在此背景下，为坚守初衷，打造能够满足人口老龄化过程中多样需求的环境，制定行动框架则尤为重要。

为了推动这一工作，本章在充分利用前文中的观点、角度的同时，提出了一个包含十个要点的"变革宣言"。宣言的目的在于使全龄化友好领域的讨论更集中、更明确；同时鼓励不同参与方提出新举措，包括城市规划者、社区开发者、医疗与社会护理专业人士、政策制定者、非政府组织、志愿者，以及同样非常重要的，老年人自己。

认识城市的复杂性

首先，第一个问题是在认识到全球城市环境的复杂性后践行"全龄化友好"理念。由于城市变化与发展的特性不同，全龄化友好举措的保证措施将存在很大差异。尽管定居于城市已经是全球性趋势，但城市的发展则呈现出了巨大差异：发达国家（特别是欧洲）的城市人口缩减；非洲与亚洲城市化进程加速；两大洲中都存在某些地区城市扩大，而某些地区缩小的混合情况。"全龄化友好"举措也因城市规模大小而有所差异。例如，相关举措可能在欧洲国家与美国存在差异。前者的城市多为人口数量少于50万的小型城市；而后者则多为大型城市群，且人口数量通常在200万~500万。而在"大城市"和"超级城"（后者人口在2000万以上）的环境中，实现"全龄化友好"的进程又是另一番景象。

与此同时，在南亚与撒哈拉以南的非洲地区，由于"贫民窟城市"（slum city）的普遍存在，"全龄化友好"的发展需要更为彻底的改造。这些地区的人口大量增长往往与大面积棚户区（shantytown）的发展有关。大多数棚户区都位于首都或中心城市边缘，且其面积大多都大于所依附的城市中心。传统全龄化友好型城市措施的发展现状的挑战还包括拉丁美洲及世界其他地区盛行的"占屋社区"[①]（squatting community）；遍及南、北半球的土地所有权不平等现象加剧；全球迫害、冲突、暴力或侵犯人权等行为导致被迫迁居的情况急剧增加；全社会中流浪者四处蔓延，老年人住在街头就是对传统的全龄化友好型社区发展措施的一项重大挑战。

除此之外，与气候变化相关的极端天气也为人类社会带来了危机。飓风（如2005年席卷美国墨西哥湾沿岸的卡特里娜飓风）、热浪（如1995年美国芝加哥热浪）或地震及海啸（如2011年西太平洋发生的东日本大地震），都为人类带来了毁灭性的打击。证据显示，在相关死亡、居民区遭到破坏以及被迫迁居等过程中，老年人是较脆弱的群体之一。

所有的这些问题都在强调，我们有必要重新思考，在社会不平等、不稳定现象加剧的背景下，面对在战争、气候变化、农村发展减速、城镇发展加速的过程中被迫离家的老年人，全龄化友好举措应作出哪些调整。在这里，我们应该注意到的是，在未来构建全龄化友好型社区的过程中十分关键的一点是满足人们对应急设施的需求，而这部分工作需要整合有关脆弱老年群体的专业研究，特别是患有痴呆症或相关症状的老年人，以及在极端气候下健康状况恶化的老年人。此外，AFCC 行动倡议必须同那些范围更广的活动相联系，例如，围绕社会公平、扶贫、优质医疗护理等展开的活动。这样才能确保全龄化友好活动在改善全球老年群体生活质量中起到重要作用。

优先发展住宅与街区

要想制定更好的全龄化友好措施，需要更清楚地认识到住房与街区在老年群体生活中的重要性。因此，在社区内增加居住选项应该成为全龄化友好活动发展的关键。截至目前，除了专项住房供应，如退休村、额外护理（extra-care）住房外，在增加居住模式方面的进展十分缓慢。然而，现实是绝大多数老年人更倾向于继续住在混龄的社区内。随着单人住房数量的增长，人们对更加丰富的居住模式（如合作建房、共享住房等）的兴趣很可能大增。而满足这些需求则需要与老年群体、住房协会、建筑公司以及其他相关团队建立创意、创新型合作关系。在很多情况下，老年群体希望自己能够掌控新型住房建设过程，能够依照自己的日常生活需求与愿望，以更加直接的方式改造住房。

但在相关讨论中，必须提到另一个关键的支持群体，即负责对城市中心复兴改造的开发者，以及负责满足新型住房需求的私营建筑商。在欧洲以及其他地方，很少有证据显示在城市重建中，前文提到的人口老龄化相关问题会占主要地位。恰恰相反，在其可及性上（如为出行困难的群体考虑），在鼓励社会与公民参与的过程中，城市却设置了重重障碍。在住房方面，开发商与建筑商主要瞄准初次置业者、家庭以及单身专业人士。这一举措基本上肯定会导致年龄隔离型（age-segregated）社区越来越多。

非传统举措可以是鼓励住房协会或类似组织支持家装改造、退休住房、共用住房以及其他类似住房计划中的创意选项；并且鼓励地方与区域政府承担新型住房的发展工作，为居民的晚年生活做准备。除此之外，我们必须认识到单靠市场力量无法满足居民晚年生活的住房需求。对特别是低收入群体在家装改造时敷衍了事、拼拼凑凑、将利润最大化置于安全与安保之上，这些现象在许多住房选项范围窄的国家中都可以得到印证。正如我们在 2017 年伦敦格伦费尔塔（Grenfell Tower）火灾事件中，行动能力受限的老年人（以及其他群体）被困在家中无法逃生，最终命丧火海。

改善街区安全与安保状况，也是制定全龄化友好型举措的重要问题。我们需要确保居住在经济极度贫困地区的老年群体也能有机会、有渠道并能够全面参与到社会生活的空间当中。有时需要利用我们现有的资源，如图书馆、社区活动中心和高校。此外，针对居住在养老院的群体安排拓展活动，针对无法离家外出的群体制订交友计划，以及扩大教育项目的获取途径与范围等，都将成为社区建设的重要领域。

因此，街区支持就成为全龄化友好活动的关键部分。同样地，如本书多次提到的，还应设法解决一些群体在社区中可能体验到社会排斥和歧视的问题。这一点可能特别针对新移民群体、受到中产阶级化影响的低收入老年群体或因城市复兴改造被迫迁居的老年群体。尽管街区可能为支持居家养老做了精心安排，但宏观层面的影响因素可能会削弱脆弱群体所需的社会稳定性。因此，需要评估资源能够在多大程度上被用以支持全龄化友好型发展，特别是在街区范围内。同样地，为解决经济与政治不平等现象以及应对给社区造成影响的变化而制定相关行动措施，必须成为全龄化友好型发展的核心特征。

应对社会不公平现象与社会排斥

在全龄化友好政策讨论中，就维持老年群体积极的社会参与，通常都会有极其规范化的语言（见第 2 章）。然而，医疗与积极养老中的不公平现象则很少受到人们关注。老龄化体验不仅在老年女性与男性群体之间、在经济资源多与少的不同群体间、在不同的族裔群体间存在差异，同时在生活事件造成的不同影响下，在生活累积的有利条件与不利条件之间也会存在差异。本书的多个章节都阐述过特定的老年群体在获取服务与机会的过程中遭遇了不同程度的拒绝。事实上，在低收入街区中，同时存在不同类型的社会排斥，这也进一步敦促我们就不同政策进行协调，推动社会包容。

为了应对上述问题，世卫组织提出了一个"平等"的概念，并将其作为评估城市全龄化友好水平的指导性原则。不同社会群体所具有的潜在的社会不利条件或其他不利条件的水平不同，因此，本章强调解决不同群体间医疗（或决定健康水平的重大社会因素）方面的系统性差异。人们慢慢认识到未来全龄化友好政策的关键任务将是提升获得城市生活中基本必需品与决策进程中的机会平等性，明确解决一直以来存在于老龄人口中的性别、社会阶层、族裔及其他不平等现象。然而，除了对不同老年群体间以及不同街区间的不平等现象进行识别并分析，还需确定可行有效的策略、干预措施及行动项以具体解决这些差异。

"城市权利"的概念可能为我们提供一个方向，以更好地应对不断加剧的不平等现象，以及影响城市环境中老龄体验的权力关系。它建立在这样一个理念上，即所有城市居民都应该有权且深入地参与到城市公共空间利用等相关决策过程中，将权力与控制力从私营资本和市场手中转移到社会居民的手中。保护老年人的城市权利，对于实现全龄化友好型城市来说非常重要，包括使用城市空间的"权利"；参与决定城市空间开发的"权利"；影响城市规划与改造策略的"权利"。与此同时，了解老年人居住的街区因受到全球经济变化的影响而变得不稳定的程度有多大。若这种情况存在，就需要在全龄化友好政策开始实施前采取干预措施，增加社区内资源的投入。

发展城市权利可能对老年群体来说尤为重要，因为老年人若想度过充实的老年生活，主要依赖其周边紧邻环境。然而，所谓的"街区参与悖论"（paradox of neighbourhood participation）特别适用于老年群体：与其他年龄组相比，老年人倾向于在本地度过大部分时间。但是，在街区内部决策制定过程中，他们往往是随后才被要求加入的（参与城市活动）。这一点可能对居住在极度贫穷的地区的居民来说特别准确。在这些地方同时存在着不同类型的排斥（被公民活动、社会决策排斥在外），这也进一步督促我们应就不同政策进行协调，推动社会包容。

在打击犯罪、社区发展工作及街区改造计划中吸纳老年人的参与，这样的措施将为我们提供一个保护老年群体在城市中的权利的方向。然而，如前文所述，实际上并没有明确的证据表明，城市改造计划系统性地考虑了老年群体的需求。我们需要拓宽城市与社区发展（或改造）的相关政策，使其能够更有效地促进老龄化友好议程。在此，全龄化友好运动扮演着关键性角色。全龄化友好运动能够打击年龄歧视或与年龄相关歧视行为。正是这些行为限制了老年人享受使用、占用、打造自己城市的完整权利。这一点特别重要，尤其是此前并未将老年群体视为目标群体或街区规划与发展的关键参与方，与之合作的潜力也基本上未被开发。

多样性增加

在城市环境下参与决策的进程中，一些群体被排斥出来。尽管全龄化友好型城市项目将老年群体置于许多行动倡议的中心位置，但事实上，全龄化友好运动并没有完整认识到老龄体验的多样性。例如，对少数族裔、同性恋、双性恋、变性者等群体的边缘化。在城市中许多群体体验到的社会排斥，包括移民、难民、居住在极度贫困的社区的居民，都基本在全龄化友好政策讨论中被忽视了。从中引发的另一个重要的问题是，当前全龄化友好工作对于多种形式的社会歧视，倾向于采取同化，而不是对抗的态度。考虑到全球化和经济衰退带来的压力，解决社会排斥问题将成为全龄化友好型城市项目成功的关键。

因此，能否认识到社会与族裔多样性就成为全龄化友好运动中一个重要问题。其中牵涉的问题也非常广泛，包括：对不同文化就"全龄化友好"的不同解读进行回应；为满足移民历史、生活体验迥异的不同群体的需求制定相关政策；应对特定族裔群体体验到的明显的不平等形式，通常在医疗、收入与住房领域；了解并解决社区内的种族歧视及其对全龄化友好型城市项目顺利实现所带来的挑战。

健康多样性是另一个需要担心的问题：全龄化友好行动倡议是否涵盖了所有健康状况下的群体？还是主要关注"健康"群体，也就是参与到不同形式的"积极养老"中的群体？截至目前，可能是后者在主导全龄化友好行动的发展。这也对行动的目标，即打造"包容性"而不是"排斥性"社区，提出了质疑。如果是前者，那么全龄化友好行动倡议必须有足够的能力支持"衰弱的"群体，以及那些患有痴呆症和其他类型疾病的群体。而这与单独打造"痴呆症友好型社区"或类似项目的趋势是相反的。此外，还应了解与全龄化友好问题相关的多种群体，并打造能够支持并反映出老龄化世界多样性特点的环境。

推动社会赋权

如前文所述，老龄人口中群体的多样性很可能意味着在发展全龄化友好型社区时需要协调存在利益冲突的问题。因此，我们需要找到合适的社会发展办法，能够就不同年龄组别中或其中一系列关切问题展开合作。这样的方法面临着一些特殊的挑战，因为被赋权的老年人经历的社会排斥形式不同，全龄化友好政策与行动倡议的关键角色是，通过拓宽机会，帮助参与者确定本地区改变的"影响点"（leverage point），以此强化这些群体的"能动性""发声"与"影响力"。此时一个关键问题是，在将社区内居民多样性需求纳入考量后，需要决定哪项干预措施能够在现有的本地环境下带来最大成效。

此宣言的观点是，"社会赋权"在全龄化友好活动与政策中占据了重要地位。"社会赋权"可以被视作让社团（或社区）能够更多地掌管自身环境的过程。目标是帮助社区掌握所有权，允许个体与团体自行组织、调动（资源），完成社会、政治革新的通用目标。社会赋权比"意见征询""社会参与"或"密切联系居民"等都更深入。它暗含着一个有关权力的重新协商和增加能力的过程，以此获得途径、网络和（或）声音，进而在社区打造的决策中获得更多掌控力，包括在与实体环境相关的领域，如住房、交通和公共空间；或在社会环境中，如社区支持与医疗服务、公民参与等。现有的举措，特别是美国的"乡村"（Village）运动和围绕共同居住展开的活动都可以阐明这一过程。然而，这些活动常常具有社会排斥性，来自少数族裔群体和贫困城市街区的参与者很少。

大量的全龄化友好运动都对实现更加平等的社会愿望与需求的地理分布作出了贡献，这些愿望或需求包括：医疗服务、社区支持、良好的空气质量以及舒适美好的公共空间。无障碍性、住房、交通的平等性与可达性都被视为空间资源分布的重要因素。然而，AFCC项目尚未制定出相关政策以减少与城市生活相关的不平等现象，以及对久居的街区产生的影响。因此，确保不同老年群体间的"空间公正"应成为全龄化友好讨论中的关键部分，其策略是给予社区机会，使其对塑造生活的状况拥有更多控制权，而这也是公共政策的一项关键任务。

共同打造全龄化友好型社区

"联合打造"（co-production）代表保护老年群体"权利"的重要一步，让老年人能够更加深入地参与到社区建设的决策中。这个方式的目的在于将

"赋权"的原则融入实践中，与社区合作，并给予居民对其所处环境更大的控制权。它建立在老年群体、家庭、社区、法定及非法定组织之间的伙伴关系之上，需要多方共同合作，开展研究，达成共识，并一同设计、制订、落实机会与项目及解决方案，推动社会及政治革新。从这个意义上来说，联合打造的方法处于全龄化友好政策与行动倡议发展进程的核心，在所有参与方中，老年人被当作开展研究与行动计划的关键参与方，助力其提高自身街区的全龄化友好水平。

认识到老年人是社会环境中的参与方，这对于打造全龄化友好型社区来说是很必要的。社区的本质是主观的，同时与个人协商当地环境是重要的。因此，向老年居民赋权并认可其起到的作用，在实现全龄化友好的过程中最为重要。这也暗示了在设计政策时，将老年居民，特别是社会中脆弱、被隔离的群体作为关键合作方并与之合作，需要充足的投资。事实证明，联合打造与合作研究（co-research）的方法在使各群体参与项目的过程中十分有效，并在医疗与福利服务的发展中得到了印证。这样的方式为老年群体提供了机会，在研究全龄化友好型城市项目中担任主导角色，展示自身能力，以不同方式为社会变革的进程作出贡献。信息与通信科技也能帮助老年居民更好地了解并参与设计周边环境。

在全龄化友好型城市和社区的发展中，使用联合打造与合作研究的举措有三重意义。第一，说明这是一种与老年居民合作的可行方法，能够调动他们的专业、技能和知识，刺激有关全龄化友好型街区的创新型改革办法及行动倡议。第二，让老年人自己成为构思、制定政策与全龄化友好行动倡议的中心。第三，联合打造对不同的参与方均大有裨益，因为它为丰富、深刻的社会参与，以及彼此间的学习交流提供了平台。它向我们展示了，当老年居民同各参与方组成一个团队，共享社会进步的利益时所引发的社会进程变化，在提高不同的环境下多样性老年群体的生活质量方面，具有巨大的潜力。

然而，虽然存在很多机遇，但也亟须进行更多尝试，检验并学习在联合打造社会空间的过程中所采用的与老年群体同工的参与性、合作型方法。在研究与政策制定中，创新型参与性方法的持续发展与试验，将启发我们对老年居民在全龄化友好议程中的关键（领导）角色产生新的理解和想法。社区在提高全龄化友好水平的过程中能否成功将很大程度上取决于老年群体包括面对社会排斥的老年人，是否能够以关键参与方的身份参与到未来全龄化友好发展研究与政策制定的议程中。

开发参与型全龄化友好新设计

在城市设计战略中使用的联合打造的一体化准则代表着全龄化友好运动的另一个关键任务。让老年人参与到公共空间的规划中，将确保街区使用者拥有不同的能力，而不是为理想化的"平庸者"（也就是年轻人）来设计。然而，老年人在城市建设过程中常常由于暗藏的年龄歧视而被边缘化。年龄歧视，是很多城市规划的共性，老年人很容易被概括成为城市革新的被动受害者。

在这种背景下，本书中很多章节明确提到了需要拓展当前对全龄化友好设计实践的理解，包括它的各种可能性。需要重新对全龄化友好实践进行构思，将其视为本质上是参与型、赋权型的过程，能够为地方社区"自下而上"型的设计提供发展机会。需要将全龄化友好设计理解为参与、联合打造及赋权的实践过程。从这个角度，它就成为赋权的工具，老年公民能够自己制定、塑造、利用其周围的城市环境，包括实体与社会环境，并最终行使自己的城市权利。

通过利用这种非传统、另类的"全龄化友好设计"定义，该设计能够促使人们去思考并尝试解决各种各样的问题，突破从前只为满足一些实体需求而调整客观环境的限定。例如，该设计可以是在制定场地设置时的临时改进措施，暂时地改变老年人对这个场所的使用方式。全龄化友好设计还可能是一个参与型过程，让非专业人士（通常被设计进程忽视）参与到空间打造过程中，促进当地社会关系网的形成。它也可以反映出更加政治化、批判性的干预形式，尝试解决社会包容与排斥、政治所有权、城市空间复制等问题。这种"全龄化友好设计"的概念，如本书所述，拥有很大潜力，能够帮助老年人掌握并行使城市权利，支持老年人利用自己的能力，通过战略、战术相结合的方式，去重新构思、"重新夺回"城市为自己所用。

政策制定者们有很明确的愿望，希望去探索这种另类的全龄化友好设计理念，并在共同打造全龄化友好型城市的过程中，拓宽城市实践的全套本领。这也正是一个机会，鼓励社会参与型城市从业者（建筑师、设计师、艺术家），积极干预围绕全龄化友好型城市和社区的政策讨论。一些优秀的实践开始涌现，例如在住房协会与当地政府的合作支持下，建筑系学生同一组老年人合作，重新设计他们的街区。老龄人口相关问题在空间框架中得到了全面而充分的理解。这些框架由城市规划者及一些相关机构联合打造，包括工程顾问公司奥雅纳（Arup）和英国皇家建筑师学会（RIBA）。但是，在社会参与型城市从业者（建筑师、设计师、艺术家）同老年群体的合作关系的基础上，在全龄化友好设计实践中联合打造的程度需要进一步提升。

鼓励多领域、多学科合作

本书中有几个章节展示了多个参与方包括专业人士、学者、政府部门及非政府组织之间建立合作关系与协同关系，对于制定新的研究方法，并与老年群体共同创造全龄化友好环境，具有十分重要的意义。从这方面来讲，AFCC运动在打破职能孤岛的过程中起到了关键作用。在"财富"（assets）的基础上，在将城市与社区中已经存在的关系网汇聚的同时，AFCC运动建立新的关系网络，并将这些关系网用新型方式协同起来，帮助老年群体。由于经济紧缩，以及资源需求竞争激烈，地方政府、公共医疗专业人士、建筑师、住房供应者、社会组织、高校以及老年群体之间的战略性合作关系，对于取得成功尤为重要。动员不同领域与学科的一系列参与方，提供"自上而下"和"自下而上"的信息输入，使每位合作者的附加值最大化，这两项活动都对获得全龄化友好型社区的潜在利益起到十分关键的作用。

在这样的共同努力下，地方政府的政治领导与协调可能是构建全龄化友好型社区的另一关键因素。在本书收纳的很多案例分析中，在打造全龄化友好型社区，确保积极的公共政策环境，认识并尝试解决多样性老年群体需求的时候，地方政府总是在制定合作型战略中起主导作用。地方政府长期参与各领域的战略性规划与管理，如交通、医疗与社会护理服务等，其特殊位置能够发起并推动全龄化友好进程。将全龄化友好与城市中其他优先发展项目联系起来，可能会提供有力的协同关系，帮助全龄化友好的议程向前发展。优先发展项目包括环境问题、可持续发展、无障碍平价住房、公共交通等。未来面临的主要挑战之一，就是发展共同创造的合作型管理模型，通过促进不同领域的参与方，包括老年群体参与进来，汇聚不同类型的知识与技能。

此宣言的中心观点是 AFCC 政策不太可能成功,除非扎根于跨学科关系网与举措,包括政策领袖、教育、城市设计、社会参与及评估。了解养老的最佳环境必须被视为一个跨学科项目,需要将一系列学科的观点紧密地结合起来。关于老龄化环境方面的研究文献资料充足。但这方面研究仍然与针对强有力的全球与经济势力对实体、社会环境带来的改变的分析脱节。纠正这个问题需要将一系列学科观点紧密地结合起来,包括城市社会学、城市经济学、设计、社会政策、人文地理等。AFCC 项目的另一个挑战是,将这个方式与范围更广的战略联系起来,如可持续发展、扶贫、健康促进相关战略。人们建造、管理、协商、利用以及居住在城市及社区中,需要从各级政府、公民社会以及私营领域寻找合作者,同稳定的伙伴、相关参与方等共同合作。

整合研究与政策

全龄化友好举措的发展速度确实很快,这是受到 GNAFCC 的刺激而实现的。但在这个过程中,缺少研究团队来总结我们所做工作的有效性与影响力。例如,它是否有利于一些团体但无益于其他团体;它为老年人的福利做了哪些贡献;它是否能够引起城市设计改进;它是否能够在街区内加强支持性关系网。如果地方与市级政府能够为全龄化友好型城市项目提供财政支持,那么回答上述问题的意义将更为重要。

鉴于上述情况,应对影响力评估差异,将为下一阶段全龄化友好工作的开展起到关键作用。在影响力评估中采用混合型方法,对指出从全龄化友好行动倡议中的获益方和原因解释以及测量对传统意义上被排斥群体的影响情况,将尤为重要。一项结合了定性实验(如追踪定性研究、案例分析定性研究)与量化方法(如随机化实验和准实验研究设计)的评估,既可以产生数据可靠的影响力测量方法,也可以更好地理解项目有效性的高低及原因,以及未来需要怎样调整才能提高有效性。除了测量结果,街区满意度和街区关系网变化作为一个方面,入院率和急诊就医次数为另一个方面,还需要对评估活动进行加工使其融入项目实施,并利用这些信息进行持续的质量改善。鼓励进行对比研究,检验不同社会、政治及经济背景下打造全龄化友好型社区使用的不同方式,而这也是未来工作的重要方向之一。

未来将需要新的行动倡议,来拓宽当前有关全龄化友好政策及行动倡议的研究基础。这些可能包括：建立关系网；将现存的支持全龄化友好问题的研究中心中的学者召集起来；辅助世卫组织 GNAFCC 的工作；鼓励专攻全龄化友好问题的博士与博士后研究者的发展；鼓励研究具体到某个城市及社区；开展具体主题的相关工作（如中产阶级化的影响、影响某个移民群体的问题等）；开发新的方法论举措以评估工作成效或全龄化友好干预措施。

加强国际联络

许多全龄化友好政策方面取得的成绩与进步都离不开 GNAFCC。在不到 10 年的时间里，加入此议程的城市与社区数量从屈指可数到 500 有余（2017 年数据），反映出如今被称为世界性社会运动所取得的成功——为满足养老过程中的需求与愿望，提倡创建支持性环境。对于它的成员，全龄化友好运动与 GNAFCC 都给出了统一的、一体化的叙述，推动老龄化工作在各级政府、公民社会及私营领域发展。"全龄化友好"的招牌也帮助老龄化议程在多个政策领域成为"主流"，为"共同创造性"政策设计框架提供了宝贵的支持——这个框架调动了老年人的专业、技能和知识，对服务和街区进行了重塑。成员在加入 GNAFCC 后，通过很多方式获益良多：为互相学习与共享行动提供机会，以此支持老年群体的社区生活；对比有效的老龄化政策在创立与保持过程中采取的战略；分享维持老龄友好项目的最佳实践与战略措施；支持与联通全国及国际关系网，以及具有老龄化专业知识的组织与合作伙伴。

然而，未来发展的关键问题，不仅在于如何维持关系网，更在于在经济不景气、投资少、资源需求竞争大的情况下，如何扩大并提升全龄化友好运动的影响力。若全龄化友好运动想要全面激发其潜能，需要认真思考并解决以下四个主要挑战。

第一，对社会运动发展的多个阶段进行全面思考，包括成功因素和失败模式，这些能够让全龄化友好拥护者知道如何避免选出失败结果，并为成功而做好准备。

第二，亟须找到创意方式调动新资源，包括知识、内外部支持与投资。目前 GNAFCC 中能够管理并使用的资源十分有限，引发了严重的担忧，人们担心运动长期的有效性与可持续性，特别是随着网络成员的数量激增，其相关需求与压力也迅速增加。解决这一问题的一个方案，就是利用关系网内各组成员的资源，特别是世卫组织附属项目，如全龄化友好型爱尔兰、欧洲老龄平台、英国全龄化友好型城市网络。在这些不同的组织间整合、分享资源，提供一个保证全龄化友好运动长期可持续性发展的平台。

第三，与学术机构及研究员建立更密切的联系，从多学科角度，探究老龄化与环境之间的联系。如上所述，若想在这方面更进一步，可能需要通过建立、发展国际研究网络，在老龄化相关的一系列领域开拓新研究、新技术、新的解决办法；并支持与GNAFCC政策相关的研究工作。这可能包括：收集并共享已有的证据库，支持开拓新型解决方法，应对人口老龄化的相关挑战与机遇；在老龄化与环境研究方面建立国际合作；在全龄化友好型城市项目开发与实施方面进行跨领域和对比研究；检验公共参与和老年人加入的联合打造（或合作研究）的新形式；支持该领域职业研究员的早期成长。这种研究关系网的一个关键作用是评估全龄化友好型城市项目在改善不同老年群体生活质量，以实现社区改造当中的有效性。这将在经济紧缩时期，说明投资于全龄化友好新行动倡议的合理性。

第四，也是最后一个挑战，需要整合出一个强力代表，实施全龄化友好行动真正的全球战略，其中一个重要维度是与面临特殊挑战的南半球城市及社区加强并共享关系网、经验和资源，获取结构性承压力，安置老龄人口的需求与愿望。全球战略同时还强调，需要干预措施新模型来应对全国范围下老年人体验到的高度不平等环境，无论是在城市还是农村。贯穿本书的一个论点就是，在公民型与权利型的老龄化叙述中，全龄化友好任务需要更强有力的基础，一个以平等的价值、社会赋权以及空间合理性为中心的基础。若在全龄化友好工作的中心增加这样的价值，全龄化友好行动将在实现这些目标的道路上走得更远。

注释

①占屋指占用闲置或废弃的空间或建筑，而没有一般法律认可的拥有权或租用权。

撰稿人简介

卢马·伊萨·艾·马萨维（Luma Issa Al Masarweh）
美国凯斯西储大学社会学博士研究员

蒂内·比费尔（Tine Buffel）
英国曼彻斯特大学社会科学学院研究员

丽萨·坎农（Lisa Cannon）
澳大利亚国立大学老龄化、健康与福利研究中心助理研究员

周珮馨（Pui Hing Chau）
香港大学护理学院助理教授

弗朗西斯·张（Francis Cheung）
香港岭南大学应用心理学副教授

梅瑞狄斯·戴尔（Meredith Dale）
老年学研究所（德国柏林）兼职合作者兼社会地理学家

戴尔·丹内弗（Dale Dannefer）
美国凯斯西储大学教授兼社会学系主任

利斯贝特·德·唐德（Liesbeth De Donder）
比利时布鲁塞尔自由大学成人教育科学专业教授

尼科·德·威特（Nico De Witte）
比利时布鲁塞尔自由大学成人教育科学专业教授兼比利时根特大学学院讲师

达恩·迪庞（Daan Duppen）
比利时布鲁塞尔自由大学教育科学学院 D－SCOPE 项目博士研究员

凯茜·龚（Cathy Gong）
澳大利亚国立大学老龄化、健康与福利研究中心助理研究员

马克·哈蒙德（Mark Hammond）
英国曼彻斯特建筑学院博士研究员

索菲·汉德勒（Sophie Handler）
英国曼彻斯特大学全龄化友好型城市研究规划员

约瑟芬·霍伊辛格（Josefine Heusinger）
德国达姆施塔特应用科技大学社会工作学教授

卡罗琳·霍兰（Caroline Holland）
英国开放大学高级助理研究员

丽贝卡·琼斯（Rebecca L. Jones）
英国开放大学健康管理高级讲师

珍妮·卡茨（Jeanne Katz）
医学社会学家，曾任职于英国开放大学，2015 年退休

杰茜卡·凯利（Jessica A. Kelley）
美国凯斯西储大学社会学系副教授

哈尔·肯迪格（Hal Kendig）
澳大利亚国立大学老龄化、健康与福利研究中心老龄化公共政策教授

伯纳德·麦克唐纳（Bernard McDonald）
爱尔兰国立高威大学（National University of Ireland Galway）爱尔兰社会老年学中心博士研究员兼前助理研究员

保罗·麦加利（Paul McGarry）
大曼彻斯特都会郡老龄化中心战略主管

谢拉·皮斯（Sheila Peace）
英国开放大学社会老年学名誉教授

大卫·菲利普斯（David R. Phillips）
香港岭南大学社会政策教授

克里斯·菲利普森（Chris Phillipson）
英国曼彻斯特大学社会学与社会老年学教授

萨穆埃莱·雷米拉德·布瓦拉尔（Samuèle Rémillard – Boilard）
英国曼彻斯特大学社会科学学院博士研究员

托马斯·沙夫（Thomas Scharf）
英国纽卡斯尔大学社会老年学教授

安苏菲·斯迈特科伦（An – Sofie Smetcoren）
比利时布鲁塞尔自由大学教育科学学院博士后研究员

弗勒·托梅斯（Fleur Thomése）
荷兰阿姆斯特丹自由大学社会学副教授

奥利维娅·范梅切伦（Olivia Vanmechelen）
比利时布鲁塞尔福利、住房与护理专家中心（Kenniscentrum WWZ）护理专业成员

多米尼克·韦尔特（Dominique Verté）
比利时布鲁塞尔自由大学社会老年学教授

基兰·沃尔什（Kieran Walsh）
爱尔兰国立高威大学爱尔兰社会老年学中心主管兼生命进程研究专题主管

斯蒂芬·怀特（Stefan White）
英国曼彻斯特建筑学院空间包容性设计中心教授兼主管

比吉特·沃尔特斯（Birgit Wolter）
老年学研究所（德国柏林）建筑师兼研究员

摩西·王（Moses Wong）
香港中文大学内科及药物治疗学系副研究员

胡令芳（Jean Woo）
香港中文大学赛马会老年学研究所所长

缩写表

AAA　自管建筑工作室（Atelier d'Architecture Autogérée）

ACT　澳大利亚首都领地（Australian Capital Territory）

AFCC　全龄化友好型城市和社区（Age–Friendly Cities and Communities）

AFI　全龄化友好型爱尔兰（Age–Friendly Ireland）

AFM　全龄化友好型曼彻斯特（Age–Friendly Manchester）

AMD　年龄相关性黄斑变性（Age–related macular degeneration）

BAME　非裔和亚裔少数族裔（Black and Asian minority ethnic）

BGOP　对老年群体更好的政府（Better Government for Older People）

COTA　澳大利亚老龄化委员会（Council of the Ageing Australia）

GM　大曼彻斯特都会郡（Greater Manchester）

GNAFCC　全龄化友好型城市和社区全球网络（Global Network for Age–Friendly Cities and Communities）

HKHS　香港房屋协会（Hong Kong Housing Society）

HKJC　香港赛马会（Hong Kong Jockey Club）

HKSAR　香港特别行政区（Hong Kong Special Administrative Region of China）

IAGG　国际老年学与老年医学协会（International Association of Gerontology and Geriatrics）

ICS　社区研究所（Institute of Community Studies）

INPAU　国际人口老龄化和城市化网络（International Network on Population Ageing and Urbanisation）

MACA　老龄化部长理事会（Ministerial Advisory Council on Ageing）

MICRA　曼彻斯特老龄化联合研究所（Manchester Institute for Collaborative Research on Ageing）

NAVIOP 视障老年人的需求与愿望（Needs and Aspirations of Vision Impaired Older People）

NGO 非政府组织（Non‐governmental organisation）

NSW 新南威尔士（New South Wales）

OECD 经济合作与发展组织（Organisation for Economic Cooperation and Development）

OPC 老年群体委员会（Older people's council）

P‐E 个体—环境模型（Person‐environment）

RIBA 英国皇家建筑师学会（Royal Institute of British Architects）

UN 联合国（United Nations）

VOP 重视老年人（Valuing Older People）

WHO 世界卫生组织（World Health Organization）

致　谢

本书囊括了许多机构组织及个人进行的活动，我们对每一位的支持与帮助深表感谢。本书的灵感来自国际人口老龄化和城市化网络（INPAU），由英国经济与社会研究委员会（ESRC）依照国际关系与合作计划（ES/JOI9631/2）予以资助。蒂内·比费尔博士在欧盟玛丽居里欧洲内部奖学金（330354）和 ESRC 未来领袖计划（ES/N002180/1）中也为本书提供了资金支持。

在此，我们要向为本书作出贡献的个人表示感谢。特别感谢乔·加尔斯登（Jo Garsden），丽贝卡·布罗姆利（Rebecca Bromley）和吉尔·史蒂文森（Jill Stevenson），为本书提供了行政支持与建议。也要向为本书提供帮助的一系列的组织机构致以谢意，包括欧洲老龄平台（Age Platform Europe）、时代英国（AgeUK）、曼彻斯特市议会、曼彻斯特大学曼彻斯特老龄问题合作研究所（Manchester Institute for Collaborative Research on Ageing）、曼彻斯特城市老龄化研究团队（Manchester Urban Ageing Research Group）、英国皇家建筑师学会（RIBA）以及世界卫生组织（WHO）。同时，还要感谢阿姆斯特丹自由大学、柏林老年学研究所（Institute for Gerontological Research，Berlin）、英国开放大学和布鲁塞尔自由大学为 INPAU 会议提供的资金支持。

最后，要特别鸣谢本书的每一位撰稿人。他们围绕全龄化友好问题，为本书带来了一系列新颖别致的理念、视角及观点。再次感谢他们为 INPAU 及本书所付出的耐心与努力。

蒂内·比费尔
索菲·汉德勒
克里斯·菲利普森
2017 年 3 月

布局"互联网+"社区	保障老年权益
探索"互联网+"社区居家养老服务模式	解读老年人相关的保障政策与法律

全龄友好型社区
云端规划局
探索老年人宜居的理想社区模式

"码"上进入

构建社交网络	规划休闲活动
帮助构建老年人的社交网络	借鉴欧美等地经验设计老年休闲活动